Denis Diderot

Das Theater

Teil 2

Denis Diderot

Das Theater
Teil 2

ISBN/EAN: 9783744707992

Hergestellt in Europa, USA, Kanada, Australien, Japan

Cover: Foto ©ninafisch / pixelio.de

Weitere Bücher finden Sie auf **www.hansebooks.com**

Das Theater des Herrn Diderot.

Aus dem Französischen übersezt von

Gotthold Ephraim Lessing.

Zweyter Theil.

Zweyte, verbesserte Ausgabe.

Berlin, 1784.

bey Christian Friedrich Voß und Sohn.

Der

Hausvater.

Ein Schauspiel in fünf Aufzügen.

Aetatis cuiusque notandi sunt tibi mores,
Mobilibusque decor naturis dandus & annis.

Horat. de arte poet.

Perſonen.

Hr. d'Orbeſſon, oder Hausvater.

Herr d'Aulnoi, Commthur, und Schwager des Hausvaters.

Saint-Albin, Sohn des Hausvaters.

Cäcilia, des Hausvaters Tochter.

Sophia, eine junge Unbekannte.

Germeuil, Sohn des verſtorbenen Herrn von **, ein
Freund des Hausvaters.

Le Bon. Haushofmeiſter.

Jungfer Clairet, Kammerfrau der Cäcilia.

La-Brie und Philipp, Bediente des Hausvaters.

Deschamp. Bedienter des Germeuil.

Fr. Hebert, Sophiens Wirthin.

Fr. Papillon; Putzhändlerin.

Eine von den Arbeitsmädchen der Fr. Papillon.

M *** ein verſchämter Arme.

Ein Bauer. Ein Gefreyter. Nebſt andern Bedienten aus dem Hauſe.

Die Scene iſt zu Paris, in dem Hauſe des
Herrn d'Orbeſſon.

Der

Der Hausvater.
Ein Schauspiel.

Das Theater stellt einen Gesellschaftssaal vor, der mit Tapeten, Spiegeln, Gemälden, Uhren ꝛc. ausgezieret ist. Es ist der Saal des Hausvaters.

Es ist tief in der Nacht, zwischen fünf und sechs Uhr des Morgens.

Erster Aufzug.

Erster Auftritt.

Der Hausvater. Der Commthur. Cäcilia. Germeuil.

Zuvörderst des Saales erblickt man den Hausvater, der mit langsamen Schritten auf und nieder gehet. Er läßt den Kopf hängen, hat die Arme in einander geschlagen, und scheinet in sehr tiefen Gedanken zu seyn.

Tiefer hinein, neben dem Camine, der an einer andern Seite des Saales ist, sitzen der Commthur und seine Nichte, und spielen im Brete.

Hinter

Hinter dem Commthur, dem Feuer ein wenig näher, sitzet Germeuil ganz nachläßig in einem Lehnstuhle, und hat ein Buch in der Hand. Er unterbricht sein Lesen von Zeit zu Zeit, und wirft zärtliche Blicke auf Cäcilien, wenn sie eben mit ihrem Spiele beschäftiget ist, und auf ihn nicht Acht haben kann.

Der Commthur merkt, was hinter ihm vorgehet; und dieser Argwohn hält ihn in einer beständigen Unruhe, die sich aus seinen Bewegungen wahrnehmen läßt. :

Cäcilia. Was ist Ihnen, Herr Commthur? Sie scheinen mir unruhig.

Der Commthur. Nichts, Mühmchen, nichts. (Die Lichter wollen eben ausbrennen, der Commthur sagt daher zu Germeuil:) Mein Herr, wollten Sie wohl klingeln?

(Germeuil gehet klingeln. Der Commthur bedienet sich dieses Augenblicks, den Lehnstuhl des Germeuil anders zu rücken, und ihn mehr gegen das Bret zu kehren. Germeuil kömmt wieder, rückt seinen Lehnstuhl wieder an die alte Stelle, und der Commthur sagt zu dem hereintretenden Bedienten:) Lichter!

(Das Spiel geht unterdessen seinen Gang. Der Commthur und seine Nichte werfen eines ums andere, und nennen ihre Würfe)

Der Commthur. Sechse, fünfe.

Germeuil. Das ist nicht schlimm.

Der Commthur. Mit diesem binde ich. Und diesen muß ich verlauffen.

Cäcilia.

Cácilia. Und ich, lieber Vetter, strafe Sie um drey. Denn sechse, und fünfe sechse —

Der Commthur. (zu Germeuilen) O mein Herr, müssen Sie denn auch immer ins Spiel reden?

Cácilia. Das sind drey! —

Der Commthur. So was zerstreuet mich; und daß man mir da über die Achseln guckt, das kann ich auch nicht wohl leiden.

Cácilia. (wirft) Viere, drey. Ist zu. Zwey fürs Zumachen; und vorhin drey, macht fünfe.

Der Commthur. (noch immer zu Germeuilen) Haben Sie doch die Güte, mein Herr, und setzen Sie sich anders. Sie werden mir einen grossen Gefallen erweisen.

Zweyter Auftritt.

Der Hausvater. Der Commthur. Cácilia. Germeuil. La Brie.

Der Hausvater. Sind sie zu unserm, sind sie zu ihrem Glücke geboren? — Ach, vielleicht zu keinem von beyden.

(La Brie bringt frische Lichter, und stellt sie hin, wo sie fehlen. Indem er wieder heraus gehen will, ruft ihn der Hausvater:)
La Brie!

La

La Brie. Mein Herr?

Der Hausvater (nach einer kleinen Pause, während welcher er noch nachgesonnen und auf und nieder gegangen.) Wo ist mein Sohn?

La Brie. Er ist ausgegangen.

Der Hausvater. Wenn?

La Brie. Ich weis nicht, mein Herr.

Der Hausvater (abermals eine Pause) Und ihr wißt auch nicht, wo er hingegangen ist?

La Brie. Nein, mein Herr.

Der Commthur. Der Schurke weis sein Tage nichts. Alle dreyen.

Cäcilia. Lieber Herr Vetter, Sie geben auf Ihr Spiel nicht Acht.

Der Commthur. (spöttisch und auffahrend) Mühmchen, geben Sie doch nur auf Ihres Acht.

Der Hausvater. (zum La Brie, noch immer nachsinnend und auf und nieder gehend) Hatte er euch verbothen, ihm nachzufolgen?

La Brie (thut als ob er es nicht verstanden hätte.) Mein Herr?

Der Commthur. Darauf will er nichts antworten. Alle As.

Der Hausvater. Dauert das schon lange so?

La

La Brie (Der nochmals thut, als ob er es nicht verstanden hätte.) Mein Herr?

Der Commthur. Auch darauf antwortet er nichts. Wieder alle As. Nichts als verdammte kleine Dubletten!

Der Hausvater. Wie lang wird mir diese Nacht!

Der Commthur. Noch einen solchen Wurf, und ich bin weg. Da ist er! (zu Germeuilen) Lachen Sie immer, mein Herr. Zwingen Sie sich nicht.

(La Brie ist fort gegangen. Das Spiel ist aus. Der Commthur, Cäcilia und Germeuil treten näher zu dem Hausvater.)

Dritter Auftritt.

Der Hausvater. Der Commthur. Cäcilia, Germeuil.

Der Hausvater. In welche Unruhe setzt er mich! Wo ist er? Was mag ihm begegnet seyn?

Der Commthur. Und wer weis das? — Aber für diesen Abend haben Sie sich nun gequält genug. Wenn Sie mir folgen, so gehen Sie zur Ruhe.

Der Hausvater. Mit der Ruhe ist es für mich gethan.

Der

Der Commthur. Wenn es für Sie damit gethan ist, so ist es ein wenig Ihre Schuld, mehr
aber noch die Schuld meiner Schwester. So eine
vortreffliche Frau, die Kinder zu verderben, Gott
habe sie seelig! war auf der Welt nicht.

Cäcilia. (peinlich) Lieber Herr Vetter. —

Der Commthur. Ich mochte euch beyden
so oft zurufen, als ich wollte: Nehmt euch in Acht,
ihr verzieht sie —

Cäcilia. Herr Vetter —

Der Commthur. Itzt seyd ihr in sie vernarrt,
da sie noch klein sind. Laßt sie nur groß werden,
und ihr werdet schon dafür leiden müssen.

Cäcilia. Herr Commthur —

Der Commthur. Ja! Ja! Hört ein Mensch
hier auf mich?

Der Hausvater. Er kömmt noch nicht.

Der Commthur. Was hilft das Seufzen,
das Aechzen? Itzt müssen Sie zeigen, wer Sie sind.
Die Zeit des Verdrußes ist gekommen. Haben Sie
ihm nicht vorbauen können, so lassen Sie wenigstens sehen, ob Sie ihn zu ertragen wissen — Unter uns gesagt, ich zweifele noch sehr daran —
(die Uhr schlägt sechs) Aber das schlägt schon
sechs? — O ich bin müde. — Es reißt mich in

den

den Füssen, als ob ich mein Podagra wieder bekommen sollte. Ich kann Ihnen nichts helfen. Ich will mich in meinen Schlafpelz einwickeln, und mich so in einen Lehnstuhl werfen. Guten Morgen Herr Bruder — Hören Sie nicht?

Der Hausvater. Guten Morgen Herr Commthur.

Der Commthur (im Abgehen.) La Brie!

La Brie (von innen) Mein Herr.

Der Commthur. Leuchte mir! Und wenn mein Vetter endlich zu Hause ist, so komm und meld es mirs.

Vierter Auftritt.

Der Hausvater. Cäcilia. Germenik

Der Hausvater (nachdem er noch einigemal traurig auf und nieder gegangen.) Meine Tochter, es ist wider meinen Willen geschehen, daß du die ganze Nacht aufgeblieben bist.

Cäcilia. Ich habe meine Schuldigkeit gethan, mein Vater.

Der Hausvater. Ich danke dir für diese Aufmerksamkeit; aber ich fürchte, sie wird dir übel bekommen. Geh, lege dich nieder.

A 5   Cäcil

Cácilia. Es ist sehr spät, mein Vater. Wenn Sie mir erlauben wollten, für Ihre Gesundheit eben so besorgt zu seyn, als Sie für die meinige zu seyn, die Gütigkeit haben —

Der Hausvater. Ich will aufbleiben. Ich muß ihn durchaus sprechen.

Cácilia. Mein Bruder ist ja kein Kind mehr.

Der Hausvater. Wer weis, wie viel Unglück sich in einer Nacht kann zugetragen haben?

Cácilia. Mein Vater —

Der Hausvater. Ich will ihn erwarten. Er soll mich sehen. (Indem er seine Hände zärtlich auf die Schultern seiner Tochter legt.) Geh, meine Tochter, geh. Ich weis, daß du mich liebst.

(Cácilia geht ab. Germeuil macht sich gefaßt, ihr zu folgen; der Hausvater aber hält ihn zurück und sagt:) Verzeihen Sie, Germeuil.

Fünfter Auftritt.

Der Hausvater. Germeuil.
(Diese Scene gehet langsam.)

Der Hausvater (als ob er allein wäre, indem er Cácilien nachsiehet.) Ihr Charakter hat sich ganz geändert. Alle ihre Munterkeit, ihre Lebhaftigkeit ist weg — Ihre Reitze verschwinden, — Sie leidet. — Ach, seit dem ich meine Frau verloren habe, und seit dem der Commthur bey mir eingezogen
gen

gen ist, hat sich alles Glück von mir entfernt! —
Wie theuer läßt er meinen Kindern das Glück zu
stehen kommen, das er ihnen verspricht! — Seine
ehrgeizigen Absichten, und das Ansehen, das er sich
in meinem Hause genommen hat, werden mir von
Tag zu Tag unerträglicher. — Wir lebten in Frie-
de und Einigkeit. Die unruhige und tyrannische
Gemüthsart dieses Mannes hat uns alle entzweyet.
Man fürchtet sich vor einander; man vermeidet einander; man verläßt mich, und mitten in dem Schoos-
se meiner Familie möchte ich vor Einsamkeit umkommen — Aber eben wird der Tag anbrechen,
und mein Sohn kömmt noch nicht. — Germeuil,
meine Seele ist voll der bittersten Leiden. Ich kann
meinen Stand nicht länger ertragen.

Germeuil. Sie, mein Herr?

Der Hausvater. Ja, Germeuil.

Germeuil. Wenn Sie nicht glücklich sind, welcher Vater ist es jemals gewesen?

Der Hausvater. Keiner. — O mein Freund,
die Thränen eines Vaters fliessen oft in geheim. —
(Er seufzet; er weinet.) Du siehest die meinigen. —
Ich zeige dir meinen Schmerz.

Germeuil. Mein Herr, was soll ich thun?

Der Hausvater. Ich glaube, du wirst ihn
lindern können.

Germeuil.

Germeuil. Befehlen Sie.

Der Hausvater. Ich will nicht befehlen. Ich will bitten. Ich will sagen: Germeuil, wenn ich mich deiner einigermaßen angenommen habe; wenn ich dir, von deiner zartesten Kindheit an, einige Zärtlichkeit bewiesen habe, und wenn du dich dessen erinnerst; wenn ich zwischen dir und meinem Sohne nie einen Unterschied gemacht habe; wenn ich das Andenken eines Freundes in dir verehret habe, der mir immer gegenwärtig ist, und mir es immer seyn wird — Ich betrübe dich; verzeihe; es ist das erstemal in meinem Leben, und es soll das letztemal seyn. — Wenn ich es an nichts fehlen lassen, dich von dem Elende zu retten und die Stelle eines Vaters bey dir zu vertreten; wenn ich dich, auch wider Willen des Commthurs, dem du mißfällst, bey mir behalten habe; wenn ich dir itzt mein ganzes Herz eröffne: so erkenne meine Wohlthaten und erwiedere mein Vertrauen.

Germeuil. Befehlen Sie, mein Herr, befehlen Sie.

Der Hausvater. Weißt du nichts von meinem Sohne? — Du bist sein Freund; aber du mußt auch der meinige seyn. — Rede! — Schenke mir meine Ruhe wieder, oder nimm mir sie ganz. — Weißt du nichts von meinem Sohne?

Germeuil. Nein, mein Herr,

Der

Der Hausvater. Du bist ein wahrheitlieben-
der Mann, und ich glaube dir. Aber nun bedenke,
wie sehr deine Unwissenheit meine Unruhe vermehren muß. Wie muß die Aufführung meines Sohnes seyn, wenn er sie vor einem Vater verbirgt, dessen Nachsicht er so oft erfahren hat; und wenn er
dem einzigen Menschen, den er liebet, ein Geheimniß daraus macht? — Germeuil, ich zittere; das
Kind wird mir —

Germeuil. Sie sind Vater; ein Vater macht
sich leicht schlimme Gedanken —

Der Hausvater. Du weißt nicht, aber du
sollst es gleich erfahren, und selbst urtheilen, ob
meine Furcht übereilt ist. — Sage mir, hast du
nicht bemerkt, wie sehr er sich seit einiger Zeit verändert hat?

Germeuil. Ja; aber zu seinem Besten. Er
macht sich weniger mit seinen Pferden, mit seinen
Leuten, mit seiner Equipage zu thun; er denket weniger auf seinen Putz. Er hat keine von den Grillen mehr, die Sie ihm nicht selten vorwarffen.
Er hat an allen Zerstreuungen seines Alters einen
Eckel bekommen. Er fliehet seine gefälligen, kleinen Freunde. Er bleibt gern ganze Tage in seinem
Cabinet. Er lieset; er schreibt; er denket. Desto
besser. Er hat das von selbst angefangen, was Sie
doch einmal, über lang oder über kurz, von ihm
würden gefordert haben.

Der

Der Hausvater. Was du mir da sagst, das sagte ich mir selbst; aber ich wußte noch nicht, was du eben erfahren sollst. — Höre nur. — Diese Veränderung, zu der ich mir, deiner Meynung nach, Glück wünschen müßte, und dieses nächtliche Aussenbleiben, das mir so viel Angst macht —

Germeuil. Nun? Dieses Aussenbleiben und diese Veränderung?

Der Hausvater. Haben zu gleicher Zeit angefangen. (Germeuil scheinet bestürzt) Ja, mein Freund, zu gleicher Zeit.

Germeuil. Das ist sonderbar.

Der Hausvater. — Ja wohl. Und leider habe ich diese Unordnung nur erst kürzlich erfahren. Aber sie hat schon lange gedauert. — Zu gleicher Zeit sich zwey ganz verschiedne Plane zu machen, und beyden zu folgen; des Tages über einem blendenden Plane der Ordnung, und des Nachts einem Plane der Ausschweiffung: das, das schlägt mich nieder. — Daß er sich, seines natürlichen Stolzes ungeachtet, bis zur Bestechung der Bedienten erniedriget hat; daß er sich von den Thüren meines Hauses Meister gemacht hat; daß er wartet, bis ich zur Ruhe bin; daß er sich insgeheim darnach erkundiget; daß er ganz allein, zu Fusse, alle Nächte, das Wetter mag seyn, wie es will, zu dieser oder jener Stunde, aus dem Hause entwischt: das ist ohne Zweifel mehr,

als

als irgend ein Vater leiden kann; und mehr, als irgend ein Kind von seinem Alter sich unterstehen muß. — Aber bey so einer Aufführung gleichwohl sich auf die geringste seiner Pflichten aufmerksam stellen, strenge Grundsätze zu haben scheinen, sich zur Rückhaltung im Reden, zum Geschmacke an der Eingezogenheit, zur Verachtung aller Zerstreuungen zwingen — Ah, mein Freund! — Was kann man von einem jungen Menschen erwarten, der sich auf einmal so verstellen, sich auf einmal so viel Gewalt anthun kann? — Ich sehe in die Zukunft, und was ich darinn erblicke, macht mich vor Schrecken erstarren. — Wenn er weiter nichts als lasterhaft wäre, so würde ich noch nicht verzweifeln. Aber spielt er zugleich den Gesitteten und Tugendhaften! —

Germevil. In der That, ich verstehe von dieser Aufführung nichts; aber ich kenne Ihren Sohn. Die Falschheit ist unter allen Lastern gleich dasjenige, das mit seinem Charakter am allermeisten streitet.

Der Hausvater. Welches ist das Laster, das man nicht durch den Umgang mit Bösen endlich an sich nimmt? Und mit wem glaubst du, daß er itzt umgeht? — Alle ehrliche Leute schlafen, wenn er wacht. — Ah, Germevil! — Aber mich deucht, ich höre jemanden — Er ist es vielleicht. — Entferne dich

Sechster

Sechster Auftritt.

Der Hausvater allein.

(Er gehet nach dem Orte, wo er gehen gehöret. Er horcht, und sagt traurig:)

Ich höre nichts weiter. (Er gehet ein wenig auf und nieder und sagt hierauf:) Ich will mich nur setzen. (Er suchet zu ruhen, und kann nicht; und sagt:) Ich kann nicht — Welche Ahndungen erheben sich, eine nach der andern, in dem Innersten meiner Seele! Wie stürmen sie! — O allzuzärtliches Vaterherz, kannst du keinen Augenblick ruhen! — Itzt am frühen Morgen; — vielleicht geht es über seine Gesundheit, — über sein Vermögen, — über seine Tugend. — Was weis ich? Sein Leben, seine Ehre, — meine Ehre — (Er steht eiligst auf und sagt) Welche Gedanken verfolgen mich!

Siebender Auftritt.

Der Hausvater. Ein Unbekannter.

(Indem der Hausvater in der tiefsten Traurigkeit umhergehet, tritt ein Unbekannter herein, der als ein gemeiner Mensch gekleidet ist, in Weste und Rockelor. Er hat die Arme unter den Rockelor versteckt und den niedergekrämpten Hut in die Augen gedrückt. Er gehet mit langsamen Schritten. Er scheinet sehr betrübt und nachsinnend. Er gehet durch den Saal, ohne jemand gewahr zu werden.)

Der

Der Hausvater (sieht ihn kommen, erwartet ihn, hält ihn bey dem Arme und sagt:) Wer seyd ihr? Wo hin wollt ihr?

Der Unbekannte (antwortet nichts.)

Der Hausvater. Wer seyd ihr? Wohin wollt ihr?

Der Unbekannte (antwortet noch nicht.)

Der Hausvater (rückt dem Unbekannten den Hut aus der Stirne, erkennt seinen Sohn und ruft:) Himmel! — Er ist es? — Er ists! — So sind sie denn erfüllt, meine traurigen Ahndungen! — Ah! — (Er bricht in klägliche Töne aus; er entferne sich, er kömmt wieder, und sagt:) Ich will mit ihm sprechen, — Ich zittere, ihn zu hören; — Was werde ich erfahren! — Ich habe zu lange, zu lange gelebt

St. Albin. (indem er sich von seinem Vater entfernt und traurig seufzet.) Ah!

Der Hausvater. (indem er ihm nachgeht.) Wer bist du? Wo kommst du her? — Sollte ich wohl das Unglück haben? —

St. Albin. (der sich noch weiter entfernt.) Ich bin voll Verzweiflung.

Der Hausvater. Grosser Gott, was muß ich hören!

Zwenter Theil. B St.

St. Albin (kömmt wieder zurück und wendet sich an seinen Vater.) Sie weinet. Sie seufzet. Sie will sich entfernen; und wenn sie sich entfernet, so bin ich verloren.

Der Hausvater. Wer? Sie?

St. Albin. Sophia. — Nein, Sophia, nein. — Ich will eher umkommen —

Der Hausvater. Wer ist diese Sophia? — Was hat diese Sophia mit den Umständen, in welchen ich dich sehe, und mit der Angst, die du mir machst, zu thun?

St. Albin (indem er sich seinem Vater zu Füssen wirft.) Sie sehen mich zu ihren Füssen, mein Vater. Ihr Sohn ist ihrer nicht unwürdig. Aber er ist seinem Verderben nahe; er soll die verlieren, die er mehr als sein Leben liebt. Sie allein können sie ihm erhalten. Hören Sie mich; verzeihen Sie mir; helfen Sie mir.

Der Hausvater. Rede, grausames Kind, und habe Mitleiden mit der Marter, die du mich ausstehen lässest.

St. Albin (noch immer auf den Knieen.) Habe ich jemals Ihre Gütigkeit erfahren; habe ich Sie, von meiner Kindheit an, als meinen zärtlichsten Freund betrachten können; sind Sie immer der Vertraute aller meiner Freuden, aller meiner Schmerzen

jen gewesen: so verlassen Sie mich izt nicht. Erhalten Sie mir Sophien; lassen Sie mich Ihnen
das Kostbarste auf der Welt zu danken haben. Be-
schüzen Sie sie. — Sie will uns verlassen; nichts
kann gewisser seyn. — Sprechen Sie mit ihr; reden Sie ihr dieses Vorhaben aus. — Das Leben
Ihres Sohnes hängt davon ab. — Ja, sprechen
Sie sie; und ich werde der Glücklichste unter allen
Kindern, Sie werden der Glücklichste unter allen
Vätern seyn!

Der Hausvater. Welche Wahnsinnigkeit hat
ihn befallen? — Wer ist sie denn, diese Sophia,
wer ist sie denn?

St. Albin. (stehet auf, gehet hin und her, und
sagt voller Begeisterung:) Sie ist arm; sie ist unbekannt; sie wohnet in einem finstern elenden Winkel:
aber es ist ein Engel, es ist ein Engel, und dieser
Winkel ist der Himmel. Ich habe ihn nie verlassen,
ohne besser geworden zu seyn. Ich finde in meinem
zerstreuten und unruhigen Leben nichts, was sich
mit den unschuldigen Stunden, die ich daselbst zu-
gebracht habe, vergleichen ließe. Ich wollte da leben und sterben, wenn ich schon von der ganzen
übrigen Welt verkannt, berüchtet seyn müßte. —
Ich glaubte geliebt zu haben. Ich betrog mich. —
Izt erst liebe ich — (Indem er die Hand seines
Vaters ergreift) — Ja. Ich liebe zum erstenmale.

Der

Der Hausvater. Du spottest meiner Nachsicht und meiner Marter. Höre auf mit deinen
Ausschweiffungen, Unglücklicher! Betrachte dich,
und antworte! Was soll diese unwürdige Verklei-
dung? Was will sie sagen?

St. Albin. Ah, mein Vater! Dieser Kleidung habe ich mein Glück, meine Sophia, mein
Leben zu danken.

Der Hausvater. Wie das? Rede.

St. Albin. Ich mußte mich zu ihrem Stande
herablassen; ich mußte meinen Rang vor ihr verbergen, und ihres gleichen werden. Hören Sie nur.
Hören Sie nur.

Der Hausvater. Ich höre, ich warte —

St. Albin. Neben dieser abgelegenen Woh-
nung, die sie vor den Augen der Welt verbirgt —
Es war mein letztes äusserstes Mittel —

Der Hausvater. Nun?

St. Albin. Gleich neben diesem ärmseligen
Behältnisse, — stand noch eines leer.

Der Hausvater. So rede doch fort.

St. Albin. Das miethe ich. Ich lasse Möbeln
hinbringen, wie sie sich für einen geringen Menschen schicken. Ich ziehe ein, und werde, unter dem
Namen Sergi, und in dieser Kleidung, ihr Nachbar.

Der.

Der Hausvater. Ah! Ich komme wieder zu
mir! — Gott sey Dank, ich sehe weiter nichts als
einen Unsinnigen in ihm.

St. Albin. Urtheilen Sie selbst, ob ich liebte! — O, wie theuer wird es mir zu stehen kommen! — Ah!

Der Hausvater. Komm wieder zu dir, und
suche durch das aufrichtigste Geständniß die Verzeihung deiner Aufführung zu verdienen.

St. Albin. Sie sollen alles erfahren, mein
Vater. Denn ach, ich habe nur dieses einzige Mittel, Sie zu bewegen! — Ich sahe sie zum erstenmale in der Kirche. Sie kniete an dem Fuße eines
Altars, neben einer betagten Frau, die ich Anfangs
für ihre Mutter hielt. Sie zog aller Blicke auf
sich. — Ah, mein Vater, welche Bescheidenheit!
Welche Reize! — Nein, ich kann Ihnen den Eindruck nicht beschreiben, den sie auf mich machte!
Welche Unruhe ich empfand! Wie heftig mein Herz
schlug! Was ich alles fühlte! Was auf einmal aus
mir ward! — Seit diesem Augenblicke dachte ich
nur an sie, träumte ich nur von ihr. Ihr Bild
folgte mir des Tages, belagerte mich des Nachts,
und ließ mir nirgends Ruhe. Ich verlor meine
Munterkeit, meine Gesundheit darüber. Ich konnte nicht leben, ohne sie wieder aufzusuchen. Ich be-
gab mich überall hin, wo ich sie ansichtig zu werden

B 3 hoffen

hoffen konnte. Ich ward schwach; ich verfiel; Sie
wissen selbst, wie sehr. Endlich entdeckte ich, daß
die betagte Frau, die sie begleitet hatte, Frau
Hebert heisse; daß Sophia sie Meine liebe nenne,
und daß sie beyde in einem vierten Stocke wohnten,
wo sie ein sehr armseliges Leben führten. — Darf
ich Ihnen gestehen, was für Hofnung ich mir damals machte, was für Anträge ich thun ließ, auf
was für Anschläge ich alles fiel. Wie viel Ursache
fand ich, darüber zu erröthen, als mir der Himmel
eingab, mich neben ihr einzumiethen! — Ah,
mein Vater, alles, was sich ihr nahet, muß rechtschaffen werden, oder sich entfernen. — Sie wissen
nicht, wie viel ich Sophien zu danken habe; Sie
wissen es nicht. — Sie hat mich ganz verändert.
Ich bin der nicht mehr, der ich war! — Von dem
ersten Augenblicke an, fühlte ich alle schändliche Begierden in meiner Seele verlöschen, und Hochachtung und Bewunderung an ihre Stelle treten. Ohne mich abgewiesen, ohne mich zurückgehalten zu
haben, vielleicht gar ohne noch ein Auge auf mich
gerichtet zu haben, machte sie mich furchtsam; ich
ward es von Tag zu Tag immer mehr; und nicht
lange, so war es mir eben so unmöglich nach ihrer
Tugend, als nach ihrem Leben zu stehen.

Der Hausvater. Und wer sind diese Weibspersonen? Wovon leben sie?

St. Albin. Ah, wenn Sie wüßten, wie diese
Unglücklichen leben! Denken Sie nur; ihre Arbeit
fängt

fängt noch vor Tage an, und oft bringen sie ganze
Nächte dabey zu. Die gute Alte sitzt am Spinnra-
de; und Sophia hat eine grobe harte Leinwand unter ihren zarten Händen. Bey dem Scheine einer
Lampe verdirbt sie sich ihre Augen, die schönsten
Augen von der Welt. Sie wohnet unter dem Dache, zwischen vier leeren Wänden. Ein hölzerner
Tisch, zwey Strohstühle, ein schlechtes Bette; das
sind ihre Möbeln. — O Himmel, als du sie bil-
detest, war das das Schicksal, das du ihr be-
stimmtest?

Der Hausvater. Und wie erhieltest du Zu-
tritt? Gestehe die Wahrheit.

St. Albin. Es ist unerhört, was sich alles für
Hindernisse zeigten, was ich alles that. Als ich
neben ihnen eingezogen war, suchte ich sie nicht sof
gleich zu sehen; aber wenn ich sie, im Heraufkom-
men, oder im Heruntergehen antraf, grüßte ich sie
ehrerbietig. Wenn ich des Abends heim kam, (denn
des Tags über, glaubte sie, wäre ich auf meiner
Arbeit,) bochte ich ganz leise an ihre Thüre, und
bat sie um diese oder jene kleine Gefälligkeit, die sich
Nachbaren einander erweisen; als um Wasser, um
Feuer, um Licht. Nach und nach wurden sie mich
gewohnt. Sie fingen an, Vertrauen in mich zu
setzen. Ich erbot mich, ihnen in Kleinigkeiten zu
dienen. Sie gingen, zum Exempel, des Abends
nicht gern aus, ich that also die nöthigen Gänge für sie

Eines

Eines Tages hörte ich an meine Thüre klopfen. Es war die gute Alte. Ich mache auf. Sie tritt herein, ohne ein Wort zu reden, setzt sich nieder, und fängt an zu weinen. Ich frage sie, was ihr fehlt. Um mich, Sergi, sagte sie, um mich weine ich nicht. Ich bin im Elende gebohren, und also dazu gewöhnt; aber dieses Kind macht mir das Herz schwer. — Was fehlt ihr? Was ist ihr widerfahren? Ach, versetzte die Alte, wir haben seit acht Tagen keine Arbeit mehr, und bald werden wir keinen Bissen Brod haben. Himmel! rief ich. Hier nehme Sie, gehe Sie, lauffe Sie! — Und hierauf — verschloß ich mich, und ließ mich nicht mehr sehen.

Der Hausvater. Ich höre wohl. Das ist die Frucht von den Empfindungen, die man ihnen beybringt! Wozu taugen sie, als ihre Gefahr zu vergrössern?

St. Albin. Man merkte mein Innebleiben, und das eben erwartete ich. Die gute Frau Hebert machte mir deswegen Vorwürfe. Ich faßte Herz. Ich fragte sie nach ihren Umständen. Ich beschrieb ihr meine Umstände, wie ich es für gut fand. Ich that ihr den Vorschlag, unsere Armuth zusammen zu bringen, und zu beyderseitiger Erleichterung, gemeinschaftlich zu leben. Man machte Schwierigkeiten. Ich bestand darauf, und endlich war man es zufrieden. Urtheilen Sie von meiner Freude.

Ach,

Ach, sie hat leider nur sehr kurz gedauert, und wer
weis, wie lange meine Marter dauern wird!

Gestern kam ich zu meiner gewöhnlichen Zeit
nach Hause. Sophia war allein; den Arm auf den
Tisch gestützt, und den Kopf in der Hand. Ihre
Arbeit war neben ihr zur Erde gefallen. Ich trat
herein, ohne daß sie mich wahrnahm. Sie seufzte.
Thränen liessen ihr durch die Finger, und rollten den
Arm herab. Ich hatte sie, schon seit einiger Zeit,
immer traurig gefunden. — Warum weinte sie?
Was betrübte sie? Der Mangel war es nicht mehr.
Ihre Arbeit und meine Aufmerksamkeit, liessen es
an nichts fehlen. — Da ich mich nur für ein einziges Unglück zu fürchten hatte, so stand ich nicht
länger an. Ich warf mich zu ihren Füßen. Wie
bestürzt ward sie! Sophia, sagte ich zu ihr, Sie
weinen! Was fehlt Ihnen? Verbergen Sie mir
ihren Kummer nicht. Reden Sie doch; ich bitte,
reden Sie doch. Sie schwieg. Ihre Thränen rollten noch immer. Ihre Augen, in welchen keine
Heiterkeit mehr war, die in Zähren schwammen,
suchten mich, wandten sich von mir ab, suchten
mich wieder. Sie sagte weiter nichts, als: Armer
Sergi! unglückliche Sophia! Unterdessen hatte ich
mein Gesicht auf ihre Kniee sinken lassen, und weinte. Da kam die Alte herein. Ich springe auf.
Ich lauffe auf sie zu. Ich frage sie. Ich wende
mich wieder zu Sophien. Ich beschwöre sie. Sie

B 5   beharrt

beharrt bey ihrem Stillschweigen. Die Verzweiflung bemeistert sich meiner. Ich gehe in der Stube auf und nieder, ohne zu wissen, was ich thue. Ich rufe schmerzlich: Es ist um mich geschehen! Sophia, Sie wollen uns verlassen; es ist um mich geschehen! Bey diesen Worten verdoppeln sich ihre Thränen, und sie fällt wieder in die nehmliche Stellung, in der ich sie gefunden hatte. Der blasse und dunkle Schimmer einer kleinen Lampe erhellte diese betrübte Scene, die die ganze Nacht hindurch gedauert hat. Als es endlich Zeit war, daß ich mich an meine Arbeit zu gehen stellen mußte, ging ich fort, und kam unter der empfindlichsten Marter hier an —

Der Hausvater. Aber an meine Marter dachtest du nicht.

St. Albin. Mein Vater.

Der Hausvater. Und was willst du nun? Was für Hofnung machst du dir?

St. Albin. Die Hofnung, daß Sie dem, was ich Ihnen seit meinem Daseyn zu danken habe, noch diese größte aller Wohlthaten beyfügen, und Sophien sehen, und sie sprechen werden; daß Sie —

Der Hausvater. Unbesonnener Jüngling! — Und weißt du denn, wer sie ist?

St.

St. Albin. Das ist ihr Geheimniß. Aber ihre Sitten, ihre Gesinnungen, ihre Reden haben durchaus nichts, was ihrem gegenwärtigen Stande gemäß wäre. Es leuchtet ein ganz andrer Stand durch ihre armselige Kleidung durch. Alles verräth sie; sogar der edle Stolz, den man ihr beygebracht hat, und der sie, in Ansehung ihres Standes, so verschwiegen macht. — Wenn Sie ihre offne Unschuld, ihre Holdseligkeit, ihre Bescheidenheit sehen werden — Sie erinnern sich noch wohl Mammas? — Sie seufzen! Nun da; es ist ihr vollkommenes Ebenbild. — O Papa; sprechen Sie sie immer; und wenn Ihnen ihr Sohn ein einziges Wort gesagt hat, das nicht —

Der Hausvater. Und auch von der Frau, die bey ihr ist, hast du nichts erfahren können?

St. Albin. Auch sie, leider, ist eben so zurückhaltend als Sophia! Alles, was ich aus ihr habe bringen können, ist, daß das Kind aus der Provinz hierher gekommen, um bey einem ihrer Anverwandten Hülfe zu suchen, der sie aber weder sehen, noch ihr beyspringen wollen. Diese Nachricht war mir dazu gut, daß ich ihr Elend erleichtern könnte, ohne ihre zärtliche Denkungsart zu beleidigen. Ich habe dem Gegenstande meiner Liebe Gutes erzeigt, und niemand weis davon, als ich.

Der Hausvater. Hast du ihr deine Liebe entdeckt?

St.

St. Albin. (lebhaft) Ich mein Vater? —
Ich konnte den Augenblick, da ich es endlich wagen
dürfte, noch gar nicht absehen.

Der Hausvater. Du glaubst also wohl nicht,
daß du wieder geliebt wirst?

St. Albin. Verzeihen Sie mir — Ach, dann
und wann habe ich es geglaubt! —

Der Hausvater. Und aus welchem Grunde?

St. Albin. Ich schlos es aus Kleinigkeiten,
die sich besser empfinden, als sagen lassen. Zum
Exempel, sie nimmt an allem, was mich betrift,
Antheil. So oft ich ehedem kam, heiterte sich ihr
Gesicht auf; ihr Blick ward lebhafter; ihre Munterkeit stieg. Es schien mir, als hätte sie mich erwartet. Oft hat sie mich wegen meiner Arbeit, die
mir den ganzen Tag wegnehme, beklagt. Oft hat
sie die ihrige bis spät in die Nacht verzögert, um
mich desto länger aufzuhalten. —

Der Hausvater. Du hast mir doch alles
gesagt?

St. Albin. Alles.

Der Hausvater. (nach einer Pause) Geh zur
Ruhe. — Ich will sie sehen.

St. Albin. Sie wollen sie sehen? — Ach,
mein Vater, Sie wollen sie sehen? — Aber bedenken Sie, daß es keinen Verzug leidet.

Der

Der Hausvater. Gehe, und erröthe, daß du dich um die Unruhe, die mir deine Aufführung gemacht hat, und noch machen kann, so wenig bekümmerst.

St. Albin. Ich werde Ihnen keine mehr machen.

Achter Auftritt.

Der Hausvater allein.

Ehrlich, tugendhaft, arm, jung, reißend — alles, was wohlerzogene Seelen zu fesseln vermag. — Kaum bin ich von einer Unruhe befreyt, so falle ich in eine andere. — Welch Schicksal! — — Doch vielleicht beunruhige ich mich zu früh. — Ein hitziger, eingenommener, junger Mensch vergrößert, übertreibt alles. — Ich muß sehen. — Ich muß das Mädchen hohlen lassen; ich muß sie hören, und mit ihr sprechen. — Ist sie so, wie er sie ahmalt, so kann ich sie vielleicht auf meine Seite bringen, es ihr so nahe legen — Was weiß ich?

Neunter Auftritt.

Der Hausvater. Der Commthur, im Schlafrocke und in der Nachtmütze.

Der Commthur. Nun, Herr d'Orbesson, Sie haben Ihren Sohn gesprochen? Wie ists mit ihm?

Der

Der Hausvater. Sie sollen alles erfahren, Herr Commthur. Kommen Sie herein.

Der Commthur. Noch ein Wort, wenn Sie so gut seyn wollen. — Was gilts, Ihr Sohn hat sich in ein Abentheuer eingelassen, das Ihnen Verdruß über Verdruß machen wird? Nicht wahr?

Der Hausvater. Herr Bruder —

Der Commthur. Und damit Sie sich künftig einmal nicht mit der Unwissenheit entschuldigen können, so melde ich Ihnen fein, daß ihre liebe Tochter und der Germeuil, den Sie wider meinen Willen im Hause behalten, es bald auch nicht werden fehlen lassen, Ihnen, wenn Gott will, so viel Aergerniß zu machen, als nur immer —

Der Hausvater. Herr Bruder, wollen Sie mir denn keinen Augenblick Ruhe gönnen?

Der Commthur. Sie lieben sich: das sage ich Ihnen nur.

Der Hausvater. (ungeduldig) Je nun, das wollte ich. —

Der Commthur. So wünsche ich Glück! Sie können sich beyde weder leiden, noch meiden. Sie zanken sich ohne Unterlaß, und stehen doch immer

gut

gut zusammen. Sie wollen sich oft über ein Nichts die Augen auskratzen, und haben sich doch, zum Schutze und zum Trutze, wider alle und jede mit einander verbunden. Wage es einer einmal, und tadele an einem von ihnen die Fehler, die sie sich unzähligmal selbst vorwerffen: er wird ankommen! — Machen Sie ja, daß die Leutchen von einander kommen; ich sage es Ihnen. —

Der Hausvater. Kommen Sie, Herr Commthur, kommen Sie! Kommen Sie herein, Herr Commthur!

Ende des ersten Aufzuges.

Zwey-

Zweyter Aufzug.

Der Hausvater. Cäcilia. Jungfer Clairet.
Herr le Bon. Ein Bauer. Frau Papillon,
eine Puzhändlerin, mit einer von ihren Arbeiterinnen.
La Brie. Philipp, Bediente die zur Aufwartung
hereintreten. Ein Mann in schwarzem Kleide,
der das Ansehen eines verschämten Armen hat, und
es wirklich ist.

(Alle diese Personen kommen eine nach der andern herr
ein. Der Bauer steht, und hat sich vorwärts auf seinen
Stock gelehnt. Frau Papillon sitzt in einem Lehnstühle,
und wischt sich das Gesichte; ihr Ladenmädchen steht neben ihr, und hält eine kleine Pappenschachtel unter dem
Arme. Herr le Bon hat sich nachläßig aufs Canapee geworfen. Der schwarz gekleidete Mann hat sich bey Seite gemacht, und steht in einem Winkel neben dem Fenster. La
Brie ist in der Weste, und in Haarwickeln. Philipp ist an-
gekleidet. La Brie geht um ihn herum, und sieht ihn ein
wenig spöttisch an; da unterdessen Herr le Bon das Ladenmädchen der Frau Papillon mit seinem Fernglase untersucht.

Der Hausvater tritt herein, und alle stehen auf.

Ihm folgt seine Tochter, und vor seiner Tochter geht
ihre Kammerfrau her, die das Frühstück ihrer Gebietherin
trägt. Jungfer Clairet nickt im Vorbeygehen gegen die
Frau Papillon, auf eine gnädige Art. Sie setzt das Frühstück auf einem kleinen Tische auf. Cäcilia läßt sich auf der
einen Seite dieses Tisches nieder. Der Hausvater sitzet
an der andern Seite desselben. Jungfer Clairet stehet hinter dem Lehnstuhle ihrer Gebietherin.

Diese

Diese Scene bestehet aus zwey zugleich mit einander lauffenden Scenen. Cäciliens Scene wird mit leiser Stimme gesprochen.)

Der Hausvater. (zum Bauer) Ah, seyd ihr der, der meinen Pachter zu Limeuil überbietet? Ich bin mit ihm zufrieden. Er ist ein ordentlicher Mann. Er hat Kinder. Es ist mir gar nicht unangenehm, daß man bey mir etwas vor sich bringt. Ihr könnt nur wieder gehen.

(Jungfer Clairet winkt der Frau Papillon näher zu kommen.)

Cäcilia. (zur Frau Papillon leise) Bringt Sie mir was hübsches?

Der Hausvater. (zu seinem Haushofmeister) Nun, Herr le Bon? Was ist vorgefallen?

Frau Papillon. (leise zu Cäcilien) Sie sollen gleich sehen, Mademoiselle.

Le Bon. Der Schuldner, dessen Verschreibung schon seit einem Monate gefällig ist, bittet noch um eine kurze Nachsicht.

Der Hausvater. Die Zeiten sind schwer, sehe er ihm immer noch nach. Wir wollen lieber eine kleine Summe zu verlieren wagen, als ihn zu Grunde richten.

(Während dem Verfolg dieser Scene legen Frau Papillon und ihr Mädchen, die fremden Stoffe und Zeuge

Zweyter Theil.　　　　　C　　　　　auf

auf den Stühlen aus. Cäcilia trinkt ihren Caffee, betrach=
tet, billiget, verwirft, läßt bey Seite legen ꝛc.)

Le Bon. Die Handwerksleute, die an ihrem
Hause zu Orsigny arbeiten, sind da.

Der Hausvater. Mache Er ihre Rechnung.

Le Bon. Ich glaube nicht, daß so viel in
Casse ist.

Der Hausvater. Dem ohngeachtet; ihre Be=
dürfnisse sind dringender als meine, und es ist besser,
daß ich mich behelfe, als sie. (zu Cäcilien) Cäcilia,
vergiß meine Mündel nicht. Vielleicht ist unter die=
sen Waaren etwas für sie.

(Hier wird er des verschämten Armen gewahr. Er ste=
het eilfertig auf, gehet ihm entgegen, und sagt leise zu ihm:)

Verzeihen Sie, mein Herr; ich habe Sie nicht
gesehen. — Häußliche Angelegenheiten haben mich
verhindert. — Ich habe Sie ganz vergessen. —

(Indem er das sagt, zieht er einen Beutel heraus, den
er ihm heimlich zusteckt; und unterdessen, daß er ihn beglei=
tet, und wieder kömmt, rückt die andre Scene weiter.)

Jungfer Clairet. Das Muster ist allerliebst.

Cäcilia. Wie theuer das Stück?

Frau Papillon. Zehn Louisdor, aufs ge=
häuste.

Jungfer

Jungfer Clairet. Das laß ich gelten.
(Cäcilia bezahlt)

Der Hausvater. (indem er wieder kömmt, leise, und in einem mitleidigen Tone:) Eine Familie zu erziehen; seinem Stande sich gemäß zu halten, — und nichts dazu zu haben!

Cäcilia. Was ist in der Schachtel?

Das Ladenmädchen. Es sind Spitzen drinn.
(Sie macht die Schachtel auf)

Cäcilia. (lebhaft) Nein, nein, ich will sie nicht sehen. Adieu, Frau Papillon.

(Jungfer Clairet, Frau Papillon, und das Ladenmädchen gehen ab.)

La Bon. Der Nachbar, der auf das Stücke Landes die Ansprüche wider Sie macht, würde vielleicht abstehen, wenn —

Der Hausvater. Ich will mich nicht berauben lassen. Ich will meinen Kindern, einem geizigen und ungerechten Manne zu gefallen, nichts vergeben. Alles, was ich thun kann, ist, daß ich ihm, wenn er will, so viel abtrete, als mich der Proceß ohngefehr kosten könnte. Sehe Er zu.

(Herr le Bon geht ab. Der Hausvater ruft ihn wieder zurück und sagt:)

Weil ich daran denke, Herr le Bon. Er vergißt doch nicht die Leute aus der Provinz? Ich höre,

daß

daß sie eines von ihren Kindern hierher geschickt haben. Suche Er doch zu erfahren, wo es ist.

(Zu la Brie, der in dem Saale aufräumt.)

Ihr könnt nicht länger in meinen Diensten seyn. Ihr habt von dem unordentlichen Leben meines Sohnes gewußt. Ihr habt mich belogen. In meinem Hause muß man nicht lügen.

Cäcilia. (die für ihn bitten will) Mein Vater —

Der Hausvater. Es ist freylich sonderbar. Wir verschlimmern sie selbst. Wir machen sie selbst zu schlechten Leuten; und wenn wir sie als solche finden, sind wir noch ungerecht genug, uns darüber zu beklagen. (zu La Brie) Ich lasse euch eure Kleidung, und gebe euch noch einen Monat Lohn. Geht. (zu Philippen) Seyd ihr es, von dem man mir gesprochen hat?

Philipp. Ja, mein Herr.

Der Hausvater. Ihr habt es gehört, warum dieser seinen Abschied erhalten hat. Denkt daran. Geht, und laßt niemanden herein.

Zweyter Auftritt.

Der Hausvater. Cäcilia.

Der Hausvater. Nun, meine Tochter, hast du dich bedacht?

Cäcilia.

Cäcilia. Ja, mein Vater.

Der Hausvater. Und was haft du beschlossen?

Cäcilia. Mich in allem nach Ihrem Willen zu richten.

Der Hausvater. Diese Antwort versprach ich mir.

Cäcilia. Wenn ich mir gleichwohl einen Stand wählen dürfte —

Der Hausvater. Welchen würdest du vorziehen? — Du stehst bey dir an. — Rede, meine Tochter.

Cäcilia. Ich würde den einsamen Stand vorziehen.

Der Hausvater. Was meinest du? Ein Kloster?

Cäcilia. Ja, mein Vater. Wo könnte ich eine bessere Zuflucht gegen den Verdruß und Kummer, der mir vielleicht bevorstehet, finden?

Der Hausvater. Du sprichst von Verdruß und Kummer, und denkest an den Kummer und Verdruß nicht, den du mir machen würdest? So wolltest du mich verlassen? So wolltest du das Haus deines Vaters mit einem Kloster vertauschen? Die Gesellschaft deines Oheims, deines Bruders, meine Gesellschaft, mit der Knechtschaft? Nein meine Tochter, das muß nicht geschehen! Ich verehre den Beruf zum geistlichen Leben; aber es ist nicht dein Beruf.

C 3

ruf. Die Natur hat dir gesellige Eigenschaften gegeben, und sie kann sie dir nicht umsonst gegeben
haben. — Cäcilia, du seufzest. — Ah, wenn dieser Vorsatz aus irgend einer geheimen Ursache entspränge, — welch Schicksal würdest du dir zubereitet haben! Du hast das Winseln der Unglücklichen nie gehöret, deren Anzahl du zu vermehren
kämest. Es dringet durch die nächtliche Stille ihrer
Kerker. Dann, dann, mein Kind, fliessen bittere
Thränen, an denen niemand Antheil nimmt, und
netzen das einsame Lager. — Cäcilia, nicht ein
Wort mehr vom Kloster. — Ich will keinem Kinde das Leben gegeben haben, ich will kein Kind er-
zogen und ohn Unterlaß an der Befestigung seines
Glücks gearbeitet haben, um es lebendig in das
Grab herabsteigen zu lassen, und so meine Hofnung
und die Hofnung der Gesellschaft betrogen zu sehen. — Und wer soll der Welt tugendhafte Bürger
liefern, wenn sich gleich diejenigen Frauenzimmer,
die es am meisten verdienten, Hausmütter zu seyn,
dieser Sorge entziehen wollen?

Cäcilia. Ich habe Ihnen gesagt, mein Vater,
daß ich mich in allem nach Ihrem Willen richten will.

Der Hausvater. So rede mir denn nichts
weiter vom Kloster.

Cäcilia. Ich darf aber doch hoffen, daß Sie
Ihre Tochter zu keiner Veränderung des Standes
zwingen werden; daß Sie ihr erlauben werden, ihre

re Tage ruhig und frey an der Seite Ihres Vaters
zu verleben?

Der Hausvater. Wenn ich blos auf mich sehen wollte, so könnte ich mit diesem Vorsatze gar
wohl zufrieden seyn. Aber ich muß dir die Zeit zu
Gemüthe führen, da ich nicht mehr seyn werde. —
Cäcilia, die Natur hat ihre Absichten; und wenn
du Achtung geben willst, so wirst du finden, daß sie
sich an allen rächet, die ihr diese Absichten fehl schlagen lassen; die Mannspersonen strafet sie, wegen
des ehelosen Standes, durch das Laster, und das
Frauenzimmer durch Verachtung und Langeweile. — Du kennest die verschiedenen Stände; sage
mir, giebt es einen traurigern, einen ungeachte-
tern Stand, als den Stand einer betagten Jungfer?
Mein Kind, man vermuthet, ein Mädchen müsse
entweder Gebrechen des Körpers oder der Seele haben, wenn sie dreyßig Jahr alt geworden ist, ohne
eine Person gefunden zu haben, die mit ihr die
Mühseligkeiten des Lebens zu ertragen, geneigt gewesen wäre. Dem aber sey wie ihm wolle; das Alter kömmt heran; die Reize verschwinden; die
Mannspersonen entfernen sich; die üble Laune nimmt
überhand; man verlieret seine Aeltern, seine Bekannte, seine Freunde. Eine alte Jungfer hat niemanden um sich, als Gleichgültige, die sie verabsäumen, oder Eigennützige, die ihre Tage zählen.
Sie empfindet es; sie betrübt sich darüber; sie lebt,

ohne

ohne daß sie jemand tröstet, und stirbt, ohne daß
sie jemand beweinet.

Cäcilia. Das ist wahr. Aber welcher Stand
ist ohne Beschwerden; und hat der eheliche Stand
nicht auch die seinigen?

Der Hausvater. Wer weis das besser, als
ich? Ihr lehret es mich alle Tage. Allein es ist ein
Stand, den die Natur uns aufleget. Es ist der
Beruf aller lebenden Wesen. — Meine Tochter,
wer sich auf eine unvermischte Glückseeligkeit Rechnung macht, der kennet weder das Leben des Menschen, noch die Absichten, welche der Himmel mit
ihm hat. — Setzet der Ehestand uns grausamen
Schmerzen aus, so ist er doch auch die Quelle der
süssesten Freuden. Wo findet man Beyspiele des
reinsten und aufrichtigsten Antheils, der wirklichen
Zärtlichkeit, der innigsten Vertraulichkeit, des un-
unterbrochenen Beystandes, der wechselseitigen Zu-
friedenheit, des getheilten Kummers, der vernom-
menen Seufzer, der vermischten Thränen, wo findet man sie sonst als in der Ehe? Giebt es etwas,
was ein rechtschafner Mann seiner Frau vorzöge?
Findet sich etwas in der Welt, das ein Vater mehr
liebte, als seine Kinder? — O heilige Bande der
Ehe, wenn ich an euch denke, entbrennet meine
Seele und erhebt sich! — O zärtliche Namen des
Sohnes und der Tochter, euch sprach ich nie aus,
ohne daß mein Herz nicht innigst gerühret ward,

ohne

ohne daß es vor Freuden nicht hüpfte. Nichts ist
süsser in meinen Ohren; an nichts nimmt meine
ganze Seele mehr Antheil. — Cäcilia, denke an
das Leben deiner Mutter. Kann ein süsseres Leben
seyn, als das Leben einer Frau, die ihre Tage in
Erfüllung der Pflichten einer aufmerksamen Gattin,
einer zärtlichen Mutter, einer mitleidigen Gebietherin, zubringet? — Welchen Stof zu den süssesten
Betrachtungen trägt sie in ihrem Herzen mit weg,
wenn sie sich des Abends zur Ruhe begiebt!

Cäcilia. Ja wohl, mein Vater. Aber wo sind
die Frauen, die ihr, wo sind die Männer, die Ihnen gleichen?

Der Hausvater. Es giebt deren noch, mein
Kind; und es wird nur von dir abhangen, eben das
Schicksal zu haben, das sie hatte.

Cäcilia. Wenn es auf weiter nichts ankäme,
als um sich zu sehen, seine Vernunft, sein Herz
zu hören —

Der Hausvater. Cäcilia, du schlägst die Augen nieder. Du zitterst. Du fürchtest dich, zu reden. — Mein Kind, laß mich in deiner Seele lesen. Du kannst kein Geheimniß vor deinem Vater
haben; und wenn ich dein Vertrauen verloren hätte, so müßte es meine eigene Schuld seyn. — Du
weinest —

Cäcilia. Ihre Gütigkeit betrübt mich. Wenn
Sie strenger gegen mich seyn könnten?

C 5   Der

Der Hausvater. Solltest du es wohl verdient haben? Sollte dir dein Herz wohl Vorwürffe machen?

Cácilia. Nein, mein Vater.

Der Hausvater. Was fehlt dir denn also?

Cácilia. Nichts.

Der Hausvater. Du betriegst mich, meine Tochter.

Cácilia. Ihre Zärtlichkeit schlägt mich darnieder. Ich wollte sie gern erwiedern können.

Der Hausvater. Sollte dein Herz wohl jemand gewählt haben? Sollte es wohl lieben?

Cácilia. Wie sehr würde ich zu beklagen seyn!

Der Hausvater. Rede. — (vertraulicher und zärtlicher) Rede doch, mein Kind. Wenn du nicht mehr Strenge bey mir vermuthest, als ich mir jemals bewußt gewesen bin, so laß dieses unzeitige Zurückhalten. Du bist kein Kind mehr. Warum sollte ich dich wegen einer Empfindung tadeln, die ich einst in dem Herzen deiner Mutter erweckte? — O du, die du itzt in meinem Hause ihre Stelle vertrittst, die du mir sie vorstellest, ahme ihr in der Freymüthigkeit nach, die sie gegen den bezeugte, der ihr das Leben gegeben hatte, der Sie und mich glück-

glücklich zu sehen wünschte. — Du antwortest mir nicht, Cäcilia?

Cäcilia. Das Schicksal meines Bruders macht mich zittern.

Der Hausvater. Dein Bruder ist ein Narr.

Cäcilia. Vielleicht würden Sie mich nicht klüger finden, als ihn.

Der Hausvater. Nein, solchen Verdruß wird mir Cäcilia nicht machen. Ihre Klugheit ist mir bekannt; und ich erwarte blos das Bekenntniß ihrer Wahl, um sie zu billigen.

(Cäcilia schweigt. Der Hausvater wartet einen Augenblick; darauf fährt er in einem ernsthaften und gar ein wenig ärgerlichem Tone fort:)

Es würde mir angenehm gewesen seyn, deine Gesinnungen von dir selbst zu vernehmen; doch auf was Art du mir sie auch sonst eröffnen willst, es soll mir gleich viel seyn. Es geschehe durch den Mund deines Oheims, oder deines Bruders, oder durch Germeuilen; wie gesagt, es soll mir gleich angenehm seyn. — Germeuil ist unser gemeinschaftlicher Freund. — Es ist ein gesetzter und verständiger Mann. — Er hat mein Vertrauen. — Mich dünkt, er verdiene auch dein Vertrauen zu haben —

Cäcilia. Ich habe die nehmlichen Gedanken von ihm.

Der

Der Hausvater. Ich bin ihm viel schuldig. Es ist Zeit, daß ich mich mit ihm abfinde.

Cäcilia. Ihre Kinder werden weder Ihrer Gewalt, noch Ihrer Erkenntlichkeit jemals einige Grenzen setzen. — Bisher hat er Sie als einen Vater verehret, und Sie haben ihn als eines Ihrer Kinder gehalten.

Der Hausvater. Wüßtest du nicht etwa, was ich wohl für ihn thun könnte?

Cäcilia. Hierinn, glaube ich, muß man ihn wohl selbst zu Rathe ziehen. — Vielleicht hat er Gedanken. — Vielleicht — Bin ich im Stande, Ihnen zu rathen?

Der Hausvater. Der Commthur hat mir etwas gesagt. —

Cäcilia. (lebhaft) Ich weis nicht, was es ist; aber Sie kennen ja unsern Vetter. — Ach, glauben Sie es ja nicht, mein Vater. —

Der Hausvater. Ich werde wohl also sterben müssen, ohne eines von meinen Kindern glücklich zu sehen. — Cäcilia — Grausame Kinder, was habe ich euch gethan, daß ihr mich so kränket? Ich habe das Vertrauen meiner Tochter verloren. Mein Sohn hat sich in ein Band verstricket, das ich unmöglich billigen kann, und das ich zerreissen muß — —

Dritter

Dritter Auftritt.

Der Hausvater. Cäcilia. Philipp.

Philipp. Mein Herr, zwey Frauenzimmer verlangen Sie zu sprechen.

Der Hausvater. Laßt sie herein kommen.

(Cäcilia geht ab. Ihr Vater ruft sie zurück und sagt traurig:)
Cäcilia!

Cäcilia. Mein Vater!

Der Hausvater. So liebst du mich nicht mehr?

(Die angemeldeten Frauenzimmer treten herein, und Cäcilia geht ab, mit dem Tuche vor den Augen.)

Vierter Auftritt.

Der Hausvater. Sophia. Fr. Hebert.

Der Hausvater (erblickt Sophien, und sagt in einem Tone, und mit einer Art von Erstaunen:) Er hat mich nicht betrogen. Welche Reitze! Welche Bescheidenheit! Welche Holdseligkeit! — Ach! —

Fr. Hebert. Mein Herr, wir kommen auf Ihren Befehl —

Der Hausvater. Sind Sie es, Mademoiselle, die sich Sophia nennen?

Sophia.

Sophia. (zitternd und verstört) Ja, mein Herr.

Der Hausvater. Meine liebe Frau, ich hätte der Mademoiselle ein Wort zu sagen. Ich habe von ihr reden hören; ich will ihr Bestes.

(Fr. Hebert tritt bey Seite:)

Sophia (zittert noch immer und hält sie bey dem Arme zurück:) Meine liebe —

Der Hausvater. Mein Kind, fassen Sie sich. Ich werde Ihnen nichts unangenehmes sagen.

Sophia. Ach!

(Fr. Hebert setzet sich zu hinterst im Saale nieder, und ziehet ihre Arbeit hervor, um nicht müßig zu seyn.)

Der Hausvater (führet Sophien zu einem Stuhle, und läßt sie neben sich niedersetzen.) Wo sind Sie her, Mademoiselle?

Sophia. Ich bin aus einer kleinen Stadt in der Provinz.

Der Hausvater. Sind Sie schon lange in Paris?

Sophia. Nicht lange; und wollte Gott, daß ich niemals hergekommen wäre!

Der Hausvater. Was machen sie hier?

Sophia. Ich nähre mich von meiner Arbeit.

Der Hausvater. Sie sind sehr jung.

Sophia.

Sophia. Deſto länger werde ich zu leiden haben.

Der Hausvater. Haben Sie Ihren Herrn Vater noch?

Sophia. Nein, mein Herr.

Der Hausvater. Und Ihre Frau Mutter?

Sophia. Die hat mir der Himmel erhalten. Aber ſie hat ſo viel Kreuz; ihre Geſundheit iſt ſo hinfällig, und ihr Elend ſo groß!

Der Hausvater. Ihre Frau Mutter iſt alſo wohl ſehr arm?

Sophia. Sehr arm! Und doch iſt niemand in der Welt, deren Tochter ich lieber ſeyn wollte.

Der Hausvater. Ich lobe Sie, dieſer Geſinnung wegen. Sie ſcheinen, das beſte Herz zu haben. — Und wer war ihr Herr Vater?

Sophia. Mein Vater war ein rechtſchaffner Mann. Er hörte keinen Unglücklichen, ohne Mitleiden mit ihm zu haben. Er verließ ſeine Freunde in ihrem Elende nicht, und ward arm. Er hatte viel Kinder mit meiner Mutter; und als er ſtarb, ließ er uns alle ohne Hülfe. — Ich war damals noch ſehr jung — Ich kann mich kaum erinnern, ihn geſehn zu haben. — Meine Mutter mußte mich auffaſſen und an ſein Bette heben, daß ich ihn

ihn umarmen und seinen Seegen erhalten konnte. —
Ich weinte. Ach, ich wußte nicht, wie viel ich
alles verlor!

Der Hausvater. Sie rühret mich. — Und
aus was Ursache haben Sie das Haus Ihrer Aeltern,
und Ihre Provinz verlassen?

Sophia. Ich kam mit einem meiner Brüder
hierher, einen Anverwandten um Beystand zu
bitten, der aber sehr hart gegen uns gewesen ist.
Er hatte mich ehedem in der Provinz gesehen. Es
hatte geschienen, als habe er mich lieb gewonnen,
und meine Mutter glaubte, daß er sich dessen wieder erinnern würde. Allein er verschloß seine Thüre vor meinem Bruder, und mir ließ er sagen,
daß ich ihm nicht unter die Augen kommen sollte.

Der Hausvater. Und was ist aus Ihrem
Bruder geworden?

Sophia. Er hat königliche Dienste genommen.
Ich aber bin mit der guten Frau allein geblieben,
die Sie da sehen, und die Liebe hat, mich als ihr
Kind zu achten.

Der Hausvater. Sie scheinet nicht in den
besten Umständen zu seyn.

Sophia. Sie theilet mit mir, was sie hat.

Der Hausvater. Und von Ihrem Anverwandten haben Sie weiter nichts gehört?

Sophia.

Sophia. Verzeihen Sie mir, mein Herr. Ich habe einigen Beystand von ihm erhalten. Aber was hilft das meiner Mutter?

Der Hausvater. Ihre Frau Mutter hat Sie also wohl vergessen?

Sophia. Meine Mutter that ihr äusserstes, uns nach Paris zu schicken. Ach, Sie hoffte, diese Reise würde glücklichere Folgen haben. Würde Sie sich wohl sonst haben entschliessen können, mich von sich zu lassen? Seit dem hat sie nicht gewußt, wie Sie mich wieder nach Hause bekommen soll. Doch schreibt sie mir nun, daß man mich in kurzem abhohlen und wieder zu ihr bringen werde. Sie muß eine mitleidige Seele gefunden haben. — O wir sind wohl recht sehr zu beklagen!

Der Hausvater. Und Sie kennen hier keinen Menschen, der Ihnen beystehen könnte?

Sophia. Keinen Menschen.

Der Hausvater. Und Sie leben von Ihrer Hände Arbeit?

Sophia. Ja, mein Herr.

Der Hausvater. Und leben ganz allein?

Sophia. Ganz allein.

Zweyter Theil. D Der

Der Hausvater. Aber was ist denn das für ein junger Mensch, von dem man mir gesagt hat, Namens Sergi, der neben Ihnen an wohnen soll?

Fr. Hebert (lebhaft, indem sie ihre Arbeit sinken läßt:) Ach, mein Herr, es ist der ehrlichste Mensch —

Sophia. Es ist ein Unglücklicher, der sein Brod verdienen muß, wie wir, und der sein Elend zu dem unsrigen gebracht hat.

Der Hausvater. Weiter wissen Sie von ihm nichts?

Sophia. Nein, mein Herr.

Der Hausvater. Nun wohl, Mademoiselle, dieser Unglückliche —

Sophia. Kennen Sie ihn?

Der Hausvater. Ob ich ihn kenne! — Es ist mein Sohn.

Sophia. Ihr Sohn!

Fr. Hebert. (zu gleicher Zeit) Sergi!

Der Hausvater. Ja, Mademoiselle.

Sophia. Ach, Sergi, so haben Sie mich betrogen!

Der Hausvater. Tugendhaftes, schönstes Kind, erkennen Sie die Gefahr, in der Sie gewesen sind.

Sophia.

Sophia. Sergi ist Ihr Sohn!

Der Hausvater. Er verehret Sie, er liebt Sie; aber seine Leidenschaft, wenn Sie ihr Raum gäben, würde Sie und ihn unglücklich machen.

Sophia. Warum bin ich doch in diese Stadt gekommen? Warum bin ich nicht wieder fortgereiset, sobald mir mein Herz es sagte!

Der Hausvater. Es ist noch Zeit. Sie müssen nicht länger von einer Mutter bleiben, die sich nach Ihnen sehnet, und der ihr hiesiger Aufenthalt grosse Unruhe machen muß. Wollen Sie das, Mademoiselle?

Sophia. Ah, meine Mutter, was werde ich Ihnen sagen können!

Der Hausvater. (zur Fr. Hebert.) Sie, meine gute Frau, sollen das Kind nach Hause bringen, und ich will Sorge tragen, daß Sie Ihre Mühe nicht bereuen sollen.

(Fr. Hebert macht eine Verbeugung.)

Der Hausvater. (fährt gegen Sophien fort:) Aber, Mademoiselle, wenn ich Sie ihrer Mutter wiederschenke, so müssen Sie mir auch meinen Sohn wiedergeben. Sie müssen ihn lehren, was man seinen Aeltern schuldig ist; Sie wissen das ja so wohl.

Sophia. Ah, Sergi, warum —

Der

Der Hausvater. Sie müssen machen, daß er über seine Absichten erröthet, so ehrlich sie auch immer mögen gewesen seyn. Sie müssen ihm ihre Abreise ankündigen. Sie müssen ihm befehlen, meinem Schmerze und der Unruhe seiner Familie ein Ende zu machen.

Sophia. (zur Hebert) Meine liebe —

Fr. Hebert. Mein Kind.

Sophia. (die sich an sie anlehnet) Ich vergehe —

Fr. Hebert. Wir wollen abtreten, mein Herr, und Ihre Befehle erwarten.

Sophia. Armer Sergi! Unglückliche Sophia!

(Sie gehet, an die Frau Hebert gelehnet, ab.)

Fünfter Auftritt.

Der Hausvater allein.

O Gesetze der Welt! O grausame Vorurtheile! — Es giebt so schon wenig Frauenzimmer gnug für einen Mann, der denket und empfindet. Warum muß die Wahl derselben noch so eingeschränkt seyn! — Aber mein Sohn wird bald da seyn. — Ich muß mich des Eindrucks entschlagen, den dieses Kind auf meine Seele gemacht hat. — Wie

kaum

kann ich ihm, meiner Pflicht gemäß, vorstellen, was er mir schuldig ist, was er sich selbst schuldig ist, wenn mein Herz mit dem seinigen eins ist? —

Sechster Auftritt.

Der Hausvater. St. Albin.

St. Albin. (im Hereintreten, und lebhaft) Mein Vater.

(Der Hausvater gehet auf und nieder, und schweiget)

St. Albin. (gehet seinem Vater nach, und sagt in einem bittenden Tone:) Mein Vater.

Der Hausvater. (bleibt auf einmal stehen, und sagt in einem ernsthaften Tone:) Mein Sohn, wenn du noch nicht in dich gekehret bist, wenn die Vernunft ihre Macht über dich, noch nicht wieder erlangt hat: so wage es nur nicht, dein Unrecht und meinen Verdruß zu vergrössern.

St. Albin. Sie sehen mich davon durchdrungen! Ich nahe mich Ihnen mit Zittern. — Ich will ruhig und vernünftig seyn. — Ja, ich will es gewiß seyn. — Ich habe mir es vorgenommen.

(Der Hausvater gehet noch auf und nieder)

St. Albin. (nahet sich ihm furchtsam, und sagt mit leiser und zitternder Stimme:) Sie haben Sie nun gesehen?

Der

Der Hausvater. Ja, ich habe sie gesehen. Sie ist schön, und ich halte sie für tugendhaft. Aber was denkst du aus ihr zu machen? Einen Zeitvertreib? Das werde ich nicht zugeben. Deine Frau? Sie schickt sich nicht für dich.

St. Albin. (der an sich hält) Sie ist schön, sie ist tugendhaft, und sie schickt sich nicht für mich! Was schickt sich denn also für eine Frau für mich?

Der Hausvater. Eine solche, die durch ihre Erziehung, durch ihre Geburt, durch ihren Stand, durch ihr Vermögen dein Glück befestigen, und meinen Hoffnungen ein Genüge leisten kann.

St. Albin. Aus meiner Heyrath soll also ein Band des Eigennutzes und des Ehrgeizes werden? Mein Vater, Sie haben nur Einen Sohn; opfern Sie ihn nicht Absichten auf, welche die Welt mit unglücklichen Ehemännern erfüllen. Ich brauche eine rechtschaffene, empfindliche Gattin, die mich die Mühseligkeiten des Lebens ertragen lehre; und keine reiche, betittelte Frau, die sie vermehre. Ah, wünschen Sie mir eher den Tod, und der Himmel gewähre mir ihn eher, als eine Frau, so wie ich sie sehe —

Der Hausvater. Ich schlage dir keine vor; aber ich werde es auch niemals zugeben, daß du derjenigen zu Theil werdest, an die du dich so närrischer

rischer Weise gehangen hast. Ich könnte mich mei=
ner Gewalt bedienen und zu dir sagen: St. Albin,
das mißfällt mir; daraus kann nichts werden; den=
ke weiter nicht daran. Allein ich habe nie etwas von
dir verlangt, ohne dir den Grund davon zu zeigen.
Ich habe deinen bloßen Gehorsam, ohne deinen
Beyfall zu haben, niemals begehrt; und ich will
bey dieser Herablassung auch noch itzt bleiben. Mä=
ßige dich, und höre mich.

Mein Sohn, es sind nunmehr bald zwanzig
Jahr, als ich die ersten Thränen, die du mir aus=
preßtest, über dich weinte. Mein Herz zerschmolz,
als ich in dir einen Freund erblickte, den mir die
Natur schenkte. Ich nahm dich aus dem Schooße
deiner Mutter in meine Arme; ich hob dich gen
Himmel, mischte meine Stimme in dein Schreyen,
und sprach zu Gott: O Gott, der du mir dieses
Kind gegeben, wenn ich die Sorge versäumen sollte,
die du mir an diesem Tage auflegest, oder wenn
dieses Kind meiner Sorge nicht würdig werden soll=
te, so siehe nicht auf die Freude seiner Mutter;
nimm es zurück!

Das war das Gelübde, welches ich für dich und
für mich that. Es ist mir nie aus den Gedanken
gekommen. Ich habe dich nicht der Sorge eines
Miethlings übergeben. Ich habe dich selbst gelehret
reden, denken, und empfinden. So wie du an Jah=
ren

ren zunahmeſt, habe ich deine Neigungen ausge-
forſcht; dieſen gemäß habe ich den Plan deiner Erziehung entworffen, und ihn ohn Unterlaß befolgt.
Wie viel Mühe habe ich mir gegeben, um dir Mühe zu erſparen? Ich habe dein künftiges Schickſal,
deinen Fähigkeiten und deinem Geſchmacke zu Folge,
feſtgeſetzt. Ich habe nichts verſäumet, dich mit ſo
vielen Vorzügen, als möglich, in die Welt einzuführen. Und da ich mich endlich dem Augenblick,
die Früchte meiner Sorgfalt einzuſammeln, nähere;
da ich mir ſchon Glück wünſche, einen Sohn zu haben, der ſeiner Geburt, die ihn zu den beſten Verbindungen beſtimmt, der ſeinen perſönlichen Eigen-
ſchaften, die ihn zu wichtigen Aemtern ruffen, ent-
ſpricht: ſoll eine unſinnige Leidenſchaft, ſoll eine
plötzliche, ſchwärmriſche Entzückung, alles zu nichte
gemacht haben? Ich ſoll ſehen, daß ſeine ſchönſten
Jahre verloren gehen, daß er ſeines Glückes verfehlt,
daß meine Erwartung betrogen wird; das ſoll ich
ſehen, und es zugeben? Wie haſt du dir ſo etwas
einbilden können?

St. Albin. Wie unglücklich bin ich!

Der Hausvater. Du haſt einen Vetter, der
dich liebt, und dir ein anſehnliches Vermögen zuge-
dacht hat; du haſt einen Vater, der dir ſein Leben
aufgeopfert hat, und dir in allem ſeine Zärtlichkeit
zu beweiſen ſucht; du haſt einen Namen, du haſt
Anverwandte, Freunde, die ſchmeichelhafteſten und
gegrün-

gegründetſten Anſprüche: und du biſt unglücklich? Was fehlt dir denn noch?

St. Albin. Sophia, Sophiens Herz, und die Einwilligung meines Vaters.

Der Hausvater. Was unterſteheſt du dich, mir vorzuſchlagen? Ich ſollte an deiner Thorheit, an dem allgemeinen Tadel, den ſie dir zuziehen muß, Theil nehmen? Vätern und Kindern ein ſolches Exempel geben? Ich ſollte, durch eine ſchimpfliche Schwachheit, die Verwirrung der Geſellſchaft, die Vermiſchung des Bluts und der Stände, die Erniedrigung der Familien gut heiſſen?

St. Albin. Wie unglücklich bin ich! Wenn ich diejenige nicht haben kann, die ich liebe, ſo werde ich einmal diejenige nehmen müſſen, die ich nicht liebe. Denn ich werde in meinem Leben keine, als Sophien lieben. Ich werde ohne Unterlaß jede andere mit ihr vergleichen. Und dieſe andere wird unglücklich ſeyn; ich werde es gleichfalls ſeyn; Sie werden es ſehen, und werden für Gram ſterben.

Der Hausvater. Ich werde meine Schuldigkeit gethan haben, und wehe dir, wenn du deine nicht thuſt!

St. Albin. Mein Vater, entziehen Sie mir Sophien nicht!

Der Hausvater. Höre auf, ſie von mir zu verlangen.

D 5   St.

St. Albin. Sie haben mir hundertmal gesagt, daß eine rechtschaffne Frau das größte Geschenk sey, welches der Himmel geben könne. Ich habe sie gefunden, und Sie, Sie wollen mich ihrer berauben! Entziehen Sie mir sie nicht, mein Vater! Da sie nun weis, wer ich bin, was muß sie itzt nicht von mir erwarten? Soll St. Albin weniger großmüthig seyn, als Sergi? Entziehen Sie mir sie nicht! Sie ist es, die die Tugend in mein Herz zurückgeruffen hat. Sie allein kann sie darinn erhalten.

Der Hausvater. Das ist: was mein Beyspiel nicht vermögend gewesen, wird das ihrige ausrichten.

St. Albin. Sie sind mein Vater, und Sie befehlen. Sie wird meine Frau seyn, und das ist eine andere Herrschaft.

Der Hausvater. Welcher Unterschied zwischen einem Liebhaber und einem Ehemanne! Zwischen einer Frau, und einer Geliebten! Unerfahrner Mensch, du weißt das nicht.

St. Albin. Ich hoffe es auch nie zu erfahren.

Der Hausvater. Wo ist der Liebhaber, der seine Geliebte mit andern Augen ansähe? Der anders spräche?

St. Albin. Sie haben Sophien gesehen! — Wenn ich sie für Hoheit, für Würden, für Hoffnungen,

nungen, für Vorurtheile verlaße, so verdiente ich sie nicht zu kennen. Mein Vater, verachten Sie wohl Ihren Sohn so sehr, daß Sie das glauben sollten?

Der Hausvater. Sie hat sich nicht so weg= geworffen, und deiner Leidenschaft Raum gegeben. Ahme ihr nach.

St. Albin. Ich würfe mich weg, wenn ich ihr Gemahl würde?

Der Hausvater. Frage nur die Welt.

St. Albin. In gleichgültigen Dingen will ich mir die Welt, so wie sie ist, gern gefallen laßen; aber wenn es das Glück oder Unglück meines Lebens betrift, wenn es die Wahl meiner Gattin betrift —

Der Hausvater. Du wirst den Menschen kei= ne andere Gedanken beybringen. Richte dich al= so darnach.

St. Albin. Sie sollten alles verkehrt, alles verdorben haben; sie sollten die Natur ihren elen= den Verabredungen unterworffen haben: und ich sollte es so zufrieden seyn?

Der Hausvater. Oder sie werden dich verachten.

St. Albin. So will ich sie fliehen.

Der Hausvater. Ihre Verachtung wird dir nachfolgen; und diese Frau, die dich darein gestürzt hätte,

hätte, würde nicht weniger zu beklagen seyn, als du. — Du liebst sie?

St. Albin. Ob ich sie liebe!

Der Hausvater. So höre und erschrick über das Schicksal, das du ihr bereitest. Es kömmt ein Tag, da du den Werth alles dessen, was du ihr aufgeopfert hast, empfinden wirst. Du wirst dich mit ihr allein sehen, ohne Stand, ohne Vermögen, ohne Ansehen; Langeweil und Verdruß werden sich deiner bemeistern. Du wirst sie hassen; du wirst sie mit Vorwürfen überhäuffen. Ihre Geduld, ihre Sanftmuth wird dich vollends erbittern; du wirst sie nur desto mehr hassen; du wirst die Kinder hassen, die du von ihr bekömmst; und endlich wirst du sie vor Herzeleid in die Grube bringen.

St. Albin. Ich!

Der Hausvater. Du!

St. Albin. Nimmermehr, nimmermehr!

Der Hausvater. Der Leidenschaft dünket alles ewig; aber die Natur will, daß alles ein Ende nehme.

St. Albin. Ich sollte jemals aufhören, Sophien zu lieben! Wenn ich dazu fähig wäre, so würde ich auch zweifeln müssen, ob ich meinen Vater liebte.

Der

Der Hausvater. Willſt du es gewiß wiſſen, ob du dieſen liebſt, und willſt du mir es beweiſen; ſo thue, was ich von dir verlange.

St. Albin. Ich wollte gern; aber umſonſt. Ich kann nicht. Es ſteht nicht in meiner Macht. Ich kann nicht, mein Vater.

Der Hausvater. Unſinniger, du willſt Vater werden? Kenneſt du die Pflichten eines Vaters? Und wenn du ſie kenneſt, ſprich, würdeſt du deinem Sohne das zugeſtehen, was du von mir erwarteſt?

St. Albin. Ah, wenn ich antworten dürfte!

Der Hausvater. Antworte.

St. Albin. Sie erlauben es mir?

Der Hausvater. Ich befehle es dir.

St. Albin. Als Sie auf meiner Mutter ſtanden; als ſich die ganze Familie wider Sie empörte; als mein Großvater Sie ein undankbares Kind nennte, und Sie ihn in dem Innerſten ihrer Seele einen grauſamen Vater nennten: wer von Ihnen beyden hatte Recht? Meine Mutter war tugendhaft und ſchön, wie Sophia; ſie war ohne Vermögen, wie Sophia; Sie liebten ſie, wie ich Sophien liebe. Litten Sie es, daß man ſie Ihnen raubte, mein Vater; und habe ich nicht auch ein Herz?

Der

Der Hausvater. Ich mußte, wie ich mir helffen konnte, und deine Mutter war von Stande.

St. Albin. Wer weis, was Sophia ist?

Der Hausvater. Einbildungen!

St. Albin. Sie mußten, wie Sie sich helffen konnten? Liebe und Mangel werden mir schon auch Mittel an die Hand geben, wie ich mir helfsen soll.

Der Hausvater. Betrachte das Unglück, das deiner wartet, und zittere!

St. Albin. Sie nicht besitzen, ist das einzige Unglück, wovor ich zittere.

Der Hausvater. Und der Verlust meiner Zärtlichkeit? —

St. Albin. Ihre Zärtlichkeit werde ich wieder erlangen.

Der Hausvater. Wer hat dir das gesagt?

St. Albin. Sie werden Sophien weinen sehen; ich werde ihre Knie umfassen; meine Kinder werden ihre unschuldigen Hände gegen Sie ausstrecken: und Sie werden sie gewiß nicht von sich stossen.

Der Hausvater. Er kennet mich nur allzuwohl! —

(Nach einer kleinen Pause, sagt er in dem strengsten Tone, und mit der härtesten Art:)

Mein

Mein Sohn, ich sehe, daß ich dir umsonst zure-
be; daß die Vernunst nichts mehr bey dir gilt; und
daß mir einzig das Mittel übrig bleibt, dessen ich
mich nie gern bedienen wollte. Nun muß ich es
brauchen; denn du zwingst mich dazu. Gieb dein
Vorhaben auf. Ich will es, und ich befehle es dir
bey aller der Gewalt, die ein Vater über seine
Kinder hat.

St. Albin. (mit einer verbissenen Heftigkeit) Gewalt, Gewalt; weiter wissen sie auch nichts.

Der Hausvater. Hüte dich!

St. Albin. (im hin und her gehen) So sind sie
alle. Das ist ihre Liebe gegen uns. Was könnten
sie mehr thun, wenn sie unsere Feinde wären?

Der Hausvater. Was sagst du? Was mur-
melst du?

St. Albin. (noch immer so) Sie dünken sich
weise, weil sie andere Leidenschaften haben, als wir.

Der Hausvater. Schweig.

St. Albin. Sie geben uns das Leben, um
nach ihrem Gutbefinden, damit zu schalten.

Der Hausvater. Schweig.

St. Albin. Sie erfüllen es mit dem bittersten
Verdrusse. Und wie sollten sie unsere Schmerzen
rühren? Sie haben sich daran gewöhnt.

Der

Der Hausvater. Du vergißt, wer ich bin, und mit wem du sprichst. Schweig, oder du wirst den schrecklichsten Zorn auf dich ziehen, dessen ein Vater fähig ist.

St. Albin. Ein Vater! Ein Vater! Es giebt keine Väter. — Es giebt nichts als Tyrannen.

Der Hausvater. O Himmel!

St. Albin. Ja, nichts als Tyrannen.

Der Hausvater. Gehe mir aus den Augen, undankbares, ungerathenes Kind! Ich gebe dir meinen Fluch. Fort! fliehe mich!

(Der Sohn gehet fort. Kaum aber hat er einige Schritte gethan, als ihm sein Vater nachläuft und sagt.) Wo willst du hin, Unglücklicher?

St. Albin. Mein Vater.

Der Hausvater. (wirft sich in einen Lehnstuhl und sein Sohn fällt ihm zu Füßen.) Ich, dein Vater? Du, mein Sohn? Du gehest mir nichts mehr an. Du bist mir niemals etwas angegangen. Du vergiftest mein Leben. Du wünschest meinen Tod. Ah, warum hat er so lange verweilet? Warum liege ich nicht schon längst an der Seite deiner Mutter? Sie ist dahin; und meine unglücklichen Tage wurden verlängert!

St. Albin. Mein Vater.

Der

Der Hausvater. Entferne dich. Verbirg mir deine Thränen. Du zerreiſſeſt mein Herz, und doch kann ich dich nicht daraus vertreiben.

Siebender Auftritt.

Der Hausvater. St. Albin. Der Commthur.

(Der Commthur tritt herein. St. Albin, der ſeinem Vater zu Füſſen lag, ſtehet auf, und der Hausvater bleibt in ſeinem Lehnſtuhle, den Kopf auf die Hand geſtätzet, in einer äuſſerſt betrübten Stellung.)

Der Commthur. (zeiget ihn dem St. Albin, der, ohne zu hören, auf und nieder geht) Da! da ſiehe! Siehe, in welchen Zuſtand du ihn ſetzeſt. Ich habe es ihm prophezeyt, daß du ihn für Leid in die Grube bringen würdeſt; und du machſt meine Prophezeyung wahr.

(Indem der Commthur ſpricht, ſtehet der Hausvater auf und gehet fort. St. Albin macht ſich gefaßt, ihm zu folgen.)

Der Hausvater (indem er ſich gegen ſeinen Sohn umkehret:) Wo willſt du hin? Höre deinen Vetter. Ich befehle es dir.

Achter Auftritt.

St. Albin. Der Commthur.

St. Albin. Reden Sie also nur, mein Herz ich höre — Wenn es ein Unglück iſt, zu lieben

nun so ist das Unglück geschehen, und ich kann nicht
helfen. — Wenn man mir sie verweigert, so lehre
man mich sie erst vergessen. — Sie vergessen!
Wen? Sie? Ich? Ich könnte, ich wollte sie vergessen? Der Fluch meines Vaters werde an mir erfüllt, wenn ich sie es jemals einkommen lasse.

Der Commthur. Was verlangt man denn
nun von dir? Eine Kreatur fahren zu lassen, um
die du dich kaum im Vorbeygehen hättest bekümmern sollen; die ohne Vermögen, ohne Aeltern,
ohne allen Anhang ist; eine Kreatur, die ich weis
nicht woher ist, ich weis nicht wem angehört, und
lebt, ich weis nicht wie. Es giebt dergleichen Mädchen. Es giebt auch Narren, die sich ihretwegen
ruiniren; aber sie heyrathen! sie heyrathen!

St. Albin (heftig) Herr Commthur.

Der Commthur. Sie gefällt dir? Nun gut,
so behalte sie. Obs die ist, oder eine andere, das
gilt mir gleich viel. Nur laß uns zu seiner Zeit das
Ende von diesem Handel hoffen.

(St. Albin will fortgehen.)
Wo willst du hin?

St. Albin. Fort.

Der Commthur. (hält ihn) Hast du vergessen, daß ich im Namen deines Vaters mit dir
rede?

St.

St. Albin. Nun gut, mein Herr, reden Sie nur. Peinigen Sie mich immer; bringen Sie mich nur immer zur Verzweiflung. Ich habe weiter nichts zu antworten, als das: Sophia soll doch meine Frau werden.

Der Commthur. Deine Frau?

St. Albin. Ja, meine Frau.

Der Commthur. So ein nichtswürdiges Mädchen!

St. Albin. Die mich alles verachten gelehret hat, was Sie zu Ihrer Schande fesselt.

Der Commthur. Hast du keine Scham?

St. Albin. Scham?

Der Commthur. Du, der Sohn des Herrn d'Orbesson, der Neffe des Commthurs d'Aulnoi!

St. Albin. Ich, des Herrn d'Orbesson Sohn! Ich, Ihr Neffe!

Der Commthur. Das sind die Früchte der bewundernswürdigen Erziehung, auf die dein Vater so stolz war! Da sehe einer nun, das Muster aller jungen Leute bey Hofe und in der Stadt! — Aber du denkst vielleicht, du bist reich?

St. Albin. Nein.

Der

Der Commthur. Weißt du, wie viel du von deiner Mutter hast?

St. Albin. Ich habe daran niemals gedacht, und ich mag es auch gar nicht wissen.

Der Commthur. Höre nur. Sie war von sechs Kindern, die wir zusammen waren, die jüngste, und das noch dazu in einer Provinz, wo man den Mädchen nichts mitgiebt. Dein Vater, der nicht viel klüger war als du, vernarrte sich in sie, und nahm sie. Tausend Thaler Renten, wovon die Hälfte deiner Schwester gehört, das macht für jeden fünf hundert; und das ist alles, was du hast?

St. Albin. Wie? Ich habe jährlich fünf hundert Thaler?

Der Commthur. So lange als es währet.

St. Albin. Ah Sophia, sie sollen nicht mehr unter dem Dache wohnen dürfen! Das Elend soll Ihnen nichts mehr anhaben! Ich habe jährlich fünf hundert Thaler.

Der Commthur. Aber du hast einmal von deinem Vater jährlich mehr als so viel Tausende, und von mir noch einmal so viel zu erwarten. St. Albin, man begeht wohl Thorheiten, aber so theuere Thorheiten zu begehen!

St. Albin. Was hilft mir der Reichthum, wenn ich die nicht besitze, mit der ich ihn zu theilen wünschte?

Der

Der Commthur. Du bist rasend!

St. Albin. Ich weis wohl. So nennt man die, welche eine junge, tugendhafte, schöne Frau allem vorziehen; und ich mache mir eine Ehre daraus, an der Spitze dieser Rasenden zu stehen.

Der Commthur. Du rennest in dein Unglück!

St. Albin. Ich aß Brod, und trank Wasser an ihrer Seite; und ich war glücklich.

Der Commthur. Du rennest in dein Unglück!

St. Albin. Und ich habe jährlich fünf hundert Thaler?

Der Commthur. Was willst du denn damit machen?

St. Albin. Dafür will ich sie einmiethen, kleiden, unterhalten; davon wollen wir leben.

Der Commthur. Wie Bettler.

St. Albin. Mags doch.

Der Commthur. Da wird es noch Vater, Mutter, Brüder, Schwestern geben, und die willst du alle mit heyrathen?

St. Albin. Ich bin es fest entschlossen.

Der Commthur. Und wenn endlich gar Kinder kommen?

E 3   St.

St. Albin. Alsdenn will ich mich an mitleidige Seelen wenden. Man wird mich sehen. Man wird die Genoßin meines Unglücks sehen. Ich werde meinen Namen sagen, und werde Hülfe finden.

Der Commthur. Du kennest die Menschen gut.

St. Albin. Sie halten sie für böse.

Der Commthur. Und habe wohl groß Unrecht?

St. Albin. Recht oder Unrecht; zwey Dinge werden mir noch immer übrig bleiben, mit welchen ich der ganzen Welt trozen kann; die Liebe, die alles zu unternehmen, und der Stolz, der alles zu ertragen weis. — Nur daher kömmt es, daß man so viele Klagen in der Welt höret, weil der Arme nicht Muth genug hat, und der Reiche — keine Menschlichkeit kennet.

Der Commthur. Ich höre wohl. — Nun gut, nimm sie, deine Sophia. Tritt den Willen deines Vaters, tritt die Gesetze des Wohlstandes, tritt alles, was dein Stand von dir fodert, mit Füssen. Ruinire dich; wirf dich weg; welze dich im Kothe: ich will mich nicht weiter widersetzen. Du wirst allen Kindern zum Beyspiel dienen, die vor der Stimme der Vernunft ihre Ohren verstopfen, sich in schimpfliche Verbindungen einlassen, ihre Aeltern betrüben, und ihrem Namen einen Schand-

fleck

steck anhängen. Du sollst sie haben deine Sophia,
weil du sie mit aller Gewalt haben willst; aber keinen Bissen Brod sollst du ihr zu geben haben, keinen Bissen Brod deinen Kindern, die alsdenn meine Thüre belagern werden —

St. Albin. Dafür fürchten Sie sich auch nur.

Der Commthur. Bin ich nicht recht zu beklagen? — Seit vierzig Jahren habe ich mir alles
abgedarbt. Ich hätte mich verheyrathen können,
und ich habe mir es so gut nicht werden lassen.
Ich habe die Meinigen hintangesetzt, und habe mich
einzig an diese Undankbaren gehalten. Das ist der
Dank dafür! — Was wird die Welt nun sagen? —
O, ich werde mich vor keinem Menschen dürfen
sehen lassen. Oder wenn ich mich werde wo sehen
lassen, und jemand fragt: wer ist das alte Gnaden-
kreuz, das so verdrüßlich aussieht? so wird man
ganz sachte antworten: es ist der Commthur d'Au-
noy, der Vetter von dem jungen Narren, der da
die geheyrathet hat. — So? — Und denn wird
man sich was ins Ohr sagen. Man wird mich ansehen. Scham und Verdruß werden sich meiner
bemeistern. Ich werde aufstehen. Ich werde meinen Stock nehmen, und mich davon machen.
Nein, ich wollte mein ganzes Vermögen drum geben, wenn dir vor St. Philipp, als du da die Wäl-
le herankrochst, ein braver Engländer das Bajonnet

E 4

in die Rippen gestoßen hätte, daß du in den Gra-
ben herunter gestürzt, und da mit andern begraben
worden wärest. So würde man doch wenigstens
sagen: es ist Schade; es war ein guter Mensch.
Und ich würde bey dem König, zur Ausstattung
deiner Schwester, um eine Gnade ansuchen dürfen —
Nein, eine solche Heyrath ist in einer Familie
nicht erhört.

St. Albin. So wird es die erste seyn.

Der Commthur. Und ich ließe es geschehen?

St. Albin. Wenn Sie so gut seyn wollen.

Der Commthur. Das glaubst du?

St. Albin. Ganz gewiß.

Der Commthur. Nun gut. Das wollen wir
sehen.

St. Albin. Es ist da nichts mehr zu sehen.

Neunter Auftritt.

Saint Albin. Sophia. Fr. Hebert.

(Indem St. Albin so fortfährt, als ob er allein wäre,
treten Sophia und ihre Alte herein, und reden zwischen den
Intervallen, die St. Albin in seinem Monolog macht.)

St. Albin. Nein, es ist da nichts mehr zu sehen. — Sie haben sich wider mich verschworen. —
Ich merke es —   Sophia.

Sophia. (in einem sanften und kläglichen Tone) Man will es. — Komm Sie, meine liebe —

St. Albin. Es ist das erstemal, daß mein Vater mit diesem grausamen Vetter einerley Sinnes ist.

Sophia. (seufzend) Ah, welcher Augenblick.

Fr. Hebert. Es ist wahr, mein Kind.

Sophia. Mein Herz ist voll Angst.

St. Albin. Ich muß keine Zeit verlieren. Ich muß zu ihr hin.

Sophia. Da ist er, meine liebe. Da ist er.

St. Albin. Ja, Sophia, ja, ich bin es. Ich bin Sergi.

Sophia. Nein, Sie sind Sergi nicht. — (Sie wendet sich gegen Frau Hebert) Wie unglücklich bin ich! Wer doch todt wäre! Ach, meine liebe! Wozu habe ich mich verstanden! Was wird er von mir hören! Was wird aus ihm werden! — Habe Sie Mitleiden mit mir. Sage Sie ihm, statt meiner —

St. Albin. Fürchten Sie nichts, Sophia. Sergi liebte Sie; Saint Albin betet sie an; und Sie sehen den aufrichtigsten Mann, den zärtlichsten Liebhaber in ihm.

Sophia. (seufzet tief) Ach!

St.

St. Albin. Glauben Sie, daß Sergi ohne Sie nicht leben kann; nicht leben kann ohne Sie.

Sophia. Ich glaube es; aber wozu hilft das?

St. Albin. Sagen Sie ein Wort.

Sophia. Was für ein Wort?

St. Albin. Daß Sie mich lieben. Lieben Sie mich, Sophia?

Sophia. (mit einem tiefen Seufzer) Ah, wenn ich Sie nicht liebte!

St. Albin. So geben Sie mir ihre Hand. So empfangen Sie die meinige, und zugleich den Schwur, den ich hier vor den Augen des Himmels und vor dieser rechtschaffenen Frau thue, die uns an Mutter statt gewesen ist, daß ich nie einer andern, daß ich der ihrige seyn will.

Sophia. Ah! Sie wissen wohl, daß ein tugendhaftes Mädchen dergleichen Schwur nur vor dem Altare thut und annimmt. — Und dahin werden Sie mich nicht führen. — Ach Sergi! Jtzt empfinde ich es, welche eine Kluft zwischen uns ist.

St. Albin. (hefttg) Sophia, und auch Sie?

Sophia. Ueberlassen Sie mich meinem Schicksale, und schenken Sie einem Vater, der Sie liebt, die Ruhe wieder.

St.

St. Albin. Sie sind es nicht, die das sagt. Das sagt Er. Daran erkenne ich ihn, den harten und grausamen Mann.

Sophia. Das ist er nicht. Er liebt Sie.

St. Albin. Er hat mich verflucht. Er hat mich von sich gejagt. Das fehlte nur noch, daß er sich auch Ihrer bediente, mir das Leben zu nehmen.

Sophia. Leben Sie, Sergi!

St. Albin. So schwören Sie, daß Sie die meinige, ihm zum Troze, seyn wollen.

Sophia. Ich Sergi? Ich sollte einem Vater seinen Sohn rauben? — Ich sollte in eine Familie treten, die mich verwirft?

St. Albin. Und was geht Ihnen mein Vater, mein Vetter, meine Schwester, was geht Ihnen meine ganze Familie an, wenn Sie mich lieben?

Sophia. Sie haben eine Schwester?

St. Albin. Ja, Sophia.

Sophia. Wie glücklich ist sie!

St. Albin. Sie bringen mich zur Verzweiflung!

Sophia. Ich gehorche Ihren Anverwandten. Der Himmel schenke Ihnen einst eine Gattin, die Ihrer würdig ist, und Sie eben so sehr liebt, als Sophia.

St.

St. Albin. Und das wünschen Sie?

Sophia. Ich muß es.

St. Albin. Wehe dem, der Sie gekannt hat, und ohne Sie glücklich seyn kann!

Sophia. Sie werden es seyn. Sie werden alle des Segens theilhaft werden, welcher den Kindern versprochen ist, die den Willen ihrer Aeltern verehren. Und ich, ich werde den Segen ihres Vaters davontragen. Ich werde allein zu meinem Elende zurückkehren, und Sie werden an mich denken.

St. Albin. Ich werde vor Gram sterben; und das werden Sie gewollt haben. — (Indem er sie traurig ansieht) Sophia —

Sophia. Ich fühle es, wie viel Pein ich Ihnen verursache.

St. Albin. (der sie noch immer ansiehet) Sophia — —

Sophia (zur Fr. Hebert schluchzend.) O meine liebe, wie weh thun mir seine Thränen! — Sergi, drücken Sie meine schwache Seele nicht so nieder. — Ich habe an meiner Marter gnug. — (Sie bedeckt sich die Augen mit ihren Händen.) Leben Sie wohl, Sergi.

St. Albin. Sie verlassen mich?

Sophia.

Sophia. Ich werde es nicht vergessen, was Sie für mich gethan haben. Sie haben mich wahrhaft geliebt. Und das haben Sie bewiesen, nicht dadurch, daß Sie sich von Ihrem Stande herabliessen; sondern dadurch, daß Sie gegen mein Unglück und meine Dürftigkeit Achtung trugen. Ich werde oft an den Ort gedenken, wo ich Sie habe kennen lernen. — Ah, Sergi! —

St. Albin. Sie wollen meinen Tod.

Sophia. Ich nur, ich bin zu beklagen.

St. Albin. Sophia, wo wollen Sie hin?

Sophia. Mich meinem Schicksale unterziehen, Noth und Trübsal mit meinen Schwestern theilen, und meinen Kummer vor meiner Mutter ausschütten. Ich bin die jüngste von ihren Kindern. Sie liebt mich. Ich will ihr alles sagen, und Sie wird mich trösten.

St. Albin. Sie lieben mich, und wollen mich verlassen?

Sophia. Warum habe ich Sie kennen lernen! — Ah! — (sie entfernt sich)

St. Albin. Nein, nein. — Ich kann nicht. — Halte Sie sie, Frau Hebert. — Habe Sie Mitleiden mit uns.

Fr. Hebert. Armer Sergi!

St.

St. Albin. (zu Sophien) Nein, Sie dürfen nicht fort. — Ich gehe — Ich folge Ihnen. Verziehen Sie, Sophia. — Ich will Sie nicht bey mir, nicht bey Ihnen beschwören. — Sie haben mein und ihr Unglück beschlossen. — Ich beschwöre Sie bey diesen grausamen Anverwandten. — Wenn ich Sie verliere; so werde ich jene weder sehen noch hören können; sie werden mir unerträglich seyn. — Wollen Sie, daß ich sie hassen soll?

Sophia. Lieben Sie Ihre Anverwandten. Gehorchen Sie ihnen. Vergessen Sie mich.

St. Albin. (hat sich ihr zu Füssen geworffen, ruft, und hält sie an den Kleidern zurück.) Sophia, hören Sie. — Sie kennen den Saint Albin nicht.

Sophia. (zur Frau Hebert, welche weinet) Komm Sie, meine liebe, komm Sie. Bringe Sie mich von hier weg.

St. Albin. (indem er aufsteht) Er ist alles zu wagen im Stande. — Sie führen ihn zu seinem Verderben. — Ja, dahin führen Sie ihn.

(Sie geht. Er beklagt sich. Er verzweifelt. Er nennet dann und wann Sophiens Namen. Darauf stützt er sich auf die Rücklehne eines Stuhls, und bedeckt sich die Augen mit seinen Händen.)

Zehnter

Zehnter Auftritt.

St. Albin. Cäcilia. Germenil.

(Indem er noch in dieser Stellung ist, treten Cäcilia
und Germeuil herein.)

Germeuil. (bleibt zu hinterst der Bühne stehen, betrachtet seinen Freund traurig und sagt zu Cäcilien)
Da ist er, der Unglückliche! Er ist ganz niedergeschlagen, und weis nicht, daß in diesem Augenblik
— — Wie beklage ich ihn! — Mademoiselle,
reden Sie doch mit ihm.

Cäcilia. Saint Albin.

St. Albin (der sie nicht siehet, der sie aber kom-
men hört, ruft ihnen zu, ohne sich nach ihnen umzusehen)
Wer ihr das auch seyd, geht nur wieder hin zu den
Barbaren, die euch schicken! Fort von mir!

Cäcilia. Ich bin es, mein Bruder; es ist
Cäcilia, die deinen Kummer weis, und dir zu Hülfe kömmt.

St. Albin (noch immer in der nehmlichen Stellung.)
Fort von mir!

Cäcilia. Wenn ich dich kränke, so will ich
wieder gehen.

S. Albin. Du kränkest mich.

Cäcili-

(Cäcilia gehet fort; ihr Bruder aber ruft sie mit einer schwachen und schmerzlichen Stimme wieder zurück.) Cäcilia!

Cäcilia (die ihrem Bruder wieder näher tritt.) Mein Bruder.

St. Albin (nimmt sie bey der Hand, ohne sonst aus seiner Stellung zu kommen, oder sie anzusehen) Sie liebte mich. Man hat sie mir geraubt. Sie fliehet mich.

Germeuil. (vor sich selbst) Das wolle der Himmel!

St. Albin. Ich habe alles verloren. — Ah!

Cäcilia. Doch bleibt dir noch eine Schwester, ein Freund.

St. Albin. (richtet sich geschwind auf) Wo ist Germeuil?

Cäcilia. Da ist er.

St. Albin. (er gehet einen Augenblick stillschweigend auf und nieder, und sagt darauf:) Liebe Schwester, laß uns —

Eilfter Auftritt.

St. Albin. Germeuil.

St. Albin (im auf und niedergehen und ruckweise) Ja. — Das einzige Mittel ist mir übrig; — und ich

ich bin; es entschloſſen. — Germeuil, es hört uns doch niemand?

Germeuil. Was haben Sie mir zu ſagen?

St. Albin. Ich liebe Sophien, und ſie liebet mich. Sie lieben Cäcilien und Cäcilia liebet Sie.

Germeuil. Ich! Ihre Schweſter!

St. Albin. Sie, meine Schweſter. Aber die nehmliche Verfolgung, die ich itzt ausſtehen muß, wartet auch auf Sie. Wenn Sie Muth haben, ſo laſſen Sie uns zuſammen davongehen; Sophia, Cäcilia, Sie und ich; laſſen Sie uns alle die fliehen, die uns hier umringen und tyranniſiren.

Germeuil. Was habe ich gehört? — Dieſer Antrag fehlte mir noch! Was wollten Sie unternehmen? Und was rathen Sie mir? Soll ich ſo die Wohlthaten erwiedern, mit welchen mich ihr Vater ſeit meiner Geburt überhäuffet hat? Für ſeine Zärtlichkeit ſoll ich ſeine Seele mit Schmerz und Angſt erfüllen! Soll ihn, unter Verwünſchung des Tages, an welchem er mich aufnahm, in die Grube bringen?

St. Albin. Sie machen ſich ein Gewiſſen; wir wollen nicht weiter davon ſprechen.

Germeuil. Die That, die Sie mir vorſchlagen, und die That, welche Sie ſelbſt vorhaben, ſind

noch Verbrechen? — — (lebhaft) Laſſen Sie Ihr
Vorhaben fahren, Saint Albin — Sie haben ſich
Ihres Vaters Ungnade zugezogen, und ſie ſind auf
dem Punkte, ſie zu verdienen; den Tadel der gan-
ten Welt auf ſich zu laden; ſich der Verfolgung der
Geſetze bloß zu ſtellen; die, die Sie lieben, in Verzweiflung zu ſtürzen. — Wie viel Jammer berei-
ten Sie ihr! — In welche Verwirrung ſetzen Sie
mich!

St. Albin. Wenn ich auf Ihre Hülfe nicht
rechnen darf, ſo erſparen Sie mir Ihren Rath.

Germeuil. Sie rennen in Ihr Verderben.

St. Albin. Die Würfel liegen!

Germeuil. Sie machen auch mein Verderben;
Sie machen auch meines. — Was ſoll ich Ihrem
Vater ſagen, wenn er mir ſeinen Schmerz klagen
wird? — Was Ihrem Oheim? Grauſamer Oheim!
Noch grauſamerer Neffe! — Warum mußtet ihr
mir beyde euern Anſchlag entdecken? — Sie wiſſen
nicht — Was hatte ich auch hier zu thun? —
Warum habe ich Sie ſehen wollen?

St. Albin. Leben Sie wohl, Germeuil. Umarmen Sie mich. Ich verlaſſe mich auf Ihre Ver-
ſchwiegenheit.

Germeuil. Wo lauffen Sie hin?

St.

Fr. Albin. Mich des größten Gutes, das ich schätze, zu versichern; und mich auf ewig von hier zu entfernen.

Zwölfter Auftritt.

Germenil allein.

Kann mir es das Schicksal noch näher legen? Er ist entschlossen, seine Geliebte zu entführen, und weis nicht, daß sein Oheim zu gleicher Zeit sich Mühe giebt, sie einsperren zu lassen. Ich werde, Schlag auf Schlag, beyder Vertrauter und beyder Mitschuldige. — In welcher Verlegenheit sehe ich mich! Ich darf weder reden, noch schweigen; weder thun, noch nicht thun. — Gerathe ich in den Verdacht, dem Oheim behülflich gewesen zu seyn, so bin ich in den Augen des Neffen ein Verräther, und mache mir Schimpf bey seinem Vater. — Wenn ich mich diesem noch vertrauen dürfte! — Aber sie verlassen sich beyde auf meine Verschwiegenheit. — Ich kann, ich darf mein Wort nicht brechen. — Und das hat der Commthur wohl vorausgesehen, als er sich wegen Vollziehung des ungerechten Befehls, um den er anhält, an mich wandte, an mich, den W so sehr verabscheuet. — Indem er mir sein Vermögen und seine Nichte anbietet; zwey Lockspeisen, denen man, wie er glaubt, unmöglich widerstehen kann: ist seine eigentliche Absicht, mich in einen

Handel

Handel zu verwickeln, der mir zum Verderben ge=
reichen könne. — Er hält es auch schon für so gut
als geschehen, und wünschet sich Glück dazu. — —
Kömmt ihm hingegen sein Neffe zuvor, so lauffe ich
auf einer andern Seite Gefahr. Er wird glauben,
ich habe ihn zum besten gehabt; er wird rasend wer=
den; er wird losbrechen. — Aber Cäcilia weis al=
les; sie kennet meine Unschuld. — Und doch —
was wird ihr Zeugniß gegen das Geschrey einer gan=
zen wider mich aufgebrachten Familie vermögen? —
Man wird nur diese hören, und ich werde dennoch
der Gehülfe einer Entführung heissen müssen. —
In welche Verwirrung haben sie mich gestürzt, der
Neffe aus Unbesonnenheit, und der Oheim aus Bos=
heit! — Und du, arme Unschuldige, deren sich nie=
mand annehmen will, wer wird dich vor zwey der
heftigsten Menschen retten, die deinen Untergang
beyde beschlossen haben? — Der eine wartet auf
mich, die letzte Hand daran zu legen; der andere
läuft darauf los; und ich habe nur einen Augen=
blick — Aber warum verliere ich ihn noch? —
Vor allen Dingen muß ich mich des Befehls zur
Haft bemächtigen. — Und dann — Ich muß
sehen. —

Ende des zweyten Aufzuges.

Dritter

Dritter Aufzug.
Erster Auftritt.

Germeuil. Cäcilia.

Germeuil (in einem bittenden Tone) Mademoisell.

Cäcilia. Laſſen Sie mich.

Germeuil. Mademoisell.

Cäcilia. Was wagen Sie von mir zu verlangen? Ich ſollte meines Bruders Liebſte bey mir aufnehmen? Bey mir! In meinem Zimmer! In dem Hauſe meines Vaters! Laſſen Sie mich, ſage ich; ich mag Sie gar nicht hören.

Germeuil. Es iſt der einzige Zufluchtsort, der ihr übrig iſt; der einzige, der ihr nicht nachtheilig ſeyn kann.

Cäcilia. Nein, nein, nein.

Germeuil. Ich verlange es nur auf einen Augenblick; damit ich mich wieder beſinnen und ſehen kann, wo ich bin.

Cäcilia. Nein, nein. — Eine Unbekannte!

Germeuil. Eine Unglückliche, mit der Sie gewiß Mitleiden haben müßten, wenn Sie ſie ſehen ſollten.

F 3   Cäcilia.

Cäcilia. Was würde mein Vater sagen?

Germeuil. Verehre ich ihn weniger als Sie? Sollte ich mich weniger fürchten, ihn zu beleidigen.

Cäcilia. Und der Commthur?

Germeuil. Das ist ein Mann ohne Grundsätze.

Cäcilia. Er hat deren wohl, wie alle seines Gleichen, sobald es aufs Anklagen und aufs Verschwärzen ankömmt.

Germeuil. Er wird sagen, daß ich ihn zum besten gehabt habe; oder ihr Bruder muß glauben, daß ich ihn verrathen habe. Ich werde mich in Ewigkeit nicht rechtfertigen können. — Zwar, was ist Ihnen daran gelegen?

Cäcilia. Sie sind an allem meinen Jammer Schuld.

Germeuil. Es ist Ihr Bruder, es ist Ihr Oheim, die ich Sie, bey diesem schweren Vorfalle, zu betrachten bitte; ersparen Sie, dem einen sowohl als dem andern, eine schändliche That.

Cäcilia. Meines Bruders Liebste? Eine Unbekannte! — Nein, mein Herr; mein Herz sagt mir, daß das Unrecht ist, und es hat mich noch nie betrogen. Reden Sie mir nicht mehr davon. Ich fürchte, man hört uns —

Germeuil.

Germeuil. Fürchten Sie nichts. Ihr Vater hängt ganz seiner Betrübniß nach. Der Commthur und ihr Bruder sind auf ihre Unternehmungen aus. Die Bedienten sind bey Seite geschaft. Ich habe ihre Weigerung vorhergesehen.

Cäcilia. Was haben Sie gethan?

Germeuil. Der Augenblick schien mir gezeigt, und ich habe sie hergebracht. Sie ist da. Hier kömmt sie. Schicken Sie sie wieder fort, Mademoiselle.

Cäcilia. Germeuil, was haben Sie gethan?

Zweyter Auftritt.

Germeuil. Cäcilia. Sophia. Jungfer Clairet.

(Sophia tritt bis aus Person auf; die nicht recht bey sich ist. Sie sieht nicht. Sie hört nicht. Sie weis nicht wo sie ist. Cäcilia ist ihrer Seits in der äussersten Unruhe.)

Sophia. Ich weis nicht, wo ich bin; — wohin ich gehe. — Mich dünkt, ich tappe im Finstern. — Werde ich niemanden antreffen, der mich leite? — O Himmel, verlaß mich nicht!

Germeuil (ruft sie.) Mademoiselle, Mademoiselle.

Sophia. Wer ruft mich?

F 4.   Ger-

Germeuil. Ich bin es, Mademoiselle, ich bin es.

Sophia. Wer sind Sie? Wo sind Sie? Helfen Sie mir, wer Sie auch sind.....Retten Sie mich —

Germeuil (geht und nimmt sie bey der Hand und sagt zu ihr:) Kommen Sie — mein Kind. — Hier durch....

Sophia. (thut einige Schritte und sinkt auf Ihre Kniee) Ich kann nicht. — Meine Kraft verläßt mich. — Ich sinke. —

Cäcilia. O Himmel! (zu Germeuil) Ruffen Sie doch um Hülfe! — Nein, ruffen Sie nicht!

Sophia (mit verschlossenen Augen, und als in einer wahnsinnigen Ohnmacht) Die Grausamen! — Was habe ich Ihnen gethan? (Sie siehet sich schüchtern und erschroken um)

Germeuil. Fassen Sie sich. Ich bin Saint Albins Freund, und Mademoiselle ist seine Schwester.

Sophia. (nachdem sie einen Augenblick stille geschwiegen) Mademoiselle, was soll ich Ihnen sagen? Sie sehen meinen Jammer. Er übersteigt meine Kräfte. — Ich liege zu Ihren Füssen; und ich muß da sterben, oder Ihnen alles zu danken haben. — Ich bin eine Unglückliche, die Zuflucht sucht. —

Vor

Vor Ihrem Oheim, vor Ihrem Bruder fliehe ich: —
Vor Ihrem Oheime, den ich nicht kenne; den ich
niemals beleidiget habe; von Ihrem Bruder. —
Ah, von ihm hätte ich mein Leiden am wenigsten
erwartet! Was wird aus mir werden, wenn Sie
mich verlassen? — Sie werden ihre Anschläge gegen mich ausführen. Stehen Sie mir bey. Retten Sie mich — Retten Sie mich vor ihnen. Retten Sie mich vor mir selbst. — Sie wissen nicht,
was so eine wagen kann, die sich vor der Schande
fürchtet, und die man in die Nothwendigkeit setzet,
das Leben zu hassen. — Ich habe mein Unglück
nicht gesucht; ich habe mir nichts vorzuwerfen. —
Ich arbeitete; ich hatte Brod, und ich lebte ruhig. —
Die Tage des Schmerzes sind gekommen. Es sind
die Ihrigen, die sie über mich gebracht haben; und
ich werde Zeit Lebens weinen müssen, weil sie mich
gekannt haben.

Cäcilia. Wie schmerzt Sie mich! — O wie
boshaft müssen die seyn, die sie plagen können.

(Hier tritt in dem Herzen der Cäcilia das Mitleiden an
die Stelle der Unruhe. Sie neigt sich, neben Sophien,
über die Lehne eines Stuhls, und diese führt fort.)

Sophia. Ich habe eine Mutter, die mich
liebt. — Wie werde ich wieder vor ihr erscheinen? — Mademoiselle, erhalten Sie einer Mutter ihre Tochter; ich beschwöre Sie bey der Ihrigen, wenn Sie noch eine haben. — Als ich sie

verließ,

verließ, sagte Sie. Engel des Himmels, nehmt
dieses Kind unter euern Schutz und begleitet es! —
Wenn Sie Ihr Herz vor dem Mitleiden verschlies-
sen, so hat der Himmel ihr Gebet nicht erhöret,
und sie wird vor Gram sterben. — Reichen Sie
einer Unterdrückten die Hand, und sie wird Sie
Zeit ihres Lebens segnen. — Ich vermag nichts,
aber es ist ein Wesen, welches alles vermag, und
bey welchem die Werke der Erbarmung nicht verloren sind. — Mademoiselle.

(Cäcilia nähert sich ihr, und reichet ihr die Hände.)

— Cäcilia. Stehen Sie auf —

— Germeuil. (zu Cäcilien) Ihre Augen schwim-
men in Thränen. Die Unglückliche hat Sie gerühret.

Cäcilia. (zu Germeuil) Was haben Sie
gethan!

Sophia. Gott sey gelobet, es sind nicht alle
Herzen verhärtet!

Cäcilia. Ich kannte mein Herz. Ich wollte
Sie darum weder sehen noch hören — Liebens-
würdiges und unglückliches Kind, wie heissen Sie?

Sophia. Sophia.

Cäcilia. (umarmt sie) Kommen Sie, Sophia.

Germeuil wirft sich Cäcilien zu Füssen, ergreift ihre
Hand, und küsset sie, aber ohne etwas zu sagen.)

Cäcilia.

Cäcilia. Was wollen Sie noch von mir? Thue
ich nicht alles, was Sie verlangen?

(Cäcilia gehet mit Sophien zu hinterst des Saales,
und übergiebt sie da ihrer Kammerfrau.)

Germeuil. (indem er aufstehet) Ich Unbeson=
nener! — Was wollte ich ihr sagen! —

Jgfr. Clairet. Ich verstehe schon, Mademoi=
selle. Verlassen Sie sich auf mich.

— —

Dritter Auftritt.

Germeuil, Cäcilia.

Cäcilia. (nachdem Sie einen Augenblick stille geschwie=
gen, ärgerlich:) Dank sey Ihnen, daß ich nunmehr
der Gnade meiner Leute leben muß.

Germeuil. Ich habe Sie nur um einen Au=
genblick gebeten, um einen gelassen Zufluchtsort
für sie ausfindig zu machen. Was für ein Verbre=
würde es seyn, gutes zu thun, wenn keine Unge=
mächlichkeiten dabey wären?

Cäcilia. Wie gefährlich sind die Männer! Will
man glücklich seyn, so kann man sie nicht weit ge=
nug von sich abhalten! — Mann, weg von mir! —
Ich glaube gar, Sie gehen?

Germeuil. Ich gehorche Ihnen.

Cäcilia.

Cäcilia. Vortrefflich! Nachdem Sie mich in die grausamsten Umstände gesetzt haben, fehlt mir noch dieses, daß Sie mich auch darinn lassen. Gehen Sie, mein Herr, gehen Sie.

Germeuil. Wie unglücklich bin ich!

Cäcilia. Ich glaube gar, Sie beklagen sich?

Germeuil. Ich kann nichts thun, was Ihnen nicht mißfiele.

Cäcilia. Sie machen mich ungeduldig — — Bedenken Sie, daß ich in einer Verwirrung bin, die mich an nichts wird denken lassen. Ich werde mir in nichts zu helfen wissen. — Wie werde ich es wagen können, meine Augen gegen meinen Vater aufzuschlagen? Wird er meine Unruhe gewahr, und er fragt mich: so kann ich unmöglich lügen! Wissen Sie wohl, daß einem Mann, wie der Commthur ist, ein einziges unbedächtiges Wort, Licht geben kann? — Und mein Bruder? — Ich fürchte mich schon im voraus vor dem Anblicke seines Schmerzes. Was wird er anfangen, wenn er Sophien nicht findet? — Mein Herr, verlassen Sie mich ja keinen Augenblick, wenn Sie nicht alles entdeckt haben wollen. — Aber es kömmt jemand. Gehen Sie. — Bleiben Sie. — Nein, gehen Sie. — Himmel, in welchem Zustande befinde ich mich!

Vierter

Vierter Auftritt.

Cäcilia. Der Commthur.

Der Commthur. (nach seiner Art) Bist du so allein, Cäcilia?

Cäcilia. (mit heiserer Stimme) Ja, lieber Herr Vetter. Das ist so meine Art.

Der Commthur. Ich glaubte, der gute Freund wäre bey dir.

Cäcilia. Wer? der gute Freund?

Der Commthur. Je nu, Germeuil.

Cäcilia. Er ging eben fort.

Der Commthur. Was sprachst du mit ihm? Was sagte er dir?

Cäcilia. Lauter unangenehme Dinge; wie seine Gewohnheit ist.

Der Commthur. Ich kann mich in euch nicht finden. Ihr könnt euch keinen Augenblick bettragen. Das verdrießt mich. Er hat Verstand, und Einsicht und Fähigkeiten; er weis zu leben, und ich mache recht sehr viel aus ihm. Arm ist er, das ist wahr; aber er ist doch von sehr guter Familie. Gewiß, ich schätze ihn recht hoch, und ich habe ihm gerathen, auf dich zu denken.

Cäcilia.

Cäcilia. Auf mich zu denken? Was heißt das?

Der Commthur. Das versteht sich ja wohl. Du hast doch nicht beschlossen, ewig Jungfer zu bleiben?

Cäcilia. Verzeihen Sie mir, mein Herr. Das ist allerdings mein Wille.

Der Commthur. Cäcilia, soll ich offenherzig mit dir reden? Ich habe mich deines Bruders ganz und gar entschlagen. Es ist eine harte Seele, ein halsstarriger Kopf; und itzt den Augenblick hat er mir auf eine so unwürdige Art begegnet, daß ich es ihm Zeit meines Lebens nicht vergeben werde — Er mag ihr nun nachlauffen, der Kreatur, die er sich in den Kopf gesetzt hat, so lange als er will; ich will mich im geringsten nicht mehr darum härmen. — Man wird es endlich überdrüßig, so gut zu seyn. — Alle meine Zärtlichkeit schränket sich nunmehr auf dich ein, mein liebes Mühmchen. — Wenn du ein wenig auf dein Glück, auf das Glück deines Vaters, und auf mein Glück bedacht wärest —

Cäcilia. Das sollten Sie voraussetzen.

Der Commthur. Aber du fragst mich ja nicht, was du alsdenn thun müßtest?

Cäcilia. Das werden Sie mir doch wohl sagen.

Der

Der Commthur. Du hast Recht. Nun gut, ich meine, du solltest dich ein wenig mehr zu Herr meuilen halten. Du kannst dir leicht vorstellen, daß das eine Heyrath ist, die dein Vater nicht anders als mit dem äussersten Widerwillen billigen wird. Doch ich will mit ihm reden. Ich will die Hinderniffe schön aus dem Wege räumen. Wenn du willst, so nehme ich es auf mich.

Cäcilia. Sie rathen mir also, an einen Mann zu denken, den sich mein Vater nicht gefallen lassen könnte?

Der Commthur. Er ist nicht reich. Das ist der ganze Knoten. Aber ich habe dir schon gesagt, dein Bruder geht mich nichts mehr an, und ich verspreche dir mein ganzes Vermögen. Das verdient doch noch wohl überlegt zu werden, Cäcilia?

Cäcilia. Wie? Ich sollte meinen Bruder berauben?

Der Commthur. Was nennst du berauben? Ich bin euch ja nichts schuldig. Mein Vermögen gehört mir; es ist mir sauer gnug geworden; und ich muß damit anfangen können, was ich will.

Cäcilia. Herr Vetter, ich will nicht untersuchen, wie weit Anverwandte Herren ihres Vermögens sind, und ob sie es, ohne Ungerechtigkeit, geben können, wem sie wollen. So viel aber weis ich, daß

daß ich mich schämen müßte, Ihr Vermögen anzunehmen; und das ist gnug für mich.

Der Commthur. Glaubst du, daß Saint Albin für seine Schwester eben das thun würde?

Cäcilia. Ich kenne meinen Bruder; und wenn er hier wäre, so müßten wir ganz gewiß nur eine Sprache führen.

Der Commthur. Und was würdet ihr mir denn sagen?

Cäcilia. Dringen Sie nicht in mich, Herr Commthur. Ich bin offenherzig.

Der Commthur. Desto besser. Rede. Ich liebe die Offenherzigkeit. Du würdest also sagen?

Cäcilia. Daß es eine unerhörte Unmenschlichkeit ist, arme, nothleidende Anverwandte in der Provinz zu haben, denen mein Vater, ohne ihr Wissen, unter die Arme greift, und denen Sie ein Vermögen entziehen wollen, das ihnen zukommt, und das sie so höchst nöthig brauchen; daß weder ich noch mein Bruder Güter zu haben verlangen, die wir doch denjenigen wieder herausgeben müßten, welchen sie die Gesetze der Natur und der Gesellschaft bestimmen.

Der Commthur. Nun gut, so soll sie keines von euch haben. Ich will euch alle verlassen.

Ich

Ich will mich aus einem Hause fort machen, wo nicht ein Funcken gesunde Vernunft ist; aus einem Hause, wo nichts über die Unverschämtheit der Kinder geht, es wäre denn der Unverstand des Hausherren. Ich will mein Leben geniessen; ich will mich nicht mehr für Undankbare plagen.

Cäcilia. Sie werden recht wohl thun, lieber Herr Vetter.

Der Commthur. Ihr Beyfall, Mademoiselle, ist überflüßig. Ich rathe Ihnen nur, geben Sie auf sich selbst Acht. Ich weis gar wohl, was in ihrer Seele vorgehet; ich lasse mich ihre Uneigennützigkeit nicht blenden, und ihre kleinen Geheimnisse sind nicht so verborgen, als Sie vielleicht glauben. Doch gnug; — ich weis was ich weis.

Fünfter Auftritt.

Cäcilia. Der Commthur. Der Hausvater. St. Albin.

(Der Hausvater tritt zuerst herein. Sein Sohn folgt ihm.)

St. Albin. (heftig, äusserst bekümmert, und ausser sich, sowohl hier als in der ganzen Scene.) Sie sind nicht mehr da. — Man weis nicht, wo sie hingekommen sind. — Sie sind verschwunden. —

Der Commthur. (bey Seite) Gut. Mein Befehl ist vollzogen.

S. Albin. Mein Vater, hören Sie die Bitte eines verzweifelnden Sohnes. Schenken Sie ihm Sophien wieder. Er kann unmöglich ohne sie leben. Sie machen alles, was um Sie ist, glücklich. Soll ihr Sohn der einzige seyn, den Sie unglücklich gemacht hätten? — Sie ist nicht mehr da. — Sie sind verschwunden. — Was soll ich anfangen? — Was wird aus mir werden?

Der Commthur. (bey Seite) Er ist geschwind gewesen.

St. Albin. Mein Vater.

Der Hausvater. Ich habe an ihrer Entfernung keinen Antheil. Ich habe dir es schon gesagt. Glaube mir.

(Nachdem er das gesagt, geht der Hausvater langsam auf und nieder, läßt den Kopf sinken, und sieht ärgerlich aus: St. Albin kehret sich gegen die Vertiefung der Bühne und ruft:)

St. Albin. Sophia, wo sind Sie? Wo sind Sie hingekommen? — Ah! —

Cäcilia. (bey Seite) Das habe ich vorausgesehen.

Der Commthur. (bey Seite) Nun die letzte Hand angelegt! Frisch!

(Zu

(Zu seinem Neffen, in einem mitleidigen Tone)
Saint Albin!

St. Albin. Mein Herr, laſſen Sie mich. Es
reuet mich nur allzuſehr, daß ich Sie angehöret habe. — Ich wollte ihr nachfolgen. — Ich hätte
Sie erweicht. — Und ich habe ſie verloren.

Der Commthur. Saint Albin.

St. Albin. Laſſen Sie mich.

Der Commthur. Ich habe dir dieſen Schmerz
verurſacht; und es thut mir leid.

St. Albin. Wie unglücklich bin ich!

Der Commthur. Germeuil ſagte mir es wohl.
Aber wer konnte ſich immer und ewig einbilden,
daß dir ein Mädchen, dergleichen es unzählige giebt,
ſo erſchrecklich nahe gehen würde?

St. Albin. (erſchrocken) Was ſagen ſie von
Germeuil?

Der Commthur. Ich ſage — Nichts. —

St. Albin. So ſollte mir alles an Einem Tage entſtehen? So ſollte mir das Unglück, das mich
verfolgt, auch meinen Freund genommen haben? —
Heraus damit, Herr Commthur!

Der Commthur. Germeuil und ich — Ich
darf dir es wirklich nicht geſtehen. — Du würdeſt
es uns ewig nicht vergeben.

Der

Der Hausvater. Was haben Sie gethan? Sollte es möglich seyn? — Herr Bruder, erklären Sie sich.

Der Commthur. Cäcilia — Germeuil wird dir es wohl vertrauet haben. — Sage es für mich. —

St. Albin. (zum Commthur) Sie tödten mich.

Der Hausvater. (ernsthaft) Cäcilia, du entfärbst dich?

St. Albin. Schwester!

Der Hausvater (noch immer in dem strengen Tone.) Cäcilia! — Doch nein, die That wäre gar zu schändlich. — Meine Tochter und Germeuil sind ihrer nicht fähig.

St. Albin. Ich zittere. — Ich knirsche. — O Himmel, was drohet mir!

Der Hausvater. (mit allem möglichen Ernste) Herr Commthur, sage ich, erklären Sie sich, und martern Sie mich nicht länger durch den Verdacht, den Sie über alles, was um mich ist, verbreiten.

(Der Hausvater gehet auf und nieder; er ist unwillig. Der heuchlerische Commthur scheinet beschämt, und schweigt. Cäcilia ist niedergeschlagen. St. Albin hat die Augen auf den Commthur, und erwartet seine fernere Erklärung mit Entsetzen.)

Der

Der Hausvater. (zum Commthur) Sind Sie entschloſſen, dieſes grauſame Stillſchweigen noch lange zu beobachten?

Der Commthur. (zu ſeiner Nichte) Weil du nicht reden willſt, ſo muß ich wohl reden. (Zu St. Albin) Deine Liebſte —

St. Albin. Sophia —

Der Commthur. Iſt eingeſperrt.

St. Albin. Groſſer Gott!

Der Commthur. Ich habe den Befehl zur Haft ausgewirkt. — Und Germeuil hat das Uebrige auf ſich genommen.

Der Hausvater. Germeuil!

St. Albin. Er!

Cäcilia. Glaube es doch nicht, lieber Bruder.

St. Albin. Sophia! — Und das that Germeuil!

(Er wirft ſich in einen Lehnſtuhl, mit allen Merkmahlen der Verzweiflung).

Der Hausvater. (zum Commthur) Und was hat Ihnen dieſe Unglückliche gethan, daß Sie ihr Elend noch mit dem Verluſte ihrer Ehre und ihrer Freyheit vermehren müſſen? Was hatten Sie für ein Recht über ſie?

G 3　　　　　Der

Der Commthur. Sie ist in keiner unehrlichen Verwahrung.

St. Albin. Ich sehe sie. — Ich sehe ihre Thränen. Ich höre ihr Geschrey; und ich sterbe nicht. (zum Commthur) Barbar, ruffen Sie ihren nichtswürdigen Gehülfen. Kommen sie beyde; erbarmen sie sich; tödten sie mich! — Sophia! — Helfen Sie mir, mein Vater! Lassen Sie mich nicht verzweifeln! (Er wirft sich seinem Vater in die Arme)

Der Hausvater. Beruhige dich, Unglücklicher!

St. Albin (in den Armen seines Vaters, und in einem kläglichen und schmerzlichen Tone.) Germeuil! — Er! — Er!

Der Commthur. Er hat nichts gethan, als was ein jeder an seiner Stelle würde gethan haben.

St. Albin. (noch immer an dem Busen seines Vaters, und in dem nehmlichen Tone) Er, der sich meinen Freund nannte! Der Treulose!

Der Hausvater. Auf wen soll man sich künftig verlassen!

Der Commthur. Er ging schwer daran; aber ich versprach ihm mein Vermögen und meine Nichte.

Cäcilia.

Cácilia. Mein Vater, Germeuil ist weder niederträchtig noch treulos.

Der Hausvater. Was ist er denn?

St. Albin. Sie müssen ihn sprechen, und Sie werden es erfahren. — Ah, der Verräther! Gedrückt von ihrem Zorne, durch diesen unmenschlichen Vetter erbittert, von Sophien verlassen, —

Der Hausvater. Nun?

St. Albin. Ging ich voller Verzweiflung, mich ihrer zu versichern, und mit ihr an das äusserste Ende der Welt zu fliehen. — Nein, so niederträchtig ist nie einem Menschen mitgespielet worden. — Er kömmt zu mir. — Ich eröffne ihm mein Herz. — Ich vertraue ihm meinen Anschlag, als meinem Freunde. — Er tadelt mich. — Er räth mir es ab. — Er hält mich auf, und das alles um mich zu verrathen, mich zu Grunde zu richten. — Es soll ihm das Leben kosten.

Sechster Auftritt.

Der Hausvater. Der Commthur. Cácilia,
Saint Albin. Germeuil.

Cácilia (die ihn zuerst wahrnimmt, läuft ihm entgegen und ruft ihm zu:) Germeuil, wo wollen Sie hin?

St.

St. Albin (gehet auf ihn los und schreyet
wüthend) Verräther, wo ist Sie? Gieb mir sie wieder, und mache dich gefaßt, dein Leben zu vertheidigen.

Der Hausvater (läuft dem Saint Albin nach.)
Mein Sohn.

Cäcilia. Mein Bruder — Halt! — Ich
vergehe — —

(Sie fällt in einen Lehnstuhl)

Der Commthur (zum Hausvater) Geht es ihr
nun nichts an? Was sagen Sie dazu?

Der Hausvater. Germeuil, gehen Sie fort.

Germeuil. Erlauben Sie, mein Herr, daß
ich bleiben darf.

St. Albin. Was hat dir Sophia gethan?
Was habe ich dir gethan, mich so zu verrathen?

Der Hausvater. (noch immer zu Germeuil)
Sie haben eine häßliche That begangen.

St. Albin. Wenn dir meine Schwester werth
ist; wenn du Sie haben wolltest, war es nicht besser? — Ich schlug dir es ja vor. — Aber du
wolltest sie nicht anders als durch einen niederträch-
tigen Streich besitzen. — Du hast dich betrogen,
Nichtswürdiger. — Du kennst weder Cäcilien, noch
meinen

meinen Vater, noch diesen Commthur, der dich erniedriget hat, und sich nun an deiner Verwirrung
weidet. — Du antwortest nicht. — Du schweigest.

Germeuil (kalt und gesetzt) Ich höre Ihnen
zu; und ich sehe, daß man hier die Achtung in einem Augenblicke verlieren kann, die man zu verdienen sein ganzes Leben hindurch bemüht gewesen
ist. Ich erwartete ganz etwas anders.

Der Hausvater. Vergrössern Sie die Schuld
Ihrer Treulosigkeit nicht noch durch Falschheit.
Gehen Sie.

Germeuil. Ich bin weder falsch noch treulos.

St. Albin. Welche Frechheit!

Der Commthur. Guter Freund, es brauchts
der Vorstellung nicht mehr. Ich habe alles bekannt.

Germeuil. Ich verstehe Sie, mein Herr. Es
sieht Ihnen ähnlich.

Der Commthur. Was willst du damit? Ich
habe dir mein Vermögen und meine Nichte versprochen. Das ist unser Contract; und es bleibt
dabey.

St. Albin. (zum Commthur) Wenigstens habe ich Ihrer Bosheit so viel zu danken, daß sie
nunmehr keinen andern Mann bekommen kann,
als mich.

Ger-

Germeuil. (zum Commthur) Ich achte den
Reichthum so hoch nicht, daß ich meine Ehre
dafür aufopfern sollte; und Ihre Nichte braucht nicht
der Lohn einer Treulosigkeit zu seyn. — Da ist Ihr
Befehl zur Verhaft.

Der Commthur. (nimmt ihn) Der Befehl
zur Verhaft? Laß sehen. Laß sehen.

Germeuil. Er müßte in andern Händen seyn,
wenn ich Gebrauch davon gemacht hätte.

St. Albin. Was habe ich gehört? Sophia
ist frey!

Germeuil. Saint Albin, der Schein betriegt.
Lassen Sie künftig einem ehrlichen Mann Gerechtig-
keit wiederfahren. — Herr Commthur, ich bin Ihr
Diener. (Er geht ab.)

Der Hausvater. (reuend) Ich habe mich
in meinem Urtheile übereilet. Ich habe ihn
beleidiget.

Der Commthur. (der wie versteinert den Befehl ansiehet) Das ist er. — Er hat mich an-
geführt.

Der Hausvater. Sie verdienen diese De-
müthigung.

Der Commthur. Vortrefflich! Frischen Sie
sie nur noch auf, ihre Schuldigkeit gegen mich aus
den

den Augen zu setzen. Sie sind von selbst nicht geneigt genug dazu.

St. Albin. Sie mag seyn, wo sie will, ihre
Alte muß wieder zurückgekommen seyn. — Ich
will gehen. Ich will ihre Alte sprechen. Ich will
mich entschuldigen. Ich will ihre Kniee umfassen.
Ich werde weinen; ich werde sie erweichen, und
hinter dieses Geheimniß kommen. (Er gehet ab.)

Cäcilia. (die ihm nachfolgt) Mein Bruder!

St. Albin. Laß mich. Dir liegen andere
Dinge am Herzen, als mir.

Siebender Auftritt.

Der Hausvater. Der Commthur.

Der Commthur. Sie haben es doch gehört?

Der Hausvater. Ja, Herr Bruder.

Der Commthur. Wissen Sie, wo er hingeht?

Der Hausvater. Ich weiß es.

Der Commthur. Und Sie halten ihn
nicht auf?

Der Hausvater. Nein.

Der Commthur. Und wenn er das Mädchen
nun wieder findet!

Der

Der Hausvater. Ich verlasse mich auf sie. Sie ist ein Kind; aber sie hat das beste Herz; und in solchen Umständen kann sie mehr ausrichten, als ich und Sie.

Der Commthur. Vortrefflich ausgedacht!

Der Hausvater. Mein Sohn ist itzt nicht in der Verfassung, daß die Vernunft etwas bey ihm vermöchte.

Der Commthur. Und also mag er nur in sein Verderben rennen? Ich möchte rasend werden. Sie sind ein Hausvater? Sie?

Der Hausvater. Wollten Sie mich wohl lehren, wie ich es sonst machen müßte?

Der Commthur. Wie Sie es sonst machen müßten? Sie müssen Herr in ihrem Hause seyn; als solchen müssen Sie sich vor allen Dingen zeigen; und dann, als Vater, wenn sie es anders verdienen.

Der Hausvater. Und, wenn Sie erlauben wollen, wider wen soll ich denn verfahren?

Der Commthur. Wider wen! Eine schöne Frage! Wider alle. Wider den Germeuil, der ihren Sohn in seiner Ausschweiffung bestärkt, der gern so eine Kreatur in die Familie bringen möchte, damit er sich selbst den Eingang dazu eröffne, und

den

den ich längst aus meinem Hause gejagt hätte: Wider eine Tochter, die von Tage zu Tage frecher wird, die alle schuldige Achtung gegen mich aus den Augen sezt, die bald auch auf Sie nichts mehr geben wird, und die ich in ein Kloster einsperren würde: Wider einen Sohn, der alle Empfindungen der Ehre verloren hat, der uns mit sich zugleich lächerlich und verächtlich machen wird, und dem ich das Leben so sauer machen wollte, daß es ihm gewiß nicht wieder einkommen sollte, mir ungehorsam zu seyn: Wider die Alte, die ihn zu sich gelockt hat: Wider die Junge, in die er sich vernarrt hat, und mit denen ich bald hätte fertig werden wollen. Mit diesen würde ich den Anfang gemacht haben; und wenn ich an Ihrer Stelle wäre, so würde ich mich schämen, daß ein andrer diesen Einfall eher gehabt hätte, als ich. — Aber dazu brauchts Ernst, und der fehlt uns.

Der Hausvater. Ich verstehe Sie. Das ist: ich soll einen Menschen aus meinem Hause jagen, den ich aus seiner Wiege zu mir genommen habe, bey dem ich Vaterstelle vertreten habe; einen Menschen, der, so lange er sich zu erinnern weis, an allem, was mich angegangen, Theil genommen hat, der seine besten Jahre bey mir verloren hätte, der nicht wüßte, was er anfangen sollte, wenn ich ihn verließ, dem meine Freundschaft nothwendig höchst nachtheilig seyn muß, wenn sie ihm nicht nützlich

wird:

wird: und das, unter dem Vorwande, als gäbe er
meinem Sohne böse Rathschläge, dessen Unternehmen er doch gemißbilliget hat; als hielt er es mit
einer Kreatur, die er vielleicht niemals mit Augen
gesehen hat; in der That aber, weil er das Werkzeug
zu ihrem Verderben nicht hat seyn wollen.

Ich soll meine Tochter ins Kloster sperren; ich
soll machen, daß man von ihrer Aufführung oder
von ihrem Charakter böses denken muß; ich selbst
soll ihren guten Namen schänden: und das, weil
sie dem Herrn Commthur manchmal gleiches mit
gleichem vergolten hat; weil sie, durch seine verdrieß-
liche Gemüthsart aufgebracht, dann und wann, ihrem eignen Charakter zuwider, ein nicht gnugsam
überlegtes Wort gegen ihn ausgestossen hat.

Ich soll mich bey meinem Sohne verhaßt machen;
ich soll alle kindliche Empfindungen in seiner Seele
ersticken; ich soll das Feuer seines ungestümen Charakters vollends anschüren; ich soll ihn zu einem
Schritte bringen; der ihn bey seinem ersten Eintritte
in die Welt entehre: und das, weil er eine Unglückliche angetroffen hat, die schön und tugendhaft ist;
weil seine jugendliche Empfindlichkeit, die bey dem
allen doch von einem guten Herzen zeugt, sich mehr
von ihr rühren lassen, als mir lieb ist.

Schämen Sie sich Ihres Raths nicht? Sie sollten meine Kinder bey mir vertreten, und Sie kla-

gen

gen sie an; Sie suchen ihre Fehler auf; Sie vergrössern die, die sie haben; und nichts würde Sie mehr verdriessen, als wenn Sie keine an ihnen fänden.

Der Commthur. Den Verdruß habe ich nun eben nicht oft.

Der Hausvater. Und diese Weibspersonen, wider die Sie den Befehl zur Haft ausgewirkt haben?

Der Commthur. Das fehlte Ihnen noch, daß Sie auch diese vertheidigten. Gehen Sie doch, gehen Sie!

Der Hausvater. Ich habe Unrecht. Es giebt Dinge, die es eine Thorheit wäre, Ihnen beybringen zu wollen. Doch sollte ich meynen, die Sache wäre mich nahe genug angegangen, daß Sie mir wohl ein Wort davon hätten sagen können.

Der Commthur. Nicht doch, ich habe Unrecht; und Sie, Sie haben allezeit Recht.

Der Hausvater. Nein, Herr Commthur, Sie sollen weder einen ungerechten und grausamen Vater, noch einen undankbaren und bösen Mann aus mir machen. Ich will keine Gewaltthätigkeit begehen, weil sie mir vortheilhaft seyn kann; ich will meine Hoffnungen darum nicht aufgeben, weil sich Hindernisse eräugnen, die sie weiter hinaussetzen; ich will keine Einöde aus meinem Hause machen, weil Dinge darinn vorgehen, die mir eben so sehr mißfallen, als Ihnen.

Der

Der Commthur. Darüber hätten wir uns, also erklärt. Recht gut, behalten Sie ihr liebes Töchterchen; lieben Sie ihren theuern Sohn recht sehr; lassen Sie die Kreaturen, die ihn in ihren Stricken haben, unbeunruhiget: Sie handeln daran viel zu weislich, als daß man sich Ihnen widersetzen sollte. Was aber ihren Germeuil anbelangt, so muß ich Ihnen nur sagen, daß ich und Er nicht länger unter Einem Dache wohnen können. — Entweder, oder. Entweder er muß noch heute fort, oder ich ziehe morgen aus.

Der Hausvater. Herr Commthur, es stehet bey Ihnen.

Der Commthur. Das dachte ich. Es sollte Ihnen wohl recht lieb seyn, wenn ich meiner Wege ginge; nicht wahr? Aber ich bleibe; ja, ich bleibe; und wenn es auch nur geschähe, Ihnen Ihre Thorheiten unter die Nase zu reiben, und Sie darüber beschämt zu machen. Ich will doch gern sehen, wie das ablauffen wird!

Ende des dritten Aufzuges.

————————

Vierter

Vierter Aufzug.

Erster Auftritt.

Saint Albin allein.

(Er tritt wüthend herein)

Nun ist alles klar. Der Verräther ist entlarvt! Weh ihm! Weh ihm! Er ist es, der Sophien weggebracht hat. Von meinen Händen soll er sterben. (Er ruft) Philipp!

Zweyter Auftritt.

Saint Albin. Philipp.

Philipp. Mein Herr.

St. Albin (indem er ihm einen Brief giebt) Bringt das.

Philipp. An wen, mein Herr?

St. Albin. An Germeuil. — Habe ich ihn nur aus dem Hause! So stoße ich ihm den Degen durch die Brust, dringe ihm das Bekenntniß seines Verbrechens und das Geheimniß ihres Aufenthalts ab, und eile dahin, dorthin, überall hin, wo ich sie wiederzufinden hoffen kann. — (Er wird Phi-

lippen gewahr, der stehen geblieben ist.) Bist du
nicht fort? Noch nicht wieder da?

Philipp. Mein Herr —

St. Albin. Nun?

Philipp. Es steht doch nichts darinn, worüber
Ihr Herr Vater ungehalten werden könnte?

St. Albin. Gleich geh!

Dritter Auftritt.

Saint Albin. Cäcilia.

St. Albin. Er, der mir alles zu danken
hat? — Dessen ich mich hundertmal gegen den
Commthur angenommen habe! Dem ich — (Indem er seine Schwester gewahr wird) Unglückliche,
was für einem Menschen hast du dich ergeben!

Cäcilia. Was sagst du? Was willst du? Du
erschreckst mich, mein Bruder.

St. Albin. Der Treulose! der Verräther! —
Sie ist mit ihm gegangen, in der Zuversicht, daß
er sie hierher führe. — Er hat deinen Namen ge-
mißbraucht —

Cäcilia. Germeuil ist unschuldig.

St. Albin. Er hat beyde weinen sehen, beyde
schreyen

schreyen gehöret, und sie doch trennen können! Der Barbar!

Cäcilia. Er ist kein Barbar; er ist dein Freund.

St. Albin. Mein Freund? — Ich wollte es. — Es kam nur auf ihn an, Glück und Unglück mit mir zu theilen; — so wäre Er und ich, du und Sophia —

Cäcilia. Was höre ich? — Du hättest ihm vorgeschlagen? — Er, du, ich, deine Schwester?

St. Albin. Was sagte er mir nicht alles! Was stellte er mir nicht alles vor! Mit welcher Falschheit —

Cäcilia. Germeuil ist ein ehrlicher Mann; ja, Saint Albin, und das, was du ihm zur Last legest, überzeugt mich davon vollends.

St. Albin. Was unterstehest du dich zu sagen? — Zittere! Zittere! — Ihn vertheidigen heißt meine Wuth verdoppeln. — Geh! Flieh mich!

Cäcilia. Nein, mein Bruder; du mußt mich hören. Du sollst Cäcilien zu deinen Füßen sehen. — Germeuil —. Laß ihm Gerechtigkeit wiederfahren. — Kennst du ihn nicht mehr? — Ein Augenblick sollte ihn so verändert haben? Du beschuldigest ihn, — du! Ungerechter Mensch!

St. Albin. Wehe dir, wenn du noch einige Zärtlichkeit für ihn hegest! — Ich weine. — Bald wirst du auch weinen. —

Cäcilia. (erschrocken und mit zitternder Stimme) Welchen Vorsatz hast du!

St. Albin. Habe Mitleiden mit dir selbst, und frage mich nicht.

Cäcilia. Du hassest mich.

St. Albin. Ich betauere dich.

Cäcilia. Du wirst doch unsern Vater erwarten?

St. Albin. Ich fliehe ihn. Ich fliehe die ganze Welt.

Cäcilia. Ich sehe es. Du willst Germeuilen ins Verderben stürzen. — Du willst mich ins Verderben stürzen. — Nun gut, schone keines von beyden. — Sage dem Vater, —

St. Albin. Ich habe ihm nichts weiter zu sagen. — Er weis alles.

Cäcilia. Ah, Himmel!

Vierter Auftritt.

Saint Albin. Cäcilia. Der Hausvater.

(Saint Albin bezeugt sich Anfangs bey Annäherung seines Vaters ungeduldig; nachher bleibt er unbeweglich stehen.)

Der

Der Hausvater. Du fliehest mich, und ich kann dich nicht verlassen. — Ich habe keinen Sohn mehr, und du hast noch immer einen Vater! — Saint Albin, warum fliehest du mich? — Ich komme nicht, dich aufs neue zu kränken, und mein Ansehen neuen Verachtungen auszusetzen. — Mein Sohn, mein Freund, du willst doch nicht, daß ich vor Gram sterben soll? — Wir sind allein. Hier stehet dein Vater! Hier deine Schwester! Sie weinet, und meine Thränen erwarten nur die deinigen, sich mit ihnen zu vermischen. — Wie süß kann dieser Augenblick seyn, wenn du willst! — Du hast deine Geliebte verloren; du hast sie durch die Treulosigkeit eines Menschen verloren, der dir werth war —

St. Albin (indem er die Augen wüthend gen Himmel kehret) Ah!

Der Hausvater. Triumphiere über dich und ihn! Bezähme eine Leidenschaft, die dich erniedriget. Zeige dich meiner werth; — und schenke mir meinen Sohn wieder, Saint Albin.

(St. Albin entfernt sich. Man siehet es, daß er die Gesinnungen seines Vaters gern erwiedern wollte, aber nicht kann. Sein Vater verstehet seine Gebehrden unrecht, folgt ihm nach, und sagt:)

Gott! Empfängt man einen Vater so! Er entfernet sich von mir. — Undankbares Kind, unge-

H 3   rathener

rathener Sohn! Und wohin wirst du gehen, dahin
ich dir nicht nachfolgen sollte? — Ich werde dir
überall nachfolgen. Ueberall werde ich meinen Sohn
von dir fordern. —

(Saint Albin entfernt sich noch mehr, und sein Vater
folgt ihm und schreyet heftig:)

Gieb mir meinen Sohn wieder! — Gieb mir
meinen Sohn wieder!

(St. Albin gehet und stützet sich gegen die Mauer, die
Arme in die Höhe, und den Kopf zwischen dem Ellbogen.
Der Vater fährt fort.)

Er antwortet mir nicht. Meine Stimme reichet
nicht mehr an sein Herz. Eine unsinnige Leidenschaft hält es verschlossen. Sie hat alles verheeret.
Sie hat ihn dumm und wild gemacht.

(Er wirft sich in einen Lehnstuhl und sagt:)

O unglücklicher Vater! Die Hand des Höchsten
hat mich geschlagen. Sie züchtiget mich in diesem
Gegenstande meiner Schwachheit. — Es ist mein
Tod! — Grausame Kinder, und ich wünsche es; —
denn ihr wünschet es.

Cäcilia. (die sich schluchzend ihrem Vater nähert)
Ah! — Ah! —

Der Hausvater. Tröstet euch. — Der Anblick meines Jammers soll euch nicht lange zur Last
seyn. —

seyn. — Ich will mich der Welt entziehen. —
Ich will mich an einen unbekannten Ort verweisen;
und da das Ende eines Lebens erwarten, das euch
zu lange dauert.

Cäcilia. (schmerzlich, indem sie die Hände ihres
Vaters ergreift) Was soll aus ihren Kindern werden,
wenn Sie sie verlassen?

Der Hausvater. (nach einem kleinen Stillschweigen) Cäcilia, ich hatte meine Absichten mit
dir. — Und mit Germeuilen. — So oft ich euch
beyde sahe, sagte ich zu mir selbst: das ist Er, der
das Glück meiner Tochter machen soll; — und Sie,
sie wird das Haus meines Freundes wieder empor
bringen.

Cäcilia. (bestürzt) Was habe ich gehört!

St. Albin (kehret sich wüthend um.) Er sollte
meine Schwester geheyrathet haben? Ich sollte ihn
meinen Bruder nennen! Ihn!

Der Hausvater. Alles schlägt mich nieder;
alles auf einmal. — Es ist nicht weiter daran zu
denken.

Fünfter Auftritt.

St. Albin. Cäcilia. Der Hausvater.
Germeuil.

St. Albin. Da ist er; da ist er. Geht fort,
geht alle fort.

H 4

Cäcilia.

Cäcilia (die Germeuilen entgegen läuft.) Halten Sie, Germeuil. Kommen Sie nicht näher. Halten Sie.

Der Hausvater (fasset seinen Sohn mitten um den Leib und zieht ihn aus dem Saale.) Saint Albin, — mein Sohn.

(Unterdessen kömmt Germeuil mit festen und ruhigen Schritten näher)

(Saint Albin wendet sich, ehe er abgeht, mit dem Kopf um, und giebt dem Germeuil ein Zeichen.)

Cäcilia. Könnte ich unglücklicher seyn!

(Der Hausvater kömmt wieder herein, und trift zu hinterst im Saale auf den Commthur, der sich einen Augenblick sehen läßt.)

Sechster Auftritt.

Cäcilia. Germeuil. Der Hausvater. Der Commthur.

Der Hausvater. Herr Bruder, ich will den Augenblick bey Ihnen seyn.

Der Commthur. Das heißt, Sie wollen mich itzt nicht haben. Ihr Diener.

Sieben-

Siebender Auftritt.

Cäcilia.   Germeuil.   Der Hausvater.

Der Hausvater. (zu Germeuilen) Trennung
und Unruhe herrschen in meinem Hause, und die
Ursache davon sind Sie. — Germeuil, ich bin un=
zufrieden. Ich werde Ihnen nicht vorwerfen, wie
viel ich für Sie gethan habe. Vielleicht wollten Sie
es gern. Aber nach dem Vertrauen, das ich heute
gegen Sie bezeigte; denn weiter will ich nicht hin=
ausgehen: hätte ich mir von Ihrer Seite ganz et=
was anders versehen. — Mein Sohn nimmt sich
eine Entführung vor, er vertraut es Ihnen, und
Sie sagen mir nichts davon. Der Commthur macht
einen andern häßlichen Anschlag; er vertrauet es
Ihnen, und auch davon sagen Sie mir nichts.

Germeuil. Sie hatten es beyde ausdrücklich
verlangt.

Der Hausvater. Hätten Sie es Ihnen ver=
sprechen sollen? — Unterdessen ist das Mädchen
doch weggekommen, und Sie sind überführt, daß
Sie sie fortgebracht haben. — Wo ist sie hin? —
Was soll ich aus Ihrem Stillschweigen schliessen? —
Doch, ich mag Ihnen keine Antwort abdringen.
Es herrschet eine Dunkelheit in diesem Betragen,
die mir aufzuklären nicht geziemen möchte. Es sey
aber wie ihm wolle; genug, ich nehme mich des

Mädchens

Mädchens an, und will, daß sie wieder zum Vorschein kommen soll.

Cäcilia, ich mache mir weiter keine Rechnung
auf den Trost, den ich unter euch zu finden hofte.
Der Kummer ahnet mir, der auf mein Alter wartet, und ich will euch den Schmerz ersparen, die
Zeugen davon zu seyn. Ich habe, glaube ich, nichts
versäumet, was zu euerm Glücke erforderlich wäre,
und ich werde es mit Freuden hören, wenn es meinen Kindern wohlgehet.

Achter Auftritt.

Cäcilia. Germeuil.

(Cäcilia wirft sich in einen Lehnstuhl, und läßt den
Kopf traurig in ihre Hand sinken.)

Germeuil. Ich sehe Ihre Unruhe, und erwarte Ihre Vorwürfe.

Cäcilia. Ich bin in Verzweiflung. — Mein
Bruder stehet Ihnen nach dem Leben.

Germeuil. Seine Ausfoderung hat nichts zu
sagen. Er hält sich für beleidiget; aber ich bin unschuldig und ruhig.

Cäcilia. Warum habe ich Ihnen geglaubt?
Warum bin ich meiner Ahnung nicht gefolgt? —
Haben Sie ihn gehört, meinen Vater?

Germeuil.

Germeuil. Ihr Vater ist ein gerechter Mann, und ich befürchte mir von ihm nichts.

Cäcilia. Er liebte Sie. Er schätzte Sie hoch.

Germeuil, Wenn er diese Gesinnungen gegen mich gehabt hat, so werde ich sie wieder erlangen.

Cäcilia. Sie sollten das Glück seiner Tochter machen. — Cäcilia hätte das Haus seines Freundes wieder empor bringen sollen.

Germeuil. Himmel! Ist es möglich!

Cäcilia. (als zu sich selbst) Ich getraute mir nicht, ihm mein Herz zu eröffnen. — Die Leidenschaft meines Bruders hatte ihn zu sehr niedergeschlagen, und ich befürchtete, seinen Kummer zu vermehren. — Konnte ich mir einbilden, daß er der Widersetzung und dem Hasse des Commthurs ungeachtet? — Ah, Germeuil! Ihnen bestimmte er mich, Ihnen!

Germeuil. Und Sie liebten mich! — Ah — Aber ich habe meine Schuldigkeit gethan. — Die Folgen mögen seyn wie sie wollen, ich werde mich den Entschluß, zu dem ich gegriffen, niemals reuen lassen. — Mademoiselle, Sie müssen alles wissen —

Cäcilia. Was giebt es denn noch?

Germeuil, Die Frau —

Cäcilia.

Cäcilia. Welche Frau?

Germeuil. Die gute alte Frau von Sophien.

Cäcilia. Nun?

Germeuil. Sitzet an der Hausthüre. Das ganze Gesinde ist um sie her. Sie verlangt eingelassen und gehöret zu werden.

Cäcilia (stehet eiligst auf, und will fortgehen.) O Gott! — Ich lauffe —

Germeuil. Wohin?

Cäcilia. Mich meinem Vater zu Füssen zu werffen.

Germeuil. Bleiben Sie. Bedenken Sie —

Cäcilia. Nein, mein Herr.

Germeuil. Hören Sie mich.

Cäcilia. Ich höre nicht mehr.

Germeuil. Cäcilia — Mademoiselle —

Cäcilia. Was wollen Sie von mir?

Germeuil. Ich habe meine Maasregeln genommen. Man hält die Alte zurück. Sie wird nicht hineinkommen; und wenn man sie auch hineinläßt, nur aber sie nicht zu dem Commthur führet, was kann sie den andern sagen, was sie nicht schon wüßten!

Cäcilia.

Cäcilia. Nein, mein Herr, ich will nicht länger in Furcht und Zittern leben. Mein Vater soll alles wissen. Mein Vater ist gut; er wird meine Unschuld erkennen; er wird den Bewegungsgrund Ihrer Aufführung einsehen, und ich werde meine und Ihre Verzeihung erhalten.

Germeuil. Und die Unglückliche, die Sie bey sich aufgenommen haben? — Sie haben sie einmal ihres Schutzes gewähret, und dürffen nichts ohne ihre Einwilligung mit ihr vornehmen.

Cäcilia. Mein Vater ist gut.

Germeuil. Da ist ihr Bruder.

Neunter Auftritt.

Cäcilia. Germeuil. St. Albin.

(St. Albin tritt mit langsamen Schritten herein; er siehet finster und wild aus; den Kopf zur Erde; die Arme kreutzweis in einander geschlagen; und den Hut in die Augen gedrückt.)

Cäcilia (wirft sich zwischen ihn und Germeuilen, und schreyet:) Saint Albin! — Germeuil.

St. Albin. (zu Germeuil) Ich glaubte Sie allein zu finden.

Cäcilia. Germeuil, es ist Ihr Freund; es ist mein Bruder.

Germeuil.

Germenil. Ich werde es nicht vergessen, Madenoiselle. (Er setzet sich in einen Lehnstuhl)

St. Albin (wirft sich in einen andern.) Gehen Sie, oder bleiben Sie; von nun an verlasse ich Sie nicht wieder.

Cäcilia. (zu Saint Albin) Unsinniger! — Undankbarer! — Was hast du beschlossen! — Du weißt nicht —

St. Albin. Ich weis nur allzuviel.

Cäcilia. Du betriegst dich.

St. Albin. (indem er aufsteht) Geh, laß mich! Laß uns!
(und sich gegen Germeuilen wendet, und die Hand an den Degen legt.)
Germeuil —

(Germeuil springt auf.)

Cäcilia (kehret sich mit dem Gesichte gegen ihren Bruder, und ruft ihm zu:) O Gott! — Halt! Vernimm — Sophia —

St. Albin. Nun? Sophia?

Cäcilia. Was soll ich ihm sagen?

St. Albin. Was hat er mit ihr gemacht? Rede. Rede.

Cäcilia. Was er mit ihr gemacht hat? — Er hat sie deiner Raserey entrückt. — Er hat sie
vor

vor den Verfolgungen des Commthurs in Sicher=
heit gebracht. — Er hat sie hierher gebracht. —
Ich habe sie aufnehmen müssen. — Sie ist hier,
und sie ist wider meinen Willen hier —

(schluchzend und weinend.)

Nun geh; und lauf, und stoß ihm den Degen durch
die Brust.

St. Albin. O Himmel! Darf ich es glauben!
Sophia ist hier! — Und er ist es? — Du bist es? —
Ah, meine Schwester! Ah, mein Freund! — Ich
Unglücklicher! Ich Sinnloser!

Germeuil. Sie sind verliebt.

St. Albin. Cäcilia, Germeuil, — euch habe
ich alles zu danken. — Werdet ihr mir verzeihen? —
Ja, ihr seyd gerecht, ihr liebet auch; ihr werdet
euch an meine Stelle setzen und mir gewiß verzei=
hen. — Aber sie hat von meinem Anschlage gewußt;
sie weinet, sie will verzweifeln, sie verachtet mich,
sie hasset mich. — Cäcilia, willst du dich rächen?
Willst du mich unter der Last meines Unrechts er=
drücken? Vollende deine Güte! — Laß mich sie
sehen. — Laß mich sie einen Augenblick sehen.

Cäcilia. Was wagst du von mir zu verlangen?

St. Albin. Liebe Schwester, ich muß sie se=
hen. Ich muß —

Cäcilia. Bedenke doch nur —

Germeuil.

Germeuil. Wir bekommen ihn doch nicht anders vernünftig.

St. Albin. Cäcilia.

Cäcilia. Und mein Vater? Und der Commthur?

St. Albin. Was liegt mir daran? — Ich muß sie sehen; ich lauffe —

Germeuil. Bleiben Sie.

Cäcilia. Germeuil.

Germeuil. Wir werden ruffen müssen, Mademoiselle.

Cäcilia. Welch ein grausames Leben!

(Germeuil gehet ruffen, und kömmt mit Jungfer Clairet wieder. Cäcilia geht zu hinterst der Bühne.)

St. Albin. (ergreift im Vorbeygehen ihre Hand, und küßt sie mit Entzückung. Er kehret sich hierauf gegen Germeuilen, umarmt ihn und sagt:) Nun sehe ich sie wieder!

Cäcilia. (nachdem sie mit Jungfer Clairet leise gesprochen, fährt sie laut und in einem verdrießlichen Tone fort:) Bring Sie sie. Aber geb Sie ja wohl Acht.

Germeuil. Hab Sie ja die Augen wohl auf den Commthur.

St. Albin. Nun sehe ich Sophien wieder!

(Er

(Er gehet gegen die Seite, wo Sophia herkommen soll, horchet, und sagt:)

Ich höre sie kommen. — Sie kömmt näher. — Ich zittere. — Mich schaudert. — Es ist mir, als wolle mein Herz davon, als fürchte es sich, ihr entgegen zu gehen. — Ich werde die Augen nicht aufschlagen können. — Ich werde kein Wort mit ihr sprechen können.

Zehnter Auftritt.

Cäcilia. Germeuil. St. Albin. Sophia. Jungfer Clairet in dem Vorzimmer, bey dem Eingange des Saales.

Sophia (sobald sie den Saint Albin gewahr wird, läuft erschrocken auf Cäcilien zu, wirft sich in ihre Arme und schreyet:) Mademoiselle.

St. Albin (folgt ihr nach.) Sophia.

(Cäcilia hält Sophien in ihren Armen, und drückt sie zärtlich an sich.)

Germeuil (ruft.) Jungfer Clairet.

Jgfr. Clairet (von innen.) Gleich!

Cäcilia. (zu Sophien) Fürchten Sie nichts. Fassen Sie sich. Setzen Sie sich.

(Sophia ſetzt ſich. Cäcilia und Germeuil gehen zu hinterſt der Bühne, wo ſie von dem, was zwiſchen Saint Albin und Sophien vorgehet, Zuſchauer abgeben. Germeuil ſieht ernſthaft und nachdenkend aus. Er blickt dann und wann traurig auf Cäcilien, die ihrer Seits Verdruß, und von Zeit zu Zeit Unruhe verräth.)

St. Albin (zu Sophien, die die Augen niedergeſchlagen hat und ſich ungehalten und ſtrenge bezeigt.) Sie ſind es. Sie ſind es. — Ich habe Sie wieder, — Sophia. O Himmel! Welcher Ernſt! Welches Stillſchweigen! — Sophia, einen einzigen Blick! Verſagen Sie mir ihn nicht! — Ich habe ſo viel ausgeſtanden! — Sagen Sie doch nur ein einziges Wort zu dieſem Unglücklichen—

Sophia (ohne ihn anzuſehen) Verdienen Sie es?

St. Albin. Fragen Sie nur.

Sophia. Was kann man mir noch ſagen? Weis ich nicht ſchon genug? Wo bin ich? Was mache ich hier? Wer hat mich hierher gebracht? — Was wollen Sie mit mir, mein Herr?

St. Albin. Sie lieben; ſie beſitzen; der Ihrige ſeyn, Trotz aller Welt, Trotz Ihnen ——

Sophia. Sie laſſen mich die Verachtung nur allzuſehr empfinden, die man gegen Unglückliche hat. Man hält ſie für nichts. Man erlaubt ſich gegen ſie alles. Aber, mein Herr, ich habe auch Anverwandte.

St.

St. Albin. Ich werde sie kennen lernen. Ich will gehen. Ich will mich zu ihren Füssen werffen; von ihnen will ich Sophien erhalten.

Sophia. Hoffen Sie es nur nicht. Sie sind arm; aber sie halten auf Ehre. — Mein Herr, geben Sie mich meinen Anverwandten wieder. Geben Sie mich mir selbst wieder. Schicken Sie mich fort.

St. Albin. Verlangen Sie eher mein Leben. Es ist Ihre.

Sophia. O Gott, was wird aus mir werden!

(Zu Germeuilen und Cäcilien, in einem traurigen und bittenden Tone.)

Mein Herr. Mademoiselle —

(Indem sie sich wieder gegen den Saint Albin wendet.)

Schicken Sie mich fort, mein Herr. — Schicken Sie mich fort. — Grausamer Mensch, soll ich Ihnen zu Füssen fallen? Hier liege ich.

(Sie wirft sich dem Saint Albin zu Füssen.)

St. Albin (fällt zu den ihrigen und sagt:) Sie zu meinen Füssen? Mir kömmt es zu, mich zu Ihren Füssen zu werffen, und da zu sterben.

Sophia. (aufgestanden) Sie sind ohne Mitleid. — Ja, Sie sind ohne Mitleid. — Schänd-

J 2   licher

licher Entführer, was habe ich dir gethan? Welch
Recht hast du auf mich? — Ich will gehen. —
Wer darf sich unterstehen, mich zu halten? — Sie
lieben mich? — Sie haben mich geliebt? — Sie?

St. Albin. Lassen Sie diese reden.

Sophia. Sie haben mein Verderben beschloss
sen. — Ja, Sie haben es beschlossen; Sie werden
es vollenden. — Ah Sergi!

(Indem sie diese letzten Worte nicht ohne Wehmuth sagt,
sinkt sie in einen Lehnstuhl, wendet ihr Gesicht von ihm ab,
und fängt an zu weinen.)

St. Albin. Sie wenden Ihre Augen von
mir. — Sie weinen. — Ah, ich habe den Tod
verdient. Ich Unglückseeliger! Was habe ich ge
wollt? Was habe ich gesagt? Weß habe ich mich er
kühnt? Was habe ich gethan?

Sophia. (als zu sich selbst) Arme Sophia,
wozu hat dich der Himmel versparet! — Das Elend
reisset mich aus den Armen meiner Mutter. —
Ich komme nebst einem von meinen Brüdern hier
an. — Wir kommen, hier Barmherzigkeit zu su
chen, und finden nichts als Verachtung und Här
te. — Weil wir arm sind, will man uns nicht
kennen, und stößt uns zurück. — Mein Bruder
verläßt mich. — Ich bleibe allein. — Eine ehr
liche Frau sieht meine Jugend, und erbarmt sich
der Verlassenen. — Aber mein Unglücksstern läßt
                                                                    diesen

diesen Menschen meiner gewählt werden, läßt ihn den Grund zu meinem Verderben legen. — Ich meine vergebens. — Sie wollen mich verderben, und sie werden mich verderben. — Ist Er es nicht, so ist es sein Oheim. — (Sie stehet auf) Und was will denn dieser Oheim von mir? — Warum verfolgt er mich so? — Kann er sagen, daß ich seinen Neffen geruffen habe? — Da steht er. — Er mag reden. — Er mag sich selbst anklagen — Betrüger, Feind meiner Ruhe, rede —

St. Albin. Mein Herz ist unschuldig. Sophia, haben Sie Mitleiden mit mir. — Vergeben Sie mir. —

Sophia. Wer würde ihm nicht getrauet haben? — Er schien so zärtlich, und so gut! — Ich hielt ihn für so sanftmüthig! —

St. Albin. Vergeben Sie mir, Sophia.

Sophia. Ich sollte Ihnen vergeben?

St. Albin. Sophia. (Er will ihre Hand ergreiffen)

Sophia. Zurück! Ich liebe Sie nicht mehr. Ich achte Sie nicht mehr. Nein.

St. Albin. O Gott, was wird aus mir werden! Liebe Schwester, Germeuil, sprecht, sprecht doch für mich. — Vergeben Sie mir, Sophia.

Sophia.

Sophia. Nein.

(Cäcilia und Germeuil treten näher.)

Cäcilia. Mein Kind.

Germeuil. Es ist ein Mensch, der sie anbetet.

Sophia. Nun gut, so beweise er es mir. Er vertheidige mich gegen seinen Oheim; er gebe mich meinen Anverwandten wieder; er schicke mich fort, und ich verzeihe ihm.

Eilfter Auftritt.

Germeuil. Cäcilia. St. Albin. Sophia. Jungfer Clairet.

Jgfr. Clairet. Mademoiselle, es kömmt jemand; es kömmt jemand.

Germeuil. Geschwind alle fort!

(Cäcilia giebt Sophien wieder in die Hände der Jgfr. Clairet; und sie gehen alle von verschiedenen Seiten aus dem Saale.)

Zwölfter Auftritt.

Der Commthur. Fr. Hebert. Deschamps.

(Der Commthur tritt hastig herein: Ihnen folgen Fr. Hebert und Deschamps.)

Fr.

Fr. Hebert (auf den Deschamps weisend.) Ja,
mein Herr, das ist er. Er war bey dem bösen Manne, der mir sie geraubt hat. Ich habe ihn den
Augenblick erkannt.

Der Commthur. Schurke! Was hält mich,
daß ich nicht gleich die Wache hohlen lasse, um dich
zu lehren, was es einbringt, wenn man sich zu solchen Bubenstücken brauchen läßt?

Deschamps. Machen Sie mich nicht unglücklich, mein Herr. Sie haben mir es ja versprochen.

Der Commthur. Nu, nu. Und also ist sie
hier?

Deschamps. Ja, mein Herr.

Der Commthur (bey Seite) Sie ist hier
Commthur, und das hast du nicht gerochen? (Zu
Deschamps) Und ohne Zweifel bey meiner Nichte
im Zimmer?

Deschamps. Ja, mein Herr.

Der Commthur. Und der Schurke, der dem
Wagen nachfolgte, warst du?

Deschamps. Ja, mein Herr.

Der Commthur. Und der andere, der drin-
nen saß, das war Germeuil?

Deschamps. Ja, mein Herr.

Der

Der Commthur. Germeuil?

Fr. Hebert. Er hat es Ihnen schon gesagt.

Der Commthur. (bey Seite) Gut! Nunmehr habe ich sie!

Fr. Hebert. Als sie mir sie wegnahmen mein Herr, reichte sie mir noch die Hand und sagte: Lebe Sie wohl, meine liebe: ich werde Sie nicht wiedersehen; bete Sie für mich. — Lassen Sie mich sie sehen, mein Herr; laß Sie mich sie sprechen; ich will sie trösten.

Der Commthur. Das geht nicht an. — Welche Entdeckung!

Fr. Hebert. Ihre Mutter und ihr Bruder haben sie mir anvertrauet. Was soll ich ihnen antworten, wenn Sie sie wiederfordern werden? Geben Sie mir sie wieder, mein Herr, oder lassen Sie mich mit ihr entschliessen.

Der Commthur. (zu sich selbst) Das soll geschehen, hoffe ich. (zur Fr. Hebert) Itzt geht nur, geht geschwind. Und vor allen Dingen, lasset euch nicht wieder sehen. Wo man euch wieder erblickt, so stehe ich für nichts.

Fr. Hebert. Ich werde sie aber doch wieder bekommen, und ich kann mich darauf verlassen?

Der Commthur. Ja doch, ja, verlaßt euch darauf und geht.   Des-

Deschamps. (indem er sich herausgehen sieht.) Verflucht sey die Alte, und verflucht der Thürsteher, der sie hereingelassen hat!

Der Commthur. (zu Deschamps) Und du, Schurke, geh, — und begleite die Frau wieder heim. — Und das sage ich dir, kommt es aus, daß sie mit mir gesprochen hat, oder sie läßt sich wieder hier sehen, so ist es dein Unglück.

Dreyzehnter Auftritt.

Der Commthur allein.

Meines Neffen Liebste in dem Zimmer meiner Nichte! — Welche Entdeckung! — Ich dachte es wohl, daß die Bedienten darunter stecken müßten! — Sie gingen; sie kamen; sie machten sich Zeichen; sie redten leise; bald gingen sie mir nach; bald liessen sie vor mir. — Und da ist das Kammerkätzchen, das mich eben so wenig verläßt, als mein Schatten. — Das ist also die Ursache von allen den Bewegungen, die ich nicht begreiffen konnte? — Commthur, das kann dich lehren, künftig fein auch auf das allergeringste zu merken. Wo Lermen ist, da giebt es immer was zu erfahren — Sie wollten die Alte nicht hereinlassen, und sie hatten hohe Ursache dazu. — Die Schurken! — Ich mußte, recht zu meinem Glücke, dazukommen. — Nun laß sehen, was wir weiter zu thun haben. — Vors

J 5   erste,

erste, ganz leise zu gehen, um sie in ihrer Sicherheit nicht zu stören. — Und wie, wenn ich mich
gerade zu an den alten Narren wendte? — Nein.
Was würde das helfen? — D'Aulnoy, itzt mußt
du zeigen, was du kannst! — Aber ich habe ja meinen Befehl zur Haft! Sie haben mir ihn wieder
gegeben! — Da ist er — Ja. — Das ist er.
Wie glücklich bin ich, — Dasmal soll er mir gewiß nutzen. Noch einen Augenblick Geduld, und
ich bin ihnen über dem Halse. Ich bemächtige mich
der Kreatur: Ich jage den Schurken, der alles
das angesponnen hat, aus dem Hause. — Ich
zerreiße auf einmal zwey Heyrathen. — Mein
Mühmchen, mein sprödes Mühmchen, soll daran
denken, hoffe ich! — Und du, guter alter Matte,
nun kömmt die Reyhe auch mich. — Kurz ich räche
mich an dem Vater, an dem Sohne, an der Tochter, an dem guten Freunde. — O! Sommthur,
welch ein Tag für dich — — — — — — — — —
— — — — — — — — — — — — — — —
— — — **Ende des vierten Aufzuges.**
— — — — — — — — — — — — — — —
— — — — — — — — — — — — — — —
— — — — — — — — — — — — — — —
— — — — — — — — — — — — — — —
— — — — — — — — — — — — — — —
— — — — — — — — — — — — — — —
— — — — — — — — — — — — — — —

Fünfter

Fünfter Aufzug.

Erster Auftritt.

Cäcilia, Jungfer Clairet.

Cäcilia. Ich sterbe noch vor Unruhe und Furcht! — Ist Deschamps wieder zum Vorschein gekommen?

Jgfr. Clairet. Nein Mademoiselle.

Cäcilia. Wo muß er hingegangen seyn?

Jgfr. Clairet. Ich habe es nicht erfahren können.

Cäcilia. Und was ist denn vorgegangen?

Jgfr. Clairet. Anfangs hörte ich ein großes Lermen. Ich weis nicht wie viel ihrer waren. Sie gingen und kamen. Auf einmal hörte die Bewegung und das Lermen auf. Geschwind schlich ich mich auf den Zehen herzu, und horchte aus allen Kräften; ich konnte aber weiter nichts, als hier und da ein Wort vernehmen. Unter andern hörte ich den Commthur, in einem drohenden Tone schreyen: die Wache.

Cäcilia. Sollte sie wohl jemand gesehen haben?

Jgfr. Clairet. Nimmermehr, Mademoiselle.

Cäcilia.

Cäcilia. Oder sollte Deschamps geplaudert
haben?

Jgfr. Clairet. Das ist etwas anders. Er
ist wie ein Blitz davongegangen.

Cäcilia. Und mein Vetter?

Jgfr. Clairet. Den sahe ich. Er machte Gri-
massen. Er sprach mit sich selbst. Die Schaden-
freude sahe ihm aus den Augen.

Cäcilia. Wo ist er?

Jgfr. Clairet. Er ist ganz allein und zu Fuße
ausgegangen.

Cäcilia. Geh Sie, lauf Sie. — Erwarte
Sie seine Zurückkunft; und verliere sie ihn nicht
einen Augenblick aus den Augen. — Auch müssen
wir sehen, wo Deschamps steckt. Wir müssen wissen, was er gesagt hat.

(Jgfr. Clairet gehet fort; Cäcilia ruft sie zurück und
sagt ihr noch:)

Sobald Germeuil wieder heim kömmt, so sage
Sie ihm, daß ich hier bin.

Zwey-

Zweyter Auftritt.

Cäcilia. St. Albin.

Cäcilia. Wozu bin ich gebracht! — Ah, Germeuil! — Die Unruhe verfolgt mich. — Alles scheinet mir zu drohen. — Alles erschreckt mich.

(Saint Albin tritt herein, und Cäcilia gehet auf
ihn zu.)

Gruber, Deschamps ist verschwunden. Der
Himmel weis, was er gesagt hat, und wo er hingekommen ist. Der Comunthur ist in geheim und
ganz allein ausgegangen. — Es zieht sich ein Wetter auf. Ich sehe es. Ich empfinde es. Und ich
will es durchaus nicht abwarten.

St. Albin. Nachdem du so vieles für mich
gethan hast, willst du mich nun verlassen?

Cäcilia. Ich habe nicht recht gethan: Ich habe nicht recht gethan. — Das Kind will nicht länger bleiben; wir müssen sie gehen lassen. Mein
Vater hat meine Unruhe gemerkt. Sein Kümmer
ist so groß, und seine Kinder verlassen ihn. Was
kann er anders denken, als daß sie aus Scham
über irgend einer unbedachtsamen Handlung, seine
Gegenwart fliehen und ihn in seiner Betrübniß
verab-

verabsäumen? — Wir müssen uns wieder näher zu ihm halten. Von Germeuilen hat er alle gute Meinung verloren; von Germeuilen, dem er beschloßen hatte — Du bist großmüthig, mein Bruder; schlage nicht länger deinen Freund, deine Schwester, die Ruhe und das Leben deines Vaters in die Schanze.

St. Albin. Nein, es ist einmal ausgemacht, ich soll keinen Augenblick Ruhe haben.

Cäcilia. Wenn die Alte hereingekommen wäre! — Wenn der Commthur müßte — Ich kann ohne Schauder nicht daran denken. — Mit wie vieler Wahrscheinlichkeit, mit wie vielem Vortheile würde er uns angreiffen! Welchen Anstrich würde er unserer Aufführung geben können! Und das zu einer Zeit, da die Seele unsers Vaters allen Eindrücken frey und offen stehet.

St. Albin. Wo ist Germeuil?

Cäcilia. Er ist für dich, er ist für mich in Furcht. Er ist zu der Alten gegangen —

Dritter Auftritt.

Cäcilia. St. Albin. Jgfr. Clairet.

Jgfr. Clairet (läßt sich zu hinterst des Theaters einen Augenblick sehen und ruft: Der Commthur ist wieder zu Hause.

Vierter

Vierter Auftritt.

Cäcilia. Saint-Albin. Germeuil.

Germeuil. Der Commthur weis alles.

Cäcilia und Saint Albin. (erschrocken) Der Commthur weis alles?

Germeuil. Die Alte hat sich durchgedrungen. Sie hat den Deschamps erkannt. Dieser hat sich durch die Drohungen des Commthurs schrecken lassen, und hat alles gestanden.

Cäcilia. Ah!

St. Albin. Was wird aus mir werden?

Cäcilia. Was wird mein Vater sagen?

Germeuil. Die Gefahr ist dringend. unsere Klagen können hier nichts helfen. Wenn wir den Streich, der uns drohet, nicht haben abwenden, ihm nicht zuvorkommen können, so finde er uns wenigstens beysammen und gefaßt, ihn zu empfangen.

Cäcilia. Ah, Germeuil, was haben Sie gethan!

Germeuil. Bin ich noch nicht unglücklich genug?

Fünfter

Fünfter Auftritt.

Cäcilia. St. Albin. Germeuil. Jgfr. Clairet.

Jgfr. Clairet (zeiget sich wieder zu hinterst der Bühne, und ruft ihnen zu:) Da kömmt der Commthur.

Germeuil. Dem müssen wir aus dem Wege gehen.

Cäcilia. Nein, ich muß meinen Vater erwarten.

St. Albin. Um des Himmels willen, was willst du thun?

Germeuil. Kommen Sie, mein Freund.

St. Albin. Kommen Sie, Sophien zu retten.

Cäcilia. Ihr verlaßt mich?

Sechster Auftritt.

Cäcilia allein.
(Sie läuft hin und her, und ruft:)

Ich weis nicht, was ich anfangen soll. — (Sie wendet sich gegen den hintersten Theil des Saales und ruft:) Germeuil! — Saint Albin! — O mein Vater, was soll ich Ihnen antworten! — Und

was

was soll; ich; meinem Vetter antworten? — Aber
da ist er. — Ich will mich sezen. — Ich will
meine Arbeit vornehmen. — So werde ich ihn
wenigstens nicht ansehen dürffen. —

(Der Commthur tritt herein. Cäcilia stehet auf, und
grüßt ihn mit niedergeschlagenen Augen.)

Siebender Auftritt.

Cäcilia. Der Commthur.

Der Commthur (drehet sich um, siehet gegen
das Hintertheil der Bühne und sagt:) Du hast da
ein Kammermädchen, meine liebe Nichte, das ganz
vortrefflich aufpaßt. — Man kann keinen Schritt
ohne sie thun. — Aber wie bist du denn so ganz
verlassen, und so vertieft? — Es scheinet doch,
als ob alles wieder ruhig werden wollte.

Cäcilia. (stotternd) Ja — ich glaube — ich
glaube es auch — Ah! —

Der Commthur (stehet vor ihr und stützet sich
auf seinen Stock.) Stimme und Hände zittern dir. —
Ein unruhiges Herz ist ein grausames Ding. —
Dein Bruder scheinet mir ein wenig gelassener. —
Und siehst du, so sind sie alle. Anfangs wollen sie
verzweifeln und drohen mit nichts geringerm als
mit hängen und ersäuffen. Aber ehe man eine Hand
umwendet, husch, so ist alles weg — Du wirst
Zweyter Theil. K so

so nicht seyn, oder ich müßte mich sehr betriegen. Wenn dein Herz einmal Feuer fängt, das wird eine Weile brennen.

Cäcilia (die mit ihrer Arbeit spricht.) Daß dich!

Der Commthur. (spöttisch) Es will mit deiner Arbeit nicht recht fort.

Cäcilia. Gar nicht.

Der Commthur. Wie stehen denn itzt Germeuil und dein Bruder mit einander? — Mich dünkt, so ziemlich? — Das Ding hat sich ohne Zweifel aufgekläret. — Denn endlich kläret sich alles auf, und dann ist man wegen seiner schlechten Aufführung so beschämt, so beschämt! — O, du zwar weißt davon nichts; denn du, du bist beständig so behutsam, so vorsichtig gewesen.

Cäcilia. (bey Seite) Das kann ich nicht länger aushalten. (Sie stehet auf) Ich glaube, ich höre meinen Vater.

Der Commthur. Nicht doch, du hörest nichts. — Es ist ein seltsamer Mann, dein Vater. Immer beschäftiget, ohne zu wissen, womit. Niemand in der Welt hat so eine Gabe, die Augen auf alles, auf alles zu haben, und doch nichts zu sehen. — Aber wieder auf unsern Freund Germeuil zu kommen. — Wenn du nicht um ihn seyn kannst, ich

ich weis, so hörst du gern von ihm reden. — Es
bleibt doch seinetwegen noch fest dabey? Bey mir
wenigstens.

Cácilia. Herr Vetter, —

Der Commthur. O bey dir gewiß auch. Nicht
wahr? Ich entdecke alle Tage neue Eigenschaften
an ihm, und ich habe ihn noch nie so gut gekannt. —
Es ist ein ganz unvergleichlicher Bursche. — (Cäcilia stehet auf) Aber du bist ja so eilfertig?

Cácilia. Ich muß wohl.

Der Commthur. Was ruft dich denn?

Cácilia. Ich wollte auf meinen Vater warten.
Aber er kömmt nicht, und ich bin so unruhig.

Achter Auftritt.

Der Commthur allein.

Unruhig? Das rathe ich dir auch zu seyn. Du
weißt noch nicht, was deiner wartet. — Du magst
weinen, wehklagen und ächzen so viel du willst; es
wird nichts helffen; Freund Germeuil muß fort. —
Auf ein oder zwey Jahre ins Kloster — Ha, ich
bin auch sehr albern gewesen. Der Name dieser
Clairet hätte ja recht gut noch in meinem Befehle
zur Verhaft stehen können; es hätte keinen Heller
mehr gekostet. — Aber der alte Träumer kömmt
nicht. —

nicht. — Ich habe nichts mehr zu thun, und die Zeit wird mir lang. — (Er kehret sich hin, siehet den Hausvater kommen und sagt zu ihm:) Komm doch, guter Alter, komm doch!

Neunter Auftritt.

Der Commthur. Der Hausvater.

Der Hausvater. Was haben Sie mir denn so nothwendiges zu sagen?

Der Commthur. Sie werden es gleich hören. — Aber noch einen Augenblick Geduld. (Er gehet sachte zu hinterst in den Saal, und sagt zu alt Kammerfrau, die er auf der Lauer ertappt:) Komm Sie näher, Jungfer. Mache Sie sich so sauer nicht. Desto besser kann sie hören.

Der Hausvater. Was giebts denn? Mit wem sprechen Sie?

Der Commthur. Mit der Kammerfrau Ihrer Tochter, die uns behorcht.

Der Hausvater. Das ist die Wirkung von dem Mißtrauen, daß Sie meinen Kindern gegen sich beygebracht haben. Sie haben Sie von mir entfernt; Sie haben sie genöthiget, sich mit ihrem Gesinde zu verstehen.

Der Commthur. Nein, Herr Bruder, ich bin es nicht, der sie von Ihnen entfernet hat; die Furcht,

Furcht, Sie möchten hinter ihre Streiche kommen,
hat sie entfernt. Wenn sie sich mit ihrem Gesinde
verstehen, so kömmt es daher, weil sie zu ihrer
schlechten Aufführung Helfershelfer brauchen. Begreiffen Sie das, Herr Bruder? — Was um
und neben Ihnen vorgehet, davon wissen Sie nichts.
Indeß daß Sie in einer unbegreiflichen Sicherheit
schlaffen, oder sich einer unnützen Betrübniß überlassen, nimmt die Unordnung in Ihrem Hause überhand. Sie steckt alles an, Bediente, Kinder und
was ihnen anhängt. — Gehorsam ist in diesem
Hause niemals gewesen, und nun ist auch weder
Zucht noch Tugend darinn.

Der Hausvater. Noch Tugend?

Der Commthur. Noch Tugend.

Der Hausvater. Erklären Sie sich, Herr
Commthur. — Doch nein, verschonen Sie
mich.

Der Commthur. Das ist mein Wille nun
eben nicht.

Der Hausvater. Ich habe der Trübsale schon
so viel, als ich ertragen kann.

Der Commthur. Von Ihrem weichherzigen
Charakter darf ich freylich nicht hoffen, daß es Ih-
nen so empfindlich und ärgerlich seyn wird, als es
Ihnen als Vater wohl seyn sollte. Aber es schä-

det

het nichts; ich werde wenigstens meine Schuldigkeit gethan haben, und die Folgen mögen Sie sich
selbst zuschreiben.

Der Hausvater. Sie erschrecken mich. Was
haben sie denn gethan?

Der Commthur. Was sie gethan haben?
Schöne Dinge. Hören Sie nur. Hören Sie nur.

Der Hausvater. Ich warte —

Der Commthur. Das kleine Mädchen, deren
wegen Sie so in Sorgen sind —

Der Hausvater. Nun?

Der Commthur. Wo glauben Sie, daß
sie ist?

Der Hausvater. Ich weis nicht.

Der Commthur. Sie wissen nicht? — So
erfahren Sie es denn von mir: sie ist bey Ihnen.

Der Hausvater. Bey mir?

Der Commthur. Bey Ihnen. Ja, bey Ihnen. — Und was meinen Sie wohl, wer sie hergebracht hat?

Der Hausvater. Germeuil?

Der Commthur. Und wer sie aufgenommen hat?

Der

Der Hausvater. Halten Sie, Herr Bruder. Cäcilia — meine Tochter. —

Der Commthur. Ja, Cäcilia; ja, Ihre Tochter hat ihres Bruders Liebste bey sich aufgenommen. Ist das nicht löblich? Was sagen Sie dazu?

Der Hausvater. Ah!

Der Commthur. Der Germeuil dankt Ihnen für alle die Wohlthaten, die Sie ihm erwiesen haben, unvergleichlich.

Der Hausvater. Ah, Cäcilia, Cäcilia! Was haben Sie nun gefruchtet, die guten Lehren deiner Mutter?

Der Commthur. Ihres Sohnes Liebste, in Ihrem Hause, in dem Zimmer ihrer Tochter! Bedenken Sie doch! Bedenken Sie doch!

Der Hausvater. Ah, Germeuil! — Ah, mein Sohn! — Wie unglücklich bin ich!

Der Commthur. Wenn Sie unglücklich sind, so ist es Ihre eigene Schuld. Lassen Sie sich Gerechtigkeit wiederfahren.

Der Hausvater. Ich verliere alles auf einmal; meinen Sohn, meine Tochter, einen Freund.

Der Commthur. Es ist Ihre eigene Schuld.

K 4   Der

Der Hausvater. Blos ein grausamer Bruder bleibt mir übrig, der sich eine Lust daraus macht, mich die Last meines Jammers recht fühlen zu lassen. — Grausamer Mann, weg von mir. Lassen Sie meine Kinder kommen. Ich will meine Kinder sehen.

Der Commthur. Ihre Kinder? Ihre Kinder haben itzt bessere Dinge zu thun, als Ihre Klagelieder anzuhören. Ihres Sohnes Liebste, — an seiner Seite, — in dem Zimmer Ihrer Tochter — Glauben Sie, daß sie Langeweile haben?

Der Hausvater. Halten Sie inne, grausamer Bruder. — Doch nein; tödten Sie mich nur vollends.

Der Commthur. Wollte ich doch allem diesem Verdrusse vorbauen. Aber ich durfte ja nicht. Nun mögen Sie es auch haben.

Der Hausvater. O meine verlorene Hoffnungen!

Der Commthur. Sie haben sie mit ihren Fehlern lassen aufwachsen; und wenn man sie Ihnen dann und wann zeigte, so machten Sie die Augen zu. Sie haben sie selbst gelehret, Ihr väterliches Ansehen verachten. Weß hätten sie sich nicht erkühnen sollen, da sie es ungestraft thun durften?

Der

Der Hausvater. Wie wird es um den Rest meines Lebens stehen? Wer wird mir das Elend meiner letzten Jahre erleichtern? Wer wird mich trösten?

Der Commthur. Wenn ich zu Ihnen sagte: Geben Sie auf ihre Tochter Acht; ihr Sohn schlägt um; Sie haben einen Schurken in Ihrem Hause: so war ich ein harter, böser, ungestümer Mann.

Der Hausvater. Es ist mein Tod. Es ist mein Tod. — Und dann, nach wem werde ich mich umsehen! — Ah! — Ah! (Er weinet.)

— Der Commthur. Sie haben meinen Rath verachtet. Sie haben darüber gelacht. Weinen Sie nunmehr! Weinen Sie!

Der Hausvater. Ich werde Kinder gehabt haben. Ich werde unglücklich gelebt haben; und werde einsam sterben müssen. — Was wird mir es helffen, Vater gewesen zu seyn? — Ah! —

Der Commthur. Weinen Sie nur!

Der Hausvater. Grausamer Mann, schonen Sie mich! Bey jedem Worte, das aus ihrem Munde gehet, fühle ich eine Erschütterung durch meine ganze Seele; meine ganze Seele wird zerrissen. — Aber nein; nein, meine Kinder haben sich so nicht vergangen; sie haben das nicht gethan, was

K 5   Sie

Sie ihnen Schuld geben. Sie sind unschuldig. Unmöglich können sie sich so sehr weggeworffen, meiner so sehr vergessen haben! — Saint Albin! — Cäcilia! — Germeuil! — Wo sind sie? — Wenn sie ohne mich schon leben können, so kann ich doch nicht ohne sie leben. — Ich habe sie verlassen wollen. — Ich, ich sollte sie verlassen? — Laßt sie kommen! — Laßt sie alle kommen, und sich mir zu Füssen werffen. —

Der Commthur. Kleinmüthiger Mann. Schämen Sie sich nicht?

Der Hausvater. Laßt sie kommen. Und wenn sie sich selbst anklagen; wenn sie Reue bezeugen —

Der Commthur. Nun, so wollte ich nur, daß sie irgendwo versteckt wären, und das mit anhörten.

Der Hausvater. Und was würden sie hörer, was sie nicht schon wüßten?

Der Commthur. Und was sie nicht mißbrauchten?

Der Hausvater. Ich muß sie sehen, ich muß ihnen verzeihen; oder ich muß sie hassen —

Der Commthur. Nun gut, so sehen Sie sie. Verzeihen Sie ihnen. Lieben Sie sie; und lassen Sie

Sie sich Zeitlebens von ihnen plagen und beschim-
pfen. Ich will gehen, so weit ich kann, damit ich
weder von Ihnen noch von ihren Kindern weiter
etwas höre.

Zehnter Auftritt.

Der Commthur. Der Hausvater. Fr. Hebert Herr Le Bon. Deschamps.

Der Commthur. (indem er die Fr. Hebert erblickt) Verdammte Frau! (zu Deschamps) Und du,
Schurke, was machst du hier?

Fr. Hebert, Herr Le Bon und Deschamps
(zum Commthur, alle zugleich.) Mein Herr.

Der Commthur. (zu Fr. Hebert) Was sucht
Sie hier? Gleich geh Sie Ihre Wege. Ich weis,
was ich Ihr versprochen habe, und ich werde mein
Wort halten.

Fr. Hebert. Mein Herr — Sie sehen meine
Freude — Sophia —

Der Commthur. Geh Sie; sag ich Ihr.

Herr Le Bon. Mein Herr, mein Herr, hören Sie sie doch nur.

Fr. Hebert. Meine Sophia — mein Kind —
ist nicht, was man denkt. — Herr Le Bon —
reden Sie doch; — ich kann nicht.

Der

Der Commthur. (zu Le Bon) Wissen Sie
denn nicht, wie solche Weiber sind, und was sie
für Mährchen zu erzehlen wissen? — Herr Le Bon,
Sie sind so alt und können solch Zeug glauben?

Fr. Hebert. (zum Hausvater) Mein Herr,
Sie ist in Ihrem Hause.

Der Hausvater. (bey Seite und schmerzlich)
So ist es doch wahr!

Fr. Hebert. Ich verlange nicht, daß man mir
auf mein Wort glaube. — Lassen Sie sie herkommen.

Der Commthur. Es wird irgend eine Anverwandte von dem Gernieuil seyn, die keinen
Strumpf anzuziehen hat.

(Hier vernimmt man ein Lermen und ein verwirrtes
Geschren.)

Der Hausvater. Ich höre Lermen.

Der Commthur. Es ist nichts.

Cäcilia. (von innen) Philipp, Philipp, ruft
meinen Vater.

Der Hausvater. Es ist meiner Tochter
Stimme.

Fr. Hebert. (zum Hausvater) Ich bitte Sie,
mein Herr, lassen Sie das Kind herkommen. —

St.

St. Albin. (von innen) Nicht näher. Wenn euch euer Leben lieb ist, nicht näher.

Fr. Hebert und Herr Le Bon. (zum Hausvater) O gehen Sie doch! Sehen Sie doch!

Der Commthur. (zum Hausvater) Es ist nichts, sage ich Ihnen.

Eilfter Auftritt.

Der Commthur. Der Hausvater. Fr. Hebert. Herr Le Bon. Deschamps.
Jgfr. Clairet

Jgfr. Clairet (erschrocken, zum Hausvater.) Bloße Degen, ein Gefreyter, Wache — Kommen Sie geschwind, mein Herr, wenn Sie nicht wollen, daß ein Unglück geschehen soll.

Zwölfter und letzter Auftritt.

Der Hausvater. Der Commthur. Fr. Hebert. Herr Le Bon. Deschamps. Jgfr. Clairet. Cäcilia. Sophia. St. Albin. Germeuil. Ein Gefreyter. Philipp.
Bediente. Das ganze Haus.

(Cäcilia, Sophia, der Gefreyte, Saint Albin, Germeuil und Philipp stürmen auf einmal herein. St. Albin

bin hat den Degen gezogen, und Germeuil hält ihn
zurück.)

Cäcilia. (kömmt ſchreyend herein) Mein
Vater.

Sophia (läuft auf den Hausvater zu und ſchrey-
et:) Mein Herr.

Der Commthur (zum Gefreyten, ſchreyend.)
Gefreyter, thue Er ſeine Pflicht.

Sophia und Fr. Hebert (die ſich beyde an den
Hausvater wenden; die erſtere zu ſeinen Füßen.) Mein
Herr.

St. Albin (den Germeuil noch immer hält.)
Erſt muß man mir das Leben nehmen. Germeuil,
laſſen Sie mich.

Der Commthur. (zum Gefreyten) Thu Er
ſeine Pflicht.

Der Hausvater, St. Albin, Fr. Hebert
und Hr. Le Bon (alle zugleich zum Gefreyten.)
Halt!

Fr. Hebert und Hr. Le Bon (zum Commthur,
indem ſie Sophien, die noch immer auf den Knieen liegt,
nach ihm hinwenden.) Betrachten Sie ſie doch nur,
mein Herr.

Der

Der Commthur (ohne sie anzusehen.) Im Namen des Königs, Herr Gefreyter, thu Er seine Pflicht.

St. Albin. (schreyet) Halt!

Fr. Hebert und Hr. Le Bon (schreyen dem Commthur, zugleich mit St. Albinen, nochmals zu:) Betrachten Sie sie doch.

Sophia (die sich gegen den Commthur wendet.) Mein Herr.

Der Commthur (kehret sich um, betrachtet sie, und schreyet, wie vom Blitze gerührt.) Ah!

Fr. Hebert und Hr. Le Bon. Ja, mein Herr, das ist sie. Es ist ihre Nichte.

St. Albin, Cäcilia, Germenil, Ihfr. Clairet. Sophia, des Commthurs Nichte!

Sophia (noch immer auf ihren Knien zum Commthür) Lieber Herr Vetter.

Der Commthur. (anfahrend) Was machen Sie hier?

Sophia. (zitternd) Machen Sie mich nicht unglücklich.

Der Commthur. Warum konnten Sie nicht in Ihrer Provinz bleiben? Warum reiseten Sie nicht wieder heim, da ich es Ihnen sagen ließ?

Sophia.

Sophia. Ich will reisen, lieber Herr Vetter. Ich will wieder heim reisen. Machen Sie mich nicht unglücklich.

Der Hausvater. Kommen Sie, mein Kind. Stehen Sie auf.

Fr. Hebert. Ah, Sophia!

Sophia. Ah, meine liebe!

Fr. Hebert. Ich umarme Sie wieder.

Sophia. Ich sehe Sie wieder.

Cäcilia, (die sich ihrem Vater zu Füssen wirft) Mein Vater, verdammen Sie ihre Tochter nicht, ohne sie zu hören. Cäcilia ist, dem Anscheine ohngeachtet, nicht strafbar. Sie hat sich weder besinnen, noch Sie um Rath fragen können.

Der Hausvater (mit einer ernsten aber gerührten Mine) Meine Tochter, du bist in eine grosse Unvorsichtigkeit gefallen.

Cäcilia. Mein Vater.

Der Hausvater. (zärtlich) Steh auf!

St. Albin. Sie weinen, mein Vater.

Der Hausvater. Und das über dich, über deine Schwester. Warum fliehet ihr mich, meine Kinder? Seht ihr, daß ihr euch von mir nicht entfernen könnet, ohne euch zu verirren?

St.

St. Albin und Cäcilia: (indem sie ihm die Hände küssen.) Ah, mein Vater.

(Indeß scheinet der Commthur ganz verwirrt.)

Der Hausvater (nachdem er sich die Thränen abgetrocknet, giebt sich ein Ansehen, und sagt zum Commthur:) Herr Commthur, Sie hatten vergessen, daß Sie in meinem Hause waren.

Der Gefreyte. Ist der Herr nicht Besitzer vom Hause?

Der Hausvater. (zum Gefreyten) Darnach hätte Er sich erkundigen sollen, ehe Er hereinkam. Geh Er, ich stehe für alles.

(Der Gefreyte geht ab.)

St. Albin. Mein Vater.

Der Hausvater. (zärtlich) Ich verstehe dich.

St. Albin (indem er Sophien dem Commthur vorstellet.) Herr Vetter.

Sophia (zum Commthur, der sich von ihr weg kehret.) Verstossen Sie doch das Kind ihres Bruders nicht.

Der Commthur. (ohne sie anzusehen) Ja, eines Mannes, der kein Wirth war, der sich nicht aufzuführen mußte, der mehr hatte, als ich, der alles verthan hat, und der euch in diese armseligen Umstände gestürzt hat.

Sophia. Ich erinnere mich noch wohl, als ich ein Kind war; da hatten Sie die Güte mich zu liebkosen. Ich hätte ihre Gunst, sagten Sie. Wenn ich Sie itzt ärgere, so will ich gehen; ich will wieder heimreisen, ich will wieder zu meiner Mutter, zu meiner armen Mutter, die alle ihre Hoffnung auf Sie gesetzt hatte. —

St. Albin. Herr Vetter.

Der Commthur. Ich will sie weder sehen noch hören.

Der Hausvater, St. Albin, Herr Le Bon, (indem sie um ihn herumtreten) Herr Bruder. — Herr Commthur. — Herr Vetter.

Der Hausvater. Es ist Ihre Nichte.

Der Commthur. Was hat sie hier zu suchen gehabt?

Der Hausvater. Es ist Ihr Blut.

Der Commthur. Das ist mir verdrießlich genug.

Der Hausvater. Sie führet Ihren Namen.

Der Commthur. Das ärgert mich eben.

Der Hausvater. (indem er ihm Sophien zeigt) Betrachten Sie sie. Wo sind die Anverwandte, die nicht auf sie stolz seyn würden?

Der

Der Commthur. Sie hat nichts, das will ich Ihnen nur sagen.

St. Albin. Sie hat alles.

Der Hausvater. Sie lieben sich.

Der Commthur. (zum Hausvater) Sie wollen Sie zu Ihrer Tochter?

Der Hausvater. Sie lieben sich.

Der Commthur. (zum St. Albin) Du willst sie zu deiner Frau?

St. Albin. Ob ich sie will!

Der Commthur. So nimm sie. Ich bin es zufrieden; denn wenn ich es auch nicht zufrieden wäre, so würde es doch gleich viel seyn. — Aber (zum Hausvater) mit einer Bedingung.

St. Albin. (zu Sophien) Ab, Sophia, nun wird uns niemand mehr trennen.

Der Hausvater. Herr Bruder, völlige Gnade! Keine Bedingung!

Der Commthur. Nein. Ich muß durchaus, ihrer Tochter und dieses Menschen wegen, Gnugthuung haben.

St. Albin. Gnugthuung! Und wofür? Was haben sie gethan? Ich berufe mich auf Sie, mein Vater.

Der

Der Hausvater. Cäcilia denkt und empfindet. Sie hat eine zärtliche Seele. Sie wird es sich schon selbst sagen, wie sie mir, vor einem Augenblicke, hat vorkommen müssen. Ich will ihren eigenen Vorwürfen nichts hinzufügen.

Germeuil, — Ihnen verzeih ich. — Meine Hochachtung und meine Freundschaft bleiben Ihnen unentzogen; meine Wohlthaten sollen Ihnen überall nachfolgen; aber —

(Germeuil gehet traurig fort, und Cäcilia siehet ihm nach.)

Der Commthur. So laß ichs noch gelten.

Jgfr. Clairet. Nun kömmt die Reihe an mich. Ich will immer gehen, und mein Bündel zurecht machen.

(Sie geht ab.)

St. Albin. (zu seinem Vater) Hören Sie mich, mein Vater. — Germeuil, bleiben Sie. — Er ist es, der Ihnen Ihren Sohn erhalten hat. — Ohne ihn hätten Sie keinen Sohn mehr. Was würde aus mir geworden seyn? — Er ist es, der mir Sophien erhalten hat. — Was ich ihr drohete, was ihr mein Vetter drohete, das hat Germeuil, das hat Cäcilia von ihr abgewandt. — Sie hatten, sich zu besinnen, nur einen Augenblick. — Es gab nur eine einzige Freystatt, die ihr anständig war. —

Sie

Sie haben sie meiner Gewaltthätigkeit entrissen. —
Und sie sollten für meinen Fehler gestraft werden? —
Komm, Cäcilia. Wir müssen den besten Vater
erweichen.

(Er führt seine Schwester zu den Füssen des Vaters,
und wirft sich mit ihr vor ihm nieder.)

Der Hausvater. Ich habe dir verziehen, meine Tochter; was willst du noch von mir?

St. Albin. Ihr Glück, mein Glück, unser
aller Glück auf ewig zu befestigen. Cäcilia, —
Germeuil. — Sie lieben sich, sie beten sich an. —
Ueberlassen Sie sich ganz ihrer Gütigkeit, mein
Vater. Es werde dieser Tag der schönste unsers
Lebens!

(Er läuft zu Germeuilen, und ruft Sophien.)

Germeuil, Sophia, — kommen Sie, kommen
Sie. — Kommen Sie, wir wollen uns ihm alle
zu Füssen werffen.

Sophia (die sich gleichfalls zu den Füssen des Hausvaters wirft, dessen Hände sie, so lange die Scene noch
dauert, fast nicht wieder verläßt.) Mein Herr.

Der Hausvater (der sich über sie neiget, und
sie aufhebt.) Meine Kinder — o meine Kinder! —
Cäcilia, du liebest Germeuilen?

Der Commthur. Habe ich es Ihnen nicht
vorhergesagt?

Cäcilia. Verzeihen Sie mir, mein Vater.

Der Hausvater. Wärum mußte mir das
verborgen bleiben? — O meine Kinder, ihr kennet

L 3   euern

euern Vater nicht. — Treten Sie näher, Germeu=
il. Was Sie mir verhielten, hat mich gekränkt;
aber ich habe Sie allezeit als meinen zweyten Sohn
betrachtet. Ich hatte Ihnen immer meine Tochter
bestimmt. So werde sie denn mit Ihnen die glück=
lichste der Weiber!

Der Commthur. Unvergleichlich! Das fehlte
noch! Ich sahe es voraus, daß es zu dieser Narr=
heit kommen würde. Aber wenigstens war es be=
schlossen, daß sie wider meinen Willen geschehen
sollte; und Gott sey Dank, sie ist geschehen. Lu=
stig! Seyd alle lustig! Wir sehen uns itzt zum letz=
tenmale.

Der Hausvater. Sie irren sich, Herr
Commthur.

St. Albin. Herr Vetter.

Der Commthur. Geh du! Ich gelobe deiner
Schwester den vollkommensten Haß, der nur seyn
kann; und du sollst hundert Kinder kriegen, ich will
bey keinem einzigen stehen! Lebt wohl.

(Er geht ab.)

Der Hausvater. Kommt, meine Kinder.
Laßt sehen, wer von uns den Kummer, den er ver=
ursacht hat, am besten gut machen wird.

St. Albin. Liebster Vater, liebste Schwester,
liebster Freund, ich habe Sie alle betrübt. Aber
betrachten Sie sie; und dann verklagen Sie mich,
wenn Sie können.

Der

Der Hausvater. Kommt, meine Kinder,
Herr Le Bon, hohle er meine Mündel. Fr. Hebert,
ich werde für Sie sorgen. Wir wollen alle glücklich seyn.

(Zu Sophien.)

Meine Tochter, ihre Glückseligkeit wird von
nun an die süsseste Beschäftigung meines Sohnes
seyn. Lehren Sie ihn, die Stürme seines heftigen
Charakters besänftigen. Er lerne, daß man unmöglich glücklich seyn kann, wenn man sein Schicksal
seinen Leidenschaften überläßt! Er nehme Ihre Un-
terwürfigkeit, Ihre Sanftmuth, Ihre Geduld,
alle die Tugenden, die Sie an diesem Tage gezeigt
haben, auf immer zum Muster seiner Aufführung,
und zum Gegenstande seiner zärtlichsten Hochachtung!

St. Albin. (lebhaft) O ja, mein Vater; o ja!

Der Hausvater. (zu Germeuilen) Mein
Sohn, mein theurer Sohn! Kaum habe ich es
erwarten können, Sie so zu nennen.

(Hier küßt Cäcilia ihrem Vater die Hand.)

Sie werden meiner Tochter glückliche Tage machen. — Und ich hoffe, Sie sollen keinen einzigen
mit ihr zubringen, der es nicht auch für Sie sey. —
Ich will, wenn ich kann, euch alle glücklich machen. — Sophia, Sie müssen Ihre Mutter, Ihre Brüder herkommen lassen. Wenn ihr vor dem
Altare den Schwur, euch ewig zu lieben, ableget,
könnt ihr nicht Zeugen genug dabey haben. —

L 4 Kommt,

Kommt, meine Kinder, — kommen Sie, Germeuil, — kommen Sie, Sophia.

(Er giebt seine vier Kinder zusammen und sagt:)

Eine schöne Frau, ein rechtschaffner Mann, sind die zwey rührendsten Wesen der Schöpfung. Schaffet der Welt zweymal an Einem Tage diesen Anblick. — Der Himmel segne euch, meine Kinder, wie Ich euch segne!

(Er breitet seine Hände über sie, und sie beugen sich, seinen Segen zu empfangen.)

Der Tag, der euch vereinigen wird, wird der feyerlichste Tag eures Lebens seyn. O möge er auch der glücklichste seyn! — Kommt, meine Kinder! —

O wie grausam — wie süß ist es, Vater zu seyn!

(Indem sie aus dem Saale gehen, führet der Hausvater seine zwey Töchter; Saint Albin hat die Arme um seinen Freund Germeuil geschlagen; Herr Le Bon giebt der Frau Hebert die Hand; die andern folgen, wie sie kommen, und alle sind vor Freuden ausser sich.)

Ende des fünften Aufzuges und des Stücks.

Von

Von der

dramatischen Dichtkunſt.

An meinen Freund Herrn Grimm.

Von der
dramatischen Dichtkunst.
An Herrn Grimm.

Vice cotis, acutum
Reddere quae ferrum valet, exſors ipſa ſecandi.

Wenn ein Volk nie eine andere, als muntere und luſtige Art von Schauſpielen gehabt hätte, und man ſchlüge ihm eine ernſthafte und rührende Gattung vor, wiſſen Sie wohl, mein Freund, was es davon denken würde? Ich irre mich ſehr, oder ſelbſt Leute von Verſtande würden, wenn ſie auch die Möglichkeit davon eingeſehen hätten, dennoch ſagen: Wozu dieſe Gattung? Hat das Leben nicht wirkliche Unluſt genug, daß man uns noch mit erdichteten Uebeln täuſchen muß? Warum ſollten wir die Traurigkeit ſogar bis in unſere Ergetzungen bringen laſſen? — Kurz, ſie würden als Leute reden, denen das Vergnügen gerührt zu werden, und Thränen zu vergieſſen, völlig fremd iſt.

Er

Gewohnheit fesselt. Stehet ein Mensch auf, der Funken vor Genie zeigt, und irgend ein Werk ans Licht bringt: so ist das die erste Wirkung, daß er die Gemüther in Erstaunen setzt und theilet. Nach und nach macht er sie wieder einig; nun folgen ihm eine Menge Nachahmer; der Muster werden mehr; man macht häuffige Anmerkungen; man setzt Regeln fest; die Kunst entstehet; man giebt ihr Grenzen und thut den Ausspruch, daß alles, was nicht in dem engen Bezirke, den man gezeichnet hat, enthalten ist, widersinnig und schlecht sey: es sind die Säulen des Herkules, über die man sich nicht hinaus wagen kann, ohne sich zu verirren.

Doch wider die Wahrheit ist kein Vorurtheil stark genug. Das Schlechte fällt Trotz den Lobsprüchen, die es von der Einfalt erhalten hat; und das Gute bleibt Trotz der Unentschließigkeit der Unwissenden, Trotz dem Geschrey des Neides. Das verdrießlichste dabey ist dieses, daß den Menschen nicht eher Gerechtigkeit widerfährt, als bis sie nicht mehr sind. Erst muß man ihnen ihr Leben sauer gemacht haben, ehe man eine Handvoll geruchloser Blumen auf ihr Grab streuet. Was ist zu thun? Entweder die Hände in den Schooß zu legen, oder sich einem Gesetze zu unterwerffen, das sich bessere, als wir, haben müssen gefallen lassen. Wehe jedem, der sich beschäftiget, wenn seine Arbeit nicht die Quelle seiner süßesten Augenblicke ist; wenn er sich

nicht

nicht mit dem Beyfalle weniger befriedigen kann!
Die Anzahl guter Richter ist sehr klein. O Freund,
lasse ich etwas ans Licht treten, es sey der Entwurf eines Schauspiels, oder eine philosophische
Idee, oder ein Stück aus der Moral oder Littera-
tur, denn mein Geist ruhet sich durch die Abwechs-
lung aus: so komme ich zu Ihnen. Fällt Ihnen
meine Gegenwart nicht zur Last; eilen Sie mir mit
einer vergnügten Mine entgegen: so will ich geduldig warten, bis Zeit, bis Billigkeit, welche sich
mit der Zeit beständig äussert, den Ausspruch über
mein Werk thun.

Ist Eine Gattung vorhanden: so ist es schwer
eine neue einzuführen. Ist diese eingeführt: so
hat man ein ander Vorurtheil zu bestreiten. Man
bildet sich ein, daß die zwey angenommenen Gattungen mit einander grenzen.

Zeno leugnete die Wirklichkeit der Bewegung.
Statt aller Antwort, ging sein Gegner auf und
nieder; und wenn er auch gehinkt hätte, er würde
doch geantwortet haben.

Mit meinem natürlichen Sohne habe ich den
Versuch eines Schauspiels machen wollen, das zwischen der Komödie und der Tragödie stehe.

Der Hausvater, den ich damals versprach
und den beständige Zerstreuungen zurückgehalten
haben, stehet zwischen der ernsthaften Gattung des
natürlichen Sohnes und der Komödie.

Und

Und wenn ich einmal Zeit und Muth bekomme,
so hoffe ich ein drittes Schauspiel zu verfertigen,
das zwischen der ernsthaften Gattung und der Tragödie zu stehen kommen soll.

Nun mag man diesen Werken einiges Verdienst
zugestehen, oder man mag ihnen keines zugestehen:
so werden sie doch immer so viel beweisen, daß es
mit dem Abstande, den ich zwischen den beyten angenommenen Gattungen bemerkt habe, seine Rich-
tigkeit hat.

Das dramatische System, nach seinem ganzen
Umfange wäre also dieses: Die lustige Komödie,
welche das Laster und das Lächerliche zum Gegenstande hat; die ernsthafte Komödie, welche die Tugend und die Pflichten des Menschen zum Gegenstande hat; das Trauerspiel, das unser häußliches
Unglück zum Gegenstande hätte; und die Tragödie,
welche zu ihrem Gegenstande das Unglück der Großen
und die Unfälle ganzer Staaten hat.

Aber wo ist Er, der uns die Pflichten der Menschen mit Nachdruck male? Welches sind die Eigenschaften des Dichters, der sich dieses Werk vornehmen wollte?

Er sey Philosoph; er sey in sich selbst herab-
gestiegen; er habe die menschliche Natur kennen
lernen; er sey von den gesellschaftlichen Ständen
auf das genaueste unterrichtet; er kenne ihre Be-

schäf-

schäftigungen und ihre Wichtigkeit, ihre Vortheile und Unbequemlichkeiten.

„Aber wie soll man alles, was zu dem Stande „eines Menschen gehöret, in die engen Grenzen ei= „nes Schauspiels bringen? Wo ist die Verwicklung, „die diesen ganzen Gegenstand fassen könnte? Man „wird in dieser Gattung Stücke machen müssen, „die aus lauter episodischen Auftritten bestehen, die „unter sich keine Verbindung haben, oder nur aufs „höchste vermöge einer kleinen Intrigue, die sich „durch sie schlinget, zusammenhangen *: aber da „wird an keine Einheit, an keine Handlung, an „kein Interesse zu denken seyn. Jede Scene für sich „wird vielleicht die zwey Punkte, die Horaz so sehr „empfiehlt, verbinden; aber etwas zusammen wer= „den sie nicht ausmachen, und das Ganze wird oh= „ne Festigkeit und Kraft seyn."

Wenn uns die Stände der Menschen auch nur Stücke schaffen, so wie die Ueberlästigen des Moliere sind, so ist es doch schon etwas: ich glaube aber, daß man sie noch weit besser nutzen kann. Die Verbindlichkeiten und Ungemächlichkeiten eines Standes, sind nicht alle gleich wichtig. Mich dünkt also, man könnte sich bloß an die vornehmsten hal= ten, diese zu der Grundlage des Stückes machen,

und

---

* Die Franzosen nennen dergleichen Stücke, des pie= ces à tiroir.

und die übrigen in die Ausführung versparen. Und
so habe ich es in dem Hausvater gemacht, wo
die Versorgung eines Sohnes und einer Tochter
meine zwey Hauptstützen sind. Vermögen, Geburt,
Erziehung, was Aeltern ihren Kindern, was Kinder ihren Aeltern schuldig sind, Heyrath, eheloses
Leben, alles, was mit dem Stande eines Hausvaters
in Verbindung stehet, davon wird gelegentlich, so
wie es der Faden des Gesprächs erläubet, gehan-
delt. Es betrete nur ein anderer, der die mir feh-
lenden Talente besitzet, diesen Pfad, und man
wird bald sehen, was aus dieser Gattung von
Schauspielen werden kann.

Was man wider sie einwirft, beweiset nur so
viel: daß sie sehr schwer zu bearbeiten ist, daß sie
nicht das Werk eines Kindes seyn kann, und daß
sie mehr Kunst, mehr Einsicht, mehr Ernst und
Stärke des Geistes erfordert, als man in den Jahren gemeiniglich hat, in welchen man sich dem Theater widmet.

Um von einer Geburt des Geistes richtig zu urtheilen, muß man sie nicht gegen eine andere halten. Das war der Fehltritt, den einer von unsern
ersten Kunstrichtern that. Er sagte: Die Alten
haben keine Opern gehabt, folglich ist die Oper
eine Gattung, die nichts taugt. Wäre er vorsichti-
ger, oder besser unterrichtet gewesen, so hätte er
vielleicht gesagt: Die Alten hatten blos eine Oper,
und

und folglich kann unsere Tragödie nicht gut seyn.
Hätte er hingegen eine richtigere Logik inne gehabt,
so würde er weder so, noch so geschlossen haben.
Es mögen Muster vorhanden seyn, oder nicht, da=
ran ist nichts gelegen. Es giebt eine Regel, die
älter als alles ist; und die poetischen Gründe waren,
ehe noch Poeten waren: denn wie hätte man sonst
von dem ersten Gedichte urtheilen können? War es
gut, weil es gefiel? Oder gefiel es, weil es
gut war?

Die Pflichten des Menschen sind für den dra=
matischen Dichter eine eben so reiche Grube, als
ihre Lächerlichkeiten und Laster; und die ehrbaren
und ernsthaften Stücke werden überall Beyfall finden,
unfehlbarer aber bey einem verderbten Volke, als
sonst wo. Hier wird der rechtschaffne Mann in den
Schauplatz geben, um sich der Gesellschaft der Bö=
sen, mit welchen er umgeben ist, zu entschlagen;
um diejenigen zu finden, mit welchen er zu leben
wünschte; um das menschliche Geschlecht zu sehen,
wie es ist, und sich mit ihm wieder auszusöhnen.
Die rechtschaffnen Leute sind selten; aber es giebt
deren doch. Wer anders denkt, klaget sich selbst
an, und verräth, wie unglücklich er mit seiner Frau,
mit seinen Anverwandten, mit seinen Freunden,
mit seinen Bekannten ist. Es sagte einst jemand,
nachdem er so ein ehrbares Werk gelesen und sich
auf das süßeste damit unterhalten hatte: Mich dünkt,

ich bin wieder allein. Das Werk verdiente die-
fen Lobspruch, aber seine Freunde verdienten diese
Satyre nicht.

Nur die Tugend und die Tugendhaften muß man
zu seinem beständigen Augenmerke haben, wenn
man schreibt. Sie, mein Freund, Sie ruffe ich
mir zu Sinne, wenn ich die Feder ergreiffe; Sie
stelle ich mir vor Augen, wenn ich handele. Sophien, Sophien will ich gefallen. Haben Sie mir
zugelächelt, hat sie eine Thräne vergossen, lieben
Sie mich beyde darum so vielmehr: so bin ich be-
lohnt genug.

Als ich die Scenen des Bauers in dem Fälsch-
lich Grosmüthigen hörte, sagte ich: Ganz gewiß,
das muß in der ganzen Welt, das muß zu allen Zeiten gefallen; dabey wird man in Thränen zerflies-
sen. Die Wirkung hat mein Urtheil bestätiget. Diese Episode ist völlig aus der ehrbaren und ernsthaften Gattung.

„Das Beyspiel einer glücklichen Episode, wird
„man sagen, kann nichts beweisen. Und wenn Sie
„das einförmige Gespräch von Tugend nicht durch
„einige lächerliche und wohl gar, wie es mehrere
„gethan haben, durch ein wenig übertriebene Cha-
„raktere unterbrechen: so fürchte ich sehr, Ihre
„ehrbare und ernsthafte Gattung, Sie mögen davon
„sagen was Sie wollen, wird zu nichts als frosti-
„gen

„gen und unſcheinbaren Scenen, zu einer lang-
„weiligen und traurigen Moral, zu einer Art von
„dialogiſchen Predigten verhelffen.“

Laſſen Sie uns die verſchiednen Stücke eines
Drama durchgehen, und zuſehen. Iſt es der Inhalt,
nach welchem man es beurtheilen muß? In der ehrbaren und ernſthaften Gattung iſt der Inhalt nicht
weniger wichtig, als in der luſtigen Komödie, und
iſt dabey mit mehr Wahrheit behandelt. Oder muß
man es nach den Charakteren beurtheilen? Sie können hier eben ſo verſchieden, eben ſo original ſeyn,
und der Dichter iſt noch dazu gezwungen, ſie mit
mehrerer Stärke zu zeichnen. Oder nach den Leidenſchaften? Dieſe werden ſich um ſo viel wirkſa-
mer zeigen, je größer das Intereſſe ſeyn wird. Oder
nach dem Style? Dieſer wird hier weit nachdrücklicher, weit ernſthafter, weit erhabener, weit ge-
waltiger, und deſſen, was man Empfindung nennet,
(eine Eigenſchaft, ohne welche kein Styl ans Herz
redet,) weit fähiger ſeyn. Oder nach dem Mangel
des Lächerlichen? Als ob thörichte Handlungen und
Reden, die durch ein übelverſtandenes Intereſſe,
oder durch heftige Leidenſchaften veranlaßt werden,
nicht das wahre Lächerliche der Menſchen und des
Lebens wären.

Ich beruffe mich auf die ſchönen Stellen im
Terenz; und frage, nach welcher Gattung die Auftritte der Väter und Liebhaber abgefaßt ſind?

Habe

Habe ich, in dem Hausvater, der Wichtigkeit meines Inhalts nicht gleich kommen können; ist der Verlauf frostig; sind die Leidenschaften geschwätzig und moralisirend; fehlet den Charakteren des Vaters, des Sohnes, des Commthurs, Cäciliens, Sophiens, Gerneuils, das komische Leben: so ist es ganz sicher meine Schuld und nicht die Schuld der Gattung.

Es nehme sich nur ein guter Kopf vor, den Stand des Richters auf die Bühne zu bringen; er verwickele seinen Inhalt auf eine so interessante Weise, als er es nur immer leiden will, und ich mir es ohngefehr vorstelle; die Person werde durch die Pflichten ihres Standes gezwungen, entweder der Würde und Heiligkeit ihres Amtes zu entstehen, und sich in ihren und anderer Augen zu entehren, oder ihre Leidenschaften, alles was ihr am liebsten ist, Vermögen, Geburt, Weib und Kinder, dem Amte aufzuopfern: und dann thue man, wenn man will, den Ausspruch, ob die ernsthafte und ehrbare Gattung ohne Feuer, ohne Glanz, ohne Nachdruck ist.

So oft Gewohnheit oder Neuheit mich in meinem Urtheile ungewiß machen, (denn beyde haben diese Wirkung:) suche ich mich vermittelst folgender Art zu entschliessen, mit der es mir meistentheils sehr wohl gelungen ist. Ich präge mir den Gegenstand wohl ein, und bringe ihn in Gedanken von der Natur auf die Leinewand, und untersuche ihn in die-

ser

fer Entfernung, in welcher er mir weder zu nahe
noch zu weit ist.

Laſſen Sie uns dieſes Hülfsmittel hier brauchen.
Laſſen Sie uns zwey Komödien nehmen, eine von
der ernſthaften, und eine von der luſtigen Gattung;
laſſen Sie uns von beyden, Scene vor Scene, zwey
Gallerieen von Gemälden aufſtellen; und laſſen
Sie ſehen, in welcher von beyden wir uns am läng-
ſten, am willigſten verweilen werden, wo wir die
ſtärkſten und angenehmſten Empfindungen haben werden, wo wir am liebſten wieder hingehen
werden.

Ich wiederhohle es alſo: zu der ehrbaren, zu
der ehrbaren. Das Ehrbare rühret uns auf eine
weit innigere, auf eine weit ſüſſere Art, als dasjenige, was unſere Verachtung und unſer Lachen er-
weckt. Ihr Dichter, die ihr Gefühl und Zärtlichkeit habet, dieſe Saite berühret, und ihr werdet ſie
in aller Herzen wiedertönen hören.

„Die menſchliche Natur iſt alſo gut?“

Ja, mein Freund, und ſehr gut. Waſſer,
Luft, Erde, Feuer, alles iſt in der Natur gut;
der Orkan, der ſich zu Ende des Herbſtes erhebt,
die Wälder erſchüttert, Bäume gegen Bäume ſchlägt,
und ſo die todten Aeſte bricht und abſondert; der
Sturm, der die Waſſer des Meeres durchwühlet,

M 3   und

und sie säubert; der Aetna, der aus seiner offnen
Seite brennende Ströme gießt, und einen Dampf
in die Luft sendet, durch den sie gereiniget wird:
alles ist gut.

Die elenden willkührlichen Satzungen sind es,
die den Menschen verderben; diese muß man anklagen und nicht die menschliche Natur. Und in der
That, was rührt uns stärker, als die Erzehlung
einer großmüthigen Handlung? Wo ist der Unselige,
der die Klagen eines rechtschaffnen Mannes mit Gleich-
gültigkeit anhören könnte?

Der Schauplatz ist der einzige Ort, wo sich die
Thränen des Tugendhaften und des Bösen vermischen. Hier läßt sich der Böse wider Ungerechtig-
keiten aufbringen, die er selbst begangen hätte; hier
hat er bey Unglücksfällen Mitleiden, die er selbst
veranlaßt hätte; hier ergrimmt er gegen Personen
von seinem eigenen Charakter. Aber der Eindruck
ist geschehen, und er bleibt, auch wider unsern Willen; der Böse gehet also aus dem Schauplatze weit
weniger geneigt, übels zu thun, als wenn ihm
ein ernster und strenger Redner eine Strafpredigt
gehalten hätte.

Der Dichter, der Romanenschreiber, der Schauspieler dringen verstohlner Weise ans Herz, und
treffen es um so viel gewisser und stärker, je weniger es den Streich vermuthet, je mehr Blöße es
folg-

folglich giebt. Die Unglücksfälle, durch die man
mich rühret, sind erdichtet: was thut das? Sie
rühren mich doch. Jede Zeile in dem Ehrlichen
Manne, der sich der Welt entzogen, im De-
chant von Killerine, im Cleveland, erregt in
mir ein zärtliches Theilnehmen an den Unglücksfällen der Tugend, und kostet mich Thränen. Könnte es eine unseligere Kunst geben, als die, die mich
zum Mitschuldigen des Lasterhaften machte? Aber
wo ist auch eine schätzbarere Kunst als die, die mich
unvermerkt für das Schicksal des rechtschaffnen
Mannes einnimmt, die mich aus der ruhigen und
süssen Fassung, in der ich mich befand, reisset, um
mich mit ihm umher zu treiben, mich in die Höhlen
zu versetzen, in die er flüchten muß, mich zum Mit-
genossen der Unfälle zu machen, durch die es dem
Poeten beliebt, seine Beständigkeit auf die Probe
zu stellen.

O wie sehr ersprießlich würde es für die Menschen seyn, wenn sich alle Künste der Nachahmung
einen gemeinschaftlichen Gegenstand wählten, und
sich einmal mit den Gesetzen dahin verbänden, uns
die Tugend liebenswürdig und das Laster verhaßt
zu machen! Des Philosophen Pflicht ist es, sie dazu
einzuladen; er muß sich an den Dichter, an den
Mahler, an den Tonkünstler wenden, und ihnen
auf das nachdrücklichste zuruffen: O ihr von höhern
Fähigkeiten, warum hat euch der Himmel begabt?

M 4   Wird

Wird er gehört, so werden gar bald die Mauern
unsrer Palläste nicht mehr von Gemälden der schänd-
lichsten Wollust bedeckt seyn; unsere Stimmen werden nicht länger die Verkündigerinnen des Lasters
seyn, und Geschmack und Tugend werden dabey gewinnen. Glaubt man denn wirklich, daß die Action
zweyer blinden Eheleute, die einander noch im hohen Alter suchten, die sich mit thränenden Augen
zärtlich die Hände drückten, die sich, so zu reden,
an dem Rande des Grabes noch liebkosten, nicht
eben so viel Geschicklichkeit erfordere, mich nicht
weit mehr rühren würde, als der Anblick der heftigen Wollust, in der sich ihre noch ganz neuen Sinne in der Jugend betaumelten.

Ich habe manchmal gedacht, daß man gar wohl
die wichtigsten Stücke der Moral auf dem Theater
abhandeln könnte, ohne dadurch dem feurigen und
reissenden Fortgange der dramatischen Handlung
zu schaden.

Und worauf würde es ankommen? Das Gedicht
so einzurichten, daß die Sachen, nach Art der Nie-
derlegung des Regiments im Cinna, eingeflochten
würden. Auf diese Weise könnte der Dichter die
Frage von dem Selbstmorde, von der Ehre, vom
Duell, vom Reichthume, und hundert andere abhandeln. Unsere Gedichte würden dadurch eine Würde bekommen, die ihnen fehlt. Wenn eine solche

Scene

Scene nothwendig ist, wenn sie mit dem Stoffe
zusammenhängt, wenn sie vorbereitet ist, wenn sie
der Zuschauer erwartet: so wird er ihr seine ganze
Aufmerksamkeit schenken, und wird ganz anders
davon gerührt werden, als von den kleinen niedli-
chen Sentenzen, aus welchen unsere neuere Werke
zusammengestoppelt sind.

Nicht Worte, sondern Eindrücke will ich aus
dem Schauplatze mitnehmen. Wer von einem dramatischen Stücke, aus welchem man viele abgeson-
derte Gedanken anzuführen weis, das Urtheil fällt,
es müsse ein mittelmäßiges Werk seyn, der wird
sich selten betriegen. Das vortrefflichste Gedicht
ist dasjenige, dessen Wirkung am längsten in mir
dauert.

O dramatische Dichter, der wahre Beyfall, nach
dem ihr streben müßt, ist nicht das Klatschen der
Hände, das sich plötzlich nach einer schimmernden
Zeile hören läßt, sondern der tiefe Seufzer, der
nach dem Zwange eines langen Stillschweigens aus
der Seele dringt, und sie erleichtert. Ja es giebt
einen noch heftigern Eindruck, den sich aber nur
die vorstellen können, die für ihre Kunst gebohren
sind, und es voraus wissen, wie weit ihre Zauberey
gehen kann: diesen nehmlich, das Volk in einen
Stand der Unbehäglichkeit zu setzen; so daß Ungewißheit, Bekümmerniß, Verwirrung in aller Ge-

M 5 müthern

müthern herrschen, und euere Zuschauer den Uns
glücklichen gleichen, die in einem Erdbeben die Mauern ihrer Häuser wanken sehen, und die Erde ihnen
einen festen Tritt verweigern fühlen. .

Es giebt eine Art von Schauspielen, wo man
die Moral gerade zu, und doch glücklich vortragen
könnte. Hier ist ein Beyspiel. Man gebe wohl darauf Achtung, was unsere Richter davon sagen
werden, und wenn es ihnen frostig vorkömmt, so
glaube man nur gewiß, daß es ihnen an Energie
der Seele, an der Idee der wahren Beredtsamkeit,
an Gefühl und Empfindlichkeit fehlet. Ich wenigstens halte dafür, wenn sich ein Genie dieses Stof-
fes bemächtigte, es würde unsern Augen nicht Zeit
lassen, trocken zu werden, und wir würden ihm
das allerrührendste Schauspiel, die allerlehrreichste
und angenehmste Schrift, die man nur lesen kann,
zu danken haben. Ich meyne den Tod des Sokrates.

Die Scene ist im Gefängnisse. Man erblickt
den Philosophen in Ketten und auf Stroh liegend.
Er schläft. Seine Freunde haben die Wache besto-
chen, und kommen mit anbrechendem Tage, ihm
seine Befreyung anzukündigen.

Ganz Athen ist in Aufruhr, aber der Gerech-
te schläft.

Von

Von einem unschuldigen Leben. Wie süß es ist, wohl gelebt zu haben, wenn man nun sterben soll? Erster Auftritt.

Sokrates erwacht; er erblickt seine Freunde, und wundert sich, sie so früh zu sehen.

Der Traum des Sokrates.

Sie hinterbringen ihm, was sie ausgerichtet haben. Er untersucht mit ihnen, was sich für ihn zu thun schicke.

Von der Achtung, die man sich selber schuldig ist, und von der Heiligkeit der Gesetze. Zweyter Auftritt.

Die Wache kömmt: man nimmt ihm seine Ketten ab.

Die Fabel von Schmerz und Luft.

Die Richter treten herein; mit ihnen zugleich die Ankläger des Sokrates und eine Menge Volks. Er wird angeklagt, und vertheidiget sich.

Die Schutzrede. Dritter Auftritt.

Man muß sich hier nach den griechischen Sitten richten; die Klagen müssen gelesen werden; Sokrates muß sich bald an seine Richter, bald an seine Ankläger, bald an das Volk wenden; er muß in sie dringen; er muß sie fragen; er muß ihnen antworten.

fen. Man muß die Sache zeigen, wie sie wirklich
vorgefallen ist; und das Schauspiel wird um so viel
wahrer, um so viel in die Augen fallender, um so
viel schöner werden.

Die Richter treten ab; die Freunde des Sokrates bleiben; die Verdammung hat ihnen geahnet.
Sokrates unterhält sie, und tröstet sie.

Von der Unsterblichkeit der Seele. Vierter
Auftritt.

Er ist verurtheilt. Man kündiget ihm den Tod
an. Er spricht seine Frau und seine Kinder.
Man bringt den Giftbecher. Er stirbt. Fünfter
Auftritt.

Es ist ein einziger Aufzug, der aber, wenn er
wohl ausgearbeitet würde, die Länge eines gewöhnlichen Stücks haben dürfte. Welche Beredtsamkeit
wird dazu erfordert! Welche tiefe Einsicht in die
Weltweisheit! Welch Naturell! Welche Wahrheit!
Man fasse den festen, einfältigen, ruhigen, heitern
und erhabnen Charakter des Philosophen nur recht,
und man wird bald merken, wie schwer er zu schildern ist. Alle Augenblicke werden sich die Lippen
lächelnd verziehen, und die Augen voll Thränen
stehen! Ich würde vergnügt sterben, wenn ich dieses Werk so ausgeführet hätte, als ich mir es vorstelle. Und ich wiederhohle es; wenn die Kunstrich-

ter

ter hier weiter nichts als eine Folge von philosophi-
schen und frostigen Unterredungen erblicken: die armen Leute! Wie sehr bedaure ich sie!

Ich meines Theils mache weit mehr aus einem
Affecte, aus einem Charakter, der sich nach und nach
entwickelt und sich endlich in aller seiner Stärke zeiget, als aus allen den künstlichen Verwickelungen,
aus denen man Stücke zusammensetzt, in welchen
die Zuschauer eben so sehr hin und her geworfen
werden, als die Personen. Mich dünkt, der gute
Geschmack kann dergleichen Stücke nicht vertragen,
und grosse Wirkungen können sie unmöglich haben.
Und das ist es gleichwohl, was wir Leben und Bewegungen nennen. Die Alten hatten einen ganz
andern Begriff davon. Der einfältigste Verlauf;
eine Handlung, mit der man kurz vor ihrem Ende
anfängt, damit alles bereits aufs äusserste gebracht
sey; eine Entwickelung, die alle Augenblicke aus-
brechen will und doch immer durch einen ganz schlechten, aber wahren Umstand verschoben wird; nach-
drückliche Reden; heftige Leidenschaften; Gemälde;
ein oder zwey meisterhaft gezeichnete Charaktere:
das war ihre ganze Kunst. Mehr brauchte So-
phokles nicht, aller Gemüther unter sich zu bringen.
Wer keinen Gefallen an den Alten gefunden hat,
der wird nie erfahren, wie viel unser Racine dem
alten Homer zu danken hat.

Sie

Sie werden es eben sowohl als ich angemerkt haben, daß fast kein Zuschauer ist, der nicht von dem allerverwickeltsten Stücke, wenn er es schon nur zum erstenmale aufführen gesehen, Bescheid zu geben müßte. Man kann sich weit leichter der Begebenheiten, als der Reden erinnern; und wenn die Begebenheiten einmal bekannt sind; so hat das verwickelte Stück alle seine Wirkung verloren.

Wenn ein dramatisches Werk nur einmal aufgeführt, und niemals gedruckt werden sollte, so wollte ich zu dem Dichter sagen: Verwickele, so sehr als du willst; du wirst unfehlbar erregen und beschäftigen; aber sey einfach, wenn du gelesen zu werden, wenn du auf der Bühne zu bleiben wünschest.

Eine schöne Scene enthält mehr Gedanken, als ein ganzes Drama Begebenheiten enthalten kann; und nur auf Gedanken kömmt man gern wieder zurück. Die wird man nie zu hören müde; die hören nie auf zu rühren. Die Scene des Rolands in der Höhle, wo er der treulosen Angelica vergebens wartet; Lusignans Rede mit seiner Tochter; die Rede der Klytemnestra an den Agamemnon, sind mir beständig neu.

Wenn ich erlaube, so sehr zu verwickeln, als man nur immer will, so verstehe ich es von einer und eben derselben Handlung. Es ist fast unmöglich

lich

lich zwey Intriguen so fortzuführen, daß nicht die eine zum Nachtheil der andern interessiren sollte. Wie viel neuere Beyspiele könnte ich hiervon anführen! Aber ich will niemanden beleidigen.

Was kann feiner seyn, als die Art, mit welcher Terenz die Liebshändel des Pamphilus und des Charinus in seiner Andria durch einander geschlungen hat? Hat er es dem ohngeachtet ohne Nachtheil gethan? Glaubt man nicht zu Anfange des zweyten Aufzuges ein neues Stück anzufangen? Und schließt sich der fünfte interessant genug?

Wer zwey Intriguen zugleich fortzuführen unternimmt, legt sich die Nothwendigkeit auf, beyde in einem Augenblick zu entwickeln. Wenn die Hauptintrigue zuerst zu Ende kömmt, so wird die andere unerträglich. Wird hingegen die episodische Intrigue eher aus, so äussert sich eine andere Unbequemlichkeit: diese und jene Personen verschwinden entweder auf einmal, oder treten ohne Ursache auf; das ganze Werk wird entweder verstümmelt, oder wird frostig.

Was würde aus dem Stücke werden, das Terenz Heavtontimorumenos, oder den Selbstpeiniger betitelt hat, wenn der Dichter nicht, durch einen glücklichen Fund seines Genies, die In-

Intrigue des Klinia, die sich im dritten Aufzuge schließt, wieder vorzunehmen und sie mit der Intrigue des Klitophon aufs neue zu verbinden gewußt hätte?

Terenz verlegte die Intrigue der Perinthia des Menanders in die Andria des nehmlichen griechischen Dichters, und machte aus zwey einfachen Stücken ein zusammengesetztes. Ich that in dem unehelichen Sohne das Gegentheil. Goldoni hatte den Geizigen des Moliere, und die Charaktere des wahren Freundes in ein Lustspiel von drey Aufzügen zusammengeschmolzen. Ich trennte diesen doppelten Stoff und machte ein Stück von fünf Aufzügen daraus. Dieses Stück mag nun gut oder schlecht geworden seyn; genug, in diesem Punkte hatte ich Recht.

Terenz behauptet, weil er den Inhalt des Heautontimorumenos verdoppelt habe, so sey sein Stück neu. Es mag seyn; ob es darum aber auch besser ist, das wäre eine andere Frage.

Wenn ich mich in dem Hausvater einiger Geschicklichkeit schmeicheln dürfte, so würde ich sie darinn setzen, daß ich Germeuilen und Cäcilien eine Leidenschaft gegeben habe, die sie einander in den ersten Aufzügen nicht entdecken können, und daß ich diese Leidenschaft der Liebe des Saint Albin gegen Sophien, durchs ganze Stück, so untergeordnet habe,

habe, daß sich Germeuil und Cäcilia, auch nach
geschehener Erklärung, von ihrer Neigung nicht
unterhalten können, ob sie gleich alle Augenblicke
bey einander sind.

Hier giebt es keine Mittelstrasse: so viel man
auf der einen Seite gewinnt, so viel verlieret man
auf der andern. Soll das Stück durch vielfältige
Zwischenfälle interessant und feurig werden: so
können keine Reden Statt finden; kaum daß die
Personen Zeit haben, einander zu sprechen; sie
handeln, anstatt sich zu entwickeln. Ich rede aus der
Erfahrung.

Einem Possenspiele kann man nicht Handlung
und Bewegung genug geben: denn was könnte man
erträgliches darinn sagen? Weit weniger braucht
man in der lustigen Komödie; noch weniger in der
ernsthaften Komödie; und am allerwenigsten in dem
Trauerspiele.

Je unwahrscheinlicher eine Gattung ist, desto
leichter kann man gedrungen und feurig darinn
seyn. Man schaft sich Feuer auf Unkosten der Wahrheit und des Wohlstandes. Das allerabgeschmackte-
ste Ding ist eine frostige Burleske. In den ernsthaften Gattungen macht es die Wahl der Zwischenfälle schwer, beständig feurig zu bleiben.

Deswegen aber ist ein vortreffliches Possenspiel
kein Wort eines gemeinen Kopfs. Es erfordert eine

Zweyter Theil.　　　N　　　　　eiges

eigene Lustigkeit; seine Charaktere sind wie die
Grotesken des Calot, in welchen noch immer die
vornehmsten Züge der menschlichen Figur zu erkennen sind. Es ist nicht allen Leuten gegeben, so zu
verstümmeln. Wenn man glaubt, daß es mehr
Köpfe gebe, die einen Paurceaugnac, als die einen Menschenfeind machen könnten, so betriegt
man sich.

Was ist Aristophanes? Ein originaler Possenreis-
ser. Ein Schriftsteller von dieser Gattung muß der
Regierung sehr schätzbar seyn, wenn sie ihn zu brauchen weis. Denn ihm darf man nur alle Enthusia-
sten übergeben, die von Zeit zu Zeit das gemeine
Wesen stören. Wenn man sie in den Buden lächerlich macht, so braucht man die Gefängnisse nicht
mit ihnen anzufüllen.

Ob nun gleich Bewegung und Leben nach den
verschiedenen Gattungen, in welchen man arbeitet,
verschieden ist, so gehet die Handlung doch darum
immer fort. Sie muß nicht einmal in den Zwischenaufzügen stehen bleiben. Sie ist ein Bruch-
stück, das sich von dem Gipfel eines Felsen losreis-
set: je weiter es fällt, desto geschwinder fällt es,
und die Hindernisse, auf die es von Zeit zu Zeit
aufschlägt, vermehren seine Gewalt.

Wenn diese Vergleichung richtig ist; wenn es
wahr ist, daß des Redens um so viel weniger wer-

den

den muß, je mehr der Handlung wird: so muß man
in den ersten Aufzügen mehr reden als handeln,
und in den letzten mehr handeln, als reden lassen.

Ist es schwerer, den Plan zu entwerfen, als das
Gespräch auszuführen? Ich habe sehr oft über diese
Frage streiten hören, und es ist mir immer vorge-
kommen, als ob jeder mehr seiner Fähigkeit, als
der Wahrheit der Sache gemäß antworte.

Ein Mann, der viel Umgang hat, der sich leicht
ausdrückt, der die Menschen kennet, der sie gehöret und studieret hat, und der zu schreiben weis,
findet den Plan schwer.

Ein andrer, dessen Verstand ausgebreiteter ist,
der über die Dichtkunst nachgedacht hat, der das
Theater kennt, den Erfahrung und Geschmack die
interessanten Stellungen kennen gelehrt, der Begebenheiten zu verbinden weis, wird seinen Plan ohne viel Mühe machen. Dieser aber wird mit seiner
Arbeit um so viel weniger zufrieden seyn, je genauer
er mit den besten Schriftstellern in seiner und den
todten Sprachen bekannt ist; er wird sie ohne Unterlaß mit den Meisterstücken vergleichen, die er beständig vor Augen hat. Kömmt es auf eine Erzehlung an: so wird ihm die Erzehlung in der Andria beyfallen. Kömmt es auf eine affectvolle Scene an: so wird ihm der Eunuchus statt einer zehne
darbieten, die ihn zur Verzweiflung bringen werden.

Uebri-

Uebrigens iſt ſowohl das eine als das andere ein Werk des Genies; aber das Genie iſt nicht eben daſ-ſelbe. Durch den Plan muß ſich ein verwickeltes Stück erhalten; bey einem einfachen Stücke kömmt es auf die Reden und das Geſpräch an, wenn man es mit Vergnügen leſen ſoll.

Doch iſt dabey anzumerken, daß es überhaupt mehr Stücke giebt, in welchen das Geſpräch, als in welchen der Plan gut iſt. Das Genie, welches die Zufälle zu ordnen vermag, ſcheinet weit rarer, als das Genie, welches die gehörigen Reden zu finden weis. Wie viel ſchöne Scenen hat Moliere! Aber ſeine glücklichen Entwickelungen ſind zu zählen.

Der Plan iſt das Werk der Einbildungskraft; das Geſpräch beruhet auf der Nachahmung der Natur.

Man kann von einerley Stoffe, nach einerley Charakteren, verſchiedene Plane machen. Wenn aber die Charaktere einmal gegeben ſind, ſo giebt es nur eine Art, ſie reden zu laſſen. Die Perſonen haben das oder das zu ſagen, nachdem die Situatio-nen ſind, in welche man ſie geſetzt hat: da es aber in allen dieſen Situationen immer eben dieſelben Menſchen ſind, ſo können ſie ſich niemals wider-ſprechen.

Man ſollte faſt glauben, daß ein Drama das Werk zweyer Menſchen von Genie ſeyn müßte, de-

ren

ren einer den Plan ordene, und der andere die Personen reden laſſe. Aber wer wird ſie, nach dem
Plane eines andern, können reden laſſen? Das Genie, welches zum Geſpräche erfordert wird, iſt nicht
allgemein: jeder greift in ſeinen Buſen, und fühlt,
wozu er aufgelegt iſt; und, ohne es ſelbſt zu merken, ſucht er, bey Verfertigung des Planes, nur
immer ſolche Situationen, mit welchen er fertig zu
werden denket. Man ändere dieſe Situationen,
und ſein Genie wird ihn verlaſſen zu haben ſcheinen.
Der eine braucht muntere Situationen; der andere
moraliſche und ernſthafte; ein dritter redneriſche und
pathetiſche. Man gebe Corneillen einen Plan vom
Racine, und dem Racine einen Plan vom Corneille,
und ſehe, was ſie machen werden.

Bey dem empfindlichen und aufrichtigen Charakter, mit welchem ich gebohren bin, habe ich mich
nie, ich geſtehe es Ihnen, mein Freund, vor einer
Stelle gefürchtet, mit der ich durch Hülfe der Vernunft und Rechtſchaffenheit zu Stande zu kommen
hoffte. Das ſind die Waffen, die mich meine Aeltern bey guter Zeit zu führen gelehrt haben; und
ich habe ſie ſo oft gegen andere, und gegen mich
ſelbſt gebraucht!

Sie wiſſen, daß ich mich, von langer Zeit her,
an die Kunſt des Selbſtgeſprächs gewöhnt habe.
Wenn ich die Geſellſchaft verlaſſe und traurig und
verdrießlich nach Hauſe komme, ſo ſchlieſſe ich mich

N 3   in

in mein Cabinet ein, und da frage und verhöre ich
mich: Was fehlt dir? Bist du launisch? — Ja. —
Bist du etwa krank? — Nein. — So gehe ich
weiter, bis ich mir selbst die Wahrheit auspresse.
Und da dünke ich mich eine muntere, ruhige, rechtschaffene und heitere Seele zu haben, welche eine
andere befragt, die sich einer begangenen Thorheit
schämt, und sie nicht gern gestehen will. Das Geständniß kömmt aber doch. Ist es eine Thorheit,
die ich begangen habe, wie ich deren denn oft be-
gehe, so schenke ich mir sie. Ist es eine, die man
mir erwiesen hat, wie sich denn das gar leicht zuträgt, so oft ich unter Leute gerathe, die meinen
gutwilligen Charakter mißbrauchen, so verzeihe ich.
Die Traurigkeit verfliegt; ich komme wieder zu meiner Familie als ein guter Ehemann, als ein guter
Vater, als ein guter Herr; wenigstens bilde ich
mir es ein, und niemand merkt den Verdruß, der
sich vor einem Augenblicke über alles um mich herum
zu verbreiten drohte.

Ich rathe diese geheime Prüfung allen, welche
schreiben wollen; sie werden unfehlbar rechtschaffnere
Leute, und bessere Schriftsteller dadurch werden.

Habe ich einen Plan zu machen, so werde ich,
ohne es zu merken, Situationen suchen, die
zu meinem Talente und zu meinem Charakter
passen.

„Wird

„Wird aber dieser Plan der beste seyn?„

Ohne Zweifel wird er mir es schienen.

„Und auch andern?

Das ist eine andere Frage.

Die Menschen hören, und sich oft mit sich selbst unterhalten, das sind die Mittel, sich zum Gespräche geschickt zu machen.

Eine schöne Einbildungskraft haben; die Ordnung und Verbindung der Dinge zu Rathe ziehen; weder die schweren Scenen, noch die lange Arbeit scheuen; sich sogleich in den Mittelpunkt seines Stoffs versetzen; den Augenblick wohl zu treffen wissen, da die Handlung angehen muß; sich darauf verstehen was am besten wegbleiben kann; die rührenden Situationen kennen: darinn bestehet das Talent; das zu Anlegung eines guten Planes erfordert wird.

Vor allen Dingen muß man sich das Gesetz machen, nicht das geringste von der Ausführung eher nieder zu schreiben, als bis man mit dem Plane völlig zu Stande ist.

Da der Plan viel Mühe kostet, und er lange und wohlüberlegt seyn will, wie geht es denen, die sich der dramatischen Dichtkunst widmen, bloß weil sie viel Leichtigkeit Charaktere zu schildern, bey sich verspüren? Sie übersehen ihren Stof ungefehr im

N 4　　　　　Ganzen,

Ganzen, sie wissen ungefehr die Situationen, und
haben die Charaktere fest gesetzt; und wenn sie einmal bey sich ausgemacht haben, daß diese Mutter
verbuhlt, dieser Vater hart, dieser Liebhaber frey-
gebig, dieses junge Mädchen empfindlich und zärtlich seyn soll: so überfällt sie die Wuth, Scenen zu
machen. Sie schreiben und schreiben; sie finden
feine, artige, auch wohl starke Gedanken; sie haben vortreffliche Stellen schon ganz fertig. Wenn
sie nun aber lange gearbeitet haben, und endlich auf
den Plan kommen, denn auf diesen muß man doch
endlich kommen: so suchen sie die vortrefflichen
Stellen anzubringen; sie können sich nicht entschlie-
ßen, diesen und jenen feinen oder starken Gedanken
zu verlieren; sie thun also von dem, was sie thun
sollten, gerade das Gegentheil und machen den Plan
nach den Scenen, anstatt daß sie die Scenen nach
dem Plane machen sollten. Dadurch wird denn nicht
allein der Verfolg, sondern auch das Gespräch gezwungen, viel Zeit und Mühe gehet verloren, und
eine Menge Späne bleiben auf dem Holzhofe liegen.
Wie verdrießlich ist das, besonders wenn das Stück
in Versen ist!

Ich habe einen jungen Dichter gekannt, dem
es nicht an Génie fehlte, und der mehr als drey
bis vier tausend Verse zu einer Tragödie gemacht
hatte, die er nicht zu Stande bringen konnte, auch
niemals zu Stande bringen wird.

Man

Man schreibe also in Versen, oder man schreibe in Prosa: vor allen Dingen mache man den Plan, und denke alsdenn auf die Scenen.

Allein wie soll man den Plan machen? Es findet sich in der Dichtkunst des Aristoteles hierüber eine sehr schöne Idee. Sie ist mir nützlich gewesen; sie kann auch andern nützlich seyn, und sie ist folgende.

Unter den unzehlichen Schriftstellern von der Dichtkunst, sind vornehmlich dreye berühmt: Aristoteles, Horaz und Boileau. Aristoteles ist ein Philosoph, der methodisch verfährt, allgemeine Regeln festsetzt, und Folgerungen daraus ziehen und Anwendungen davon machen läßt. Horaz ist ein Mann von Genie, der sich der Unordnung recht zu befleißigen scheinet, und mit den Dichtern als Dichter spricht. Boileau ist ein Meister, der seinen Schülern, zugleich mit der Vorschrift, das Exempel zu geben sucht.

Aristoteles sagt irgendwo in seiner Dichtkunst: Man mag einen bekannten Stoff bearbeiten, oder man mag einen ganz neuen erfinden, so muß man in beyden Fällen vor allen Dingen die Fabel entwerffen, und alsdenn erst auf die Episoden oder Umstände, die sie erweitern können, denken. Ist es eine Tragödie, so sage man: Eine junge Prinzeßin wird zu dem Altare geführet, um geopfert zu werden;

den; plötzlich aber verschwindet sie vor den Augen
der Zuschauer, und wird in ein Land versetzt, wo
man die Gewohnheit hat, alle Fremde einer daselbst
verehrten Göttin zu opfern. Hier wird sie Prie-
sterinn. Einige Jahre nachher kömmt der Bruder
der Prinzeßin in dieses Land; er wird von den Ein-
wohnern ergriffen, und soll eben jetzt von den Händen seiner Schwester geopfert werden. Indem ruft
er aus: So war es nicht genug, daß meine Schwester geopfert wurde; ich muß es auch werden? Durch
diese Worte wird er erkannt und gerettet.

Aber warum war die Prinzeßin verurtheilet worden, auf dem Altare zu sterben?

Warum opfert man die Fremden in dem barba-
rischen Lande, wo ihr Bruder sie antrift?

Wie ist er ergriffen worden?

Er kömmt, einem Orakel zu gehorsamen. Und
wozu dieses Orakel?

Er wird von seiner Schwester erkannt. Aber
warum konnte diese Erkennung nicht auf eine andere Weise geschehen?

Alle diese Dinge sind ausser dem Inhalte. In
der Fabel muß man sie ergänzen.

Der Inhalt gehöret jedem. Mit dem übrigen
aber verfähret der Dichter nach seinem Gutdünken;

uud

und derjenige, der sein Werk auf die einfachste und nothwendigste Art zu Stande bringt, kann sagen, daß es ihm am besten gelungen ist.

Die Idee des Aristoteles schickt sich zu allen dramatischen Gattungen; und auf folgende Weise habe Ich mir sie zu Nutze gemacht.

Ein Vater hat zwey Kinder, einen Sohn und eine Tochter. Die Tochter liebt insgeheim einen jungen Menschen, der in dem Hause wohnet. Der Sohn ist von einer Unbekannten eingenommen, die er in seiner Nachbarschaft gesehen hat. Er hat sie vergebens zu verführen gesucht. Er hat sich verkleidet, und unter erborgtem Namen neben ihr eingemiethet. Man hält ihn da für einen geringen Menschen, der irgend einem Handwerke nachgehet. Weil man glauben muß, daß er des Tages über bey seiner Arbeit ist, so kann er seine Geliebte nur des Abends sehen. Der Vater aber, der auf alles, was in seinem Hause vorgehet, aufmerksam ist, merkt, daß sein Sohn alle Nächte ausser dem Hause bleibt. Diese Aufführung, die ein unordentliches Leben zu verrathen scheinet, macht ihn unruhig. Er wartet auf seinen Sohn.

Hier fängt sich das Stück an.

Wie gehet es weiter? Es findet sich, daß das unbekannte Mädchen sich für seinen Sohn schickt;

er

er entdecket zugleich, daß seine Tochter den jungen Menschen liebt, dem er sie bestimmt hatte; er giebt sie ihm also, und schliesset zwey Heyrathen wider Willen seines Schwagers, der ganz andere Absichten hatte.

Aber warum hält die Tochter ihre Liebe geheim?

Warum ist der junge Mensch, den sie liebt, im Hause? Was macht er da? Wer ist er?

Wer ist die Unbekannte, in die sich der Sohn verliebt hat? Wie ist sie in die armseligen Umstände gerathen, in welchen sie sich befindet?

Woher ist sie? Da sie aus der Provinz gebürtig ist, was hat sie nach Paris gebracht? Was hält sie da zurück?

Wer ist der Schwager?

Woher kömmt ihm das Ansehen, das er sich in dem Hause des Vaters giebt?

Warum widersetzt er sich den Verbindungen, die der Vater gut befindet?

Aber da die Scene nicht an zwey verschiedenen Orten seyn kann, wie wird die junge Unbekannte in das Haus des Vaters zu bringen seyn?

Wie entdeckt der Vater die Liebe seiner Tochter zu dem jungen Menschen, den er bey sich hat?

Was

Was für Ursachen hat er, seine Absichten zu verbergen?

Wie kömmt es, daß die junge Unbekannte sich für seinen Sohn schickt?

Welches sind die Hindernisse, die der Schwager seinen Absichten in den Weg stellt?

Wie kömmt die doppelte Heyrath, dieser Hindernisse ungeachtet, zu Stande?

Wie viel Dinge bleiben noch unbestimmt, nachdem der Dichter seinen Entwurf gemacht hat! Das ist unterdessen der Stoff und die Grundlage. Hieraus muß die Eintheilung der Aufzüge, die Zahl der Personen, ihr Charakter und der Stoff zu jeder Scene gezogen werden.

Ich sehe, dieser Entwurf ist so, wie ich ihn brauche; denn der Vater, dessen Charakter ich mir zu schildern vornehme, wird sehr unglücklich seyn. Er wird die Heyrath, die sich sein Sohn in den Kopf gesetzt hat, nicht zugeben wollen; von der andern Heyrath, die er gern vollzogen wüßte, wird ihm seine Tochter eine Abneigung zu haben scheinen, und beyde werden feine Bedenklichkeiten haben, einander ihre wahre Gesinnung zu eröffnen.

Die Zahl meiner Personen ist also fest gesetzt.

Ich bin wegen ihrer Charaktere nicht weiter ungewiß.

Der

Der Vater wird den Charakter seines Standes haben. Er wird gut, wachsam, standhaft und zärtlich seyn. Da ich ihn in die bedenklichsten Umstände seines Lebens setze, so wird seine Seele hinlängliche Gelegenheit haben, sich ganz zu entwickeln.

Sein Sohn muß heftig seyn. Je unvernünftiger eine Leidenschaft ist, desto unwillkührlicher muß sie seyn.

Seine Schöne wird nicht liebenswürdig genug seyn können. Ich habe sie zu einem unschuldigen, ehrbaren und empfindlichen Kinde gemacht.

Der Schwager, der mein Triebrad ist, muß einen engen Kopf voller Vorurtheile haben, muß hart, schwach, boshaft, ungestüm, verschlagen, zanksüchtig, die Unruhe des Hauses, die Geißel des Vaters und der Kinder, und der Abscheu der ganzen Welt seyn.

Wer ist der Germeuil? Sein Vater war ein Freund des Hausvaters, gerieth aber in schlechte Umstände, und hinterließ seinem Sohne nichts. Der Hausvater hat ihn, nach dem Tode seines Freundes, zu sich genommen, und wie sein eigen Kind erziehen lassen.

Cäcilia, die sich nimmermehr vorstellen kann, daß der Vater ihr diesen Menschen zum Manne geben

ben sollte, wird ihn in einer ziemlichen Entfernung
von sich halten, und ihm oft hart begegnen; und
Germeuil, den dieses Betragen und die Furcht, sich
gegen seinen Wohlthäter, den Hausvater, zu ver-
gehen, zurückhält, wird sich in die Grenzen der
Ehrfurcht einschrenken. Doch werden sie auf beyden Seiten nicht so sehr auf ihrer Hut seyn, daß
ihre Zuneigung nicht dann und wann aus ihren
Reden und Handlungen, obgleich immer nur ganz
schwach und ungewiß, hervorleuchten sollte.

Germeuil wird also von einem standhaften,
ruhigen und ein wenig zurückhaltenden Charakter
seyn müssen.

Und Cäcilia wird eine Mischung von Stolz, Lebhaftigkeit, Eingezogenheit und Empfindlichkeit haben müssen.

Die Art von Verstellung, welche die Verlieb-
ten gegen einander beobachten, wird auch den Hausvater betriegen. Diese verstellte Antipathie wird
ihn von seinem Vorhaben abwendig machen, und
er wird es nicht wagen wollen, seiner Tochter einen Mann vorzuschlagen, der ganz und gar keine
Neigung zu ihr blicken läßt, und vor dem sie einen
Abscheu zu haben scheinet.

Der Vater wird zu sich sagen: Ist es nicht genug,
daß ich meinen Sohn plage, indem ich ihm die
Per-

Person, die er liebt, nehmen will; soll ich auch noch meine Tochter verfolgen, und ihr einen Menschen zum Manne vorschlagen, den sie nicht liebt?

Die Tochter wird zu sich sagen: Ist es nicht genug, daß die Liebe meines Bruders dem Vater und dem Vetter so vielen Verdruß macht; soll ich sie durch ein Bekenntniß, das jedermann befremden müßte, noch mehr kränken?

Auf diese Weise wird die Intrigue der Tochter und des Germeuil verhohlen bleiben, und der Intrigue des Sohnes und seiner Liebste nicht schaden, sondern blos dienen, die ärgerliche Laune des Vetters und den Gram des Vaters zu vermehren.

Kann ich es vollends dahin bringen, daß diese zwey Personen an der Liebe des Sohnes so viel Antheil nehmen, daß sie nicht Zeit haben, sich mit der ihrigen zu beschäftigen, so wird es mir ausserordentlich gelungen seyn. Ihre Neigung wird das Interesse alsdenn nicht theilen; sondern ihre Scenen nur desto schmackhafter machen.

Ich habe den Vater zu der Hauptperson machen wollen. Der Entwurf würde einerley gewesen seyn, aber die Episoden hätten ganz anders ausfallen müssen, wenn ich den Sohn, oder den Freund, oder den Vetter zu meinem Helden gemacht hätte.

Wenn

Wenn es dem Dichter nicht an Einbildungskraft fehlet, und er sich auf seinen Entwurf verlassen kann, so wird er ihn schon fruchtbar machen,
und so viele Zwischenfälle daraus entspringen sehen, daß ihm nichts als die Wahl dabey schwer
seyn wird.

Er muß aber in diesem Punkte strenge seyn,
wenn sein Inhalt ernsthaft ist. Daß ein Vater
mit einer Mauleselschelle einen Pedanten verjagt,
oder daß sich ein Mann unter den Tisch verkriecht,
um es selbst mit anzuhören, was man seiner Frau
sagen wird: solche Dinge gehören in das Possenspiel,
und sind heut zu Tage ausser demselben nicht mehr
zu dulden.

Wenn eine junge Prinzessin zum Altare geführet
wird, um da geopfert zu werden, so wird man eine so grosse Begebenheit nicht gern auf den blos-
sen Irrthum eines Bothen, der die Prinzessin mit
ihrer Mutter auf dem Wege verfehlt hat, gegrün-
det sehen.

„Aber läßt das Schicksal, das mit uns spielt,
„nicht wohl noch wichtigere Begebenheiten von
„geringern Ursachen abhängen?

Es ist wahr. Allein dergleichen Fälle muß
der Dichter nicht nachahmen. Wenn die Geschichte
ihm einen solchen Zufall an die Hand giebt, so wird
er ihn brauchen; aber erfinden wird er ihn nie.

Zweyter Theil.   O   Ich

Ich werde seine Wege schärfer beurtheilen, als die
Wege des Himmels.

Er sey in der Wahl der Zwischenfälle strenge,
und mäßig in ihrem Gebrauche; er mache sie der
Wichtigkeit seines Stoffs gemäß, und suche sie in
eine so viel möglich nothwendige Verbindung zu
bringen.

„Je dunkler und schwächer die Mittel sind, wo=
„durch der Wille des Himmels über die Menschen
„vollzogen wird, desto bestürzter werde ich über ihr
„Schicksal seyn.

Ich gebe es zu. Aber ich muß dabey gewiß
überzeugt seyn, daß es der Himmel, und nicht bloß
der Dichter so haben wollen.

Die Tragödie verlangt, daß ihre Mittel wichtig;
die Komödie, daß sie fein sind.

Ist ein Liebhaber wegen der Gesinnungen seines
Freundes ungewiß? Terenz wird einen Davus auf
der Bühne lassen, der die Reden dieses Freundes
hört, und sie seinem Herrn hinterbringt. Itzo
verlangt man, daß sich der Dichter feiner zu helffen
wissen soll.

Ein eingebildeter alter Narr hat seinen bürger=
lichen Namen Arnolph in den Namen Herr de la
Souche verwandelt; und auf diesem sinnreichen Aus=
wege kann die ganze Verwickelung beruhen, und
die

die Auflösung kann so ungezwungen und unerwar-
tet daraus herfliessen, daß alle Zuschauer ruffen
werden: vortrefflich! Und darinn werden sie Recht
haben. Aber wenn man ihnen, ohne alle Wahrscheinlichkeit, fünf bis sechsmal hinter einander, diesen Arnolph als den Vertrauten seines Nebenbuhlers
zeigt, wie ihn sein Mündel hinter das Licht führet,
daß er in eins fort von Valeren zu Agnes, und
von Agnes zu Valeren gehen muß: so ist es kein
Drama mehr; es ist eine Erzählung. Und wer nicht
alle den Witz, alle die Lustigkeit, das ganze Genie
des Moliere hat, dem wird man ganz gewiß den
Mangel an Erfindung vorwerffen; dem wird man
mehr als einmal hören lassen: das ist ein Mährchen,
darüber man einschlaffen möchte! - -

Hat man wenig Zwischenfälle, so braucht man
wenig Personen. Man habe ja keine überflüßige
Personen; und verbinde alle Zwischenfälle eben so
fein als genau.

Besonders spinne man keinen Faden vergebens
an. Denn wenn man dem Zuschauer eine Verwirrung voraus zeigt, die sich nicht eräugnet, so zerstreuet man seine Aufmerksamkeit.

Diese Wirkung, wenn ich mich nicht irre, hat
die Rede der Euphrosine in dem Geizigen. Sie
macht sich anheischig, den Geizigen von dem Vorsatze, die Mariane zu heyrathen, vermittelst einer

Gräfin

Gräfin aus Niederbretagne abzubringen, von der sie sich Wunderdinge verspricht, und der Zuschauer mit ihr. Gleichwohl endet sich das Stück, ohne daß sich Euphrosine wieder sehen läßt, ohne daß die Gräfin aus Niederbretagne, die man alle Augenblicke erwartet, im geringsten zum Vorschein kömmt.

Ein Plan, wider den man nichts einzuwenden hätte, welche ein Werk würde das seyn! Giebt es wohl einen? Je verwickelter er ist, desto weniger wahr wird er seyn. Allein es ist die Frage: ist der Plan zu einer Komödie, oder ist der Plan zu einer Tragödie schwerer?

Es finden sich hier drey Stuffen. Die Historie, wo das Factum gegeben ist. Die Tragödie, wo der Dichter zur Historie dasjenige hinzuthut, wodurch er sie interessanter zu machen glaubt. Die Komödie, wo der Dichter alles erfindet.

Hieraus kann man schliessen, daß der komische Dichter vorzüglicher Weise den Namen Dichter verdient. Denn Er ist es, der erdichtet. Er ist in seiner Sphäre das, was der Allmächtige in der Natur ist. Er schaffet, er ziehet aus dem Nichts hervor; und zwar mit diesem Unterschiede, daß wir in der Natur weiter nichts als eine beständige Kette von Wirkungen wahrnehmen, deren Ursachen uns unbekannt sind, da hingegen der Verlauf des

Drama

Drama nirgends dunkel ist, und der Dichter, wenn
er uns von seinen Triebfedern schon so viel verbirgt,
als unsere Neubegierde zu reizen vermögend ist,
uns doch immer so viel davon muß sehen lassen,
als uns befriedigen kann.

„Da aber die Komödie in allen ihren Theilen
„eine Nachahmung der Natur ist, hat der Dichter
„denn kein Muster, nach welchem er sich auch bey
„Verfertigung des Planes richten könnte?

Allerdings.

„Und welches ist dieses Muster?

Ehe ich antworte, muß ich fragen: was ist
ein Plan?

„Ein Plan ist eine wunderbare Geschichte, die
„nach den Regeln der dramatischen Dichtkunst ver-
„theilt ist; eine Geschichte, die der tragische Dich-
„ter zum Theil, und der komische Dichter ganz
„und gar erfindet.

Recht wohl. Was ist also die Grundlage des
Drama?

„Die Geschichte.

Das ist unwidersprechlich. Man hat die
Dichtkunst mit der Mahlerey verglichen, und man
hat sehr wohl gethan; aber eine noch weit nützlichere
und an Wahrheiten fruchtbarere Vergleichung,

O 3   würde

würde die Vergleichung der Geschichte mit der Dichtkunst gewesen seyn. Auf diese Weise würde man
sich richtige Begriffe von dem Wahren, dem Wahr-
scheinlichen und dem Möglichen gemacht, und den
Begriff von dem Wunderbaren festgesetzt haben, als
welches allen Gattungen der Dichtkunst gemein ist,
und das nur wenige Dichter wohl zu erklären im
Stande sind.

Nicht aus allen historischen Begebenheiten lassen sich Tragödien machen; auch können nicht alle
häusliche Vorfälle Stoffe zu Komödien abgeben. Die
Alten schränkten die tragische Gattung auf die Familien des Alkmäons, des Oedipus, des Orest, des
Meleagers, des Telephus, und des Herkules ein.

Horaz will nicht leiden, daß man eine Person
auf die Bühne bringe, die einer Lamia ein leben-
diges Kind aus dem Eingeweide reiße. So etwas, sagt er, könne er weder sehen, noch für
möglich halten. Welches ist denn also die Grenze,
wo die Ungereimtheit einer Begebenheit aufhöret,
und die Wahrscheinlichkeit anfängt? Wie kann es
der Dichter fühlen, was und wie viel er wagen
darf?

Es verbindet manchmal auch die natürliche Ordnung der Dinge, ganz ausserordentliche Zufälle. Und

Und eben diese Ordnung ist es, die das Wunderbare von dem wirklichen Wunder unterscheidet. Sel-
tene Fälle sind wunderbar. Natürlicher Weise un-
mögliche Fälle, sind Wunder. Die dramatische Dichtkunst verwirft die Wunder.

Wenn die Natur niemals auf eine ausserordentliche Weise Begebenheiten verbände, so würde alles,
was der Dichter über die blosse, frostige Einförmig-
keit des gemeinen Lauffes erdächte, unglaublich
seyn. Aber das ist nicht. Was thut der Dichter
also? Entweder er macht sich diese ausserordentlichen
Verbindungen zu Nutze, oder er erdichtet ähnliche.
Anstatt aber, daß sich in der Natur die Verknüpfung
der Begebenheiten oft unsern Augen entziehet, und
wir, weil wir die Dinge nicht im Ganzen übersehen
können, oft weiter nichts als eine ungefehre Zu-
sammentreffung der Vorfälle wahrnehmen: will der
Dichter, daß in dem ganzen Verfolge seines Wer-
kes eine merkliche und in die Sinne fallende Verbindung herrsche; so daß er weniger Wahrheit, aber
mehr Wahrscheinlichkeit hat, als der Geschicht-
schreiber.

„Da aber die blosse Coexistenz der Begebenhei-
„ten hinreichend ist, das Wunderbare in der Histo-
„rie hervorzubringen, warum soll sich nicht auch
„der Dichter damit begnügen?

Er begnügt sich auch wirklich manchmal damit, besonders der tragische Dichter. Dem komischen Dichter hingegen ist die Voraussetzung sich zu gleicher Zeit eräugnender Vorfälle, nicht so wohl erlaubt.

„Und warum das?

Weil der Theil, den der tragische Dichter aus der Geschichte entlehnet, macht, daß man das, was aus seiner Erfindung geflossen ist, gleichfalls für historisch annimmt. Die Dinge, die er erdichtet, werden durch die, die ihm gegeben sind, wahrscheinlich. Dem komischen Dichter aber wird durchaus nichts gegeben; und folglich ist es ihm weniger vergönnt, sich auf die Simultaneität der Begebenheiten zu gründen. Uebrigens ist die Fatalität, oder der Wille der Götter, ob welchem die Menschen so sehr erzittern, wenn sie ihr Schicksal in der Gewalt höherer Wesen sehen, denen sie nicht entgehen können, und deren Hand sie oft in dem Augenblicke, wenn sie am allersichersten sind, ergreift, in der Tragödie ungleich nöthiger. Wenn irgend in der Welt etwas rührendes ist, so ist es der Anblick eines Menschen, der wider seinen Willen strafbar und unglücklich geworden ist.

In der Komödie müssen die Menschen die Rolle spielen, welche in der Tragödie die Götter spielen.

Hier

Hier ist die Fatalität, und dort die Bosheit die Grundlage des dramatischen Interesse.

„Worinn besteht also das Romanenhafte, das
„man verschiedenen von unsern Stücken vorwirft?

Das Stück ist romanenhaft, wenn das Wunderbare aus der Simultaneität der Begebenheiten
entspringt; wenn die Götter oder Menschen entweder allzuböse oder allzugut darinn erscheinen; wenn
die Fälle und die Charaktere fast ganz und gar nicht
so sind, als wir sie aus der Erfahrung und aus der
Geschichte kennen; und vor allen Dingen, wenn
die Verbindung der Begebenheiten allzuausserordent-
lich, und allzuverwickelt ist.

Hieraus läßt sich schliessen, daß der Roman,
aus welchem man ein gutes Drama machen kann,
darum nicht schlecht ist; daß es aber kein gutes
Drama giebt, aus welchem man einen vortrefflichen
Roman machen könnte. Die Regeln sind es, durch die
sich diese zwey Gattungen der Poesie unterscheiden.

Die Illusion ist ihr gemeinschaftlicher Zweck: wovon aber hängt die Illusion ab? Von den Umständen. Die Umstände sind es, die sie leichter oder
schwerer zu erreichen machen.

Man erlaube mir einen Augenblick, die Sprache
des Analysten zu führen. Man weis, was eine

P 5   Glei-

Gleichung heißt. Auf der einen Seite ist die Illusion ganz allein. Sie ist eine unveränderliche Grösse, die einer Summe von Gliedern gleich ist, deren einige positiv und andere negativ sind, deren Zahl und Verbindung unendlich verschieden seyn kann, deren totale Geltung aber immer eben dieselbe ist. Die positiven Glieder sind die gemeinen Umstände; und die negativen sind die ausserordentlichen. Beyde müssen sich durch einander aufheben können.

Die Illusion ist nicht freywillig. Sagen: ich will mich täuschen lassen, ist eben so viel als sagen: ich habe eine Erfahrung von dem, was in dem menschlichen Leben vorfällt, auf die ich nicht achten will.

Wenn ich sage, die Illusion sey eine unveränderliche Grösse, so verstehe ich es von Einem Menschen, der von verschiedenen Werken urtheilet, und nicht von verschiednen Menschen. Es sind vielleicht auf der ganzen Welt nicht zwey Individua, die einerley Maaß der Gewißheit hätten, und gleichwohl ist der Dichter gehalten, sie alle gleich sehr zu täuschen. Der Dichter bedient sich der Vernunft und der Erfahrung eines verständigen Menschen, so wie eine Wärterin sich der Einfalt eines Kindes bedienet. Ein gut Gedicht ist ein Mährchen, das werth ist, vernünftigen Leuten erzehlt zu werden.

Der

Der Romanenſchreiber hat die Zeit und den
Raum, der dem dramatiſchen Dichter fehlet. Ich
werde daher immer, wenn beyde gleich gut ſind,
ein theatraliſches Stück höher ſchätzen, als einen
Roman. Uebrigens iſt keine Schwierigkeit zu finden,
der jener nicht ausweichen könnte. Er ſpricht z. E.
„Auf die ſchweren Augenlieder, durch den ermatt-
„ten Körper des müden Wandrers, fließt ſüſſer nicht
„der Balſam des Schlafes, als die ſchmeichelnden
„Worte der Göttin floſſen; doch immer widerſtand
„ihr eine geheime Macht, und vereitelte ihre Rei-
„ze. — Aber Mentor, in ſeinen weiſen Rath-
„ſchlägen unveränderlich, ließ vergebens in ſich
„dringen; manchmal zwar ließ er ſie hoffen, als ſetz-
„ten ihn ihre Fragen in Verlegenheit; doch wenn
„ſie nun eben ihre Neugierde zu befriedigen glaubte,
„verſchwänd ihre Hoffnung wieder auf einmal.
„Was ſie feſt zu halten glaubte, war ihr entwiſcht,
„und eine kurze Antwort ſtützte ſie in ihre erſte Un-
„gewißheit zurück. — Und damit hat ſich der Ro-
manſchreiber glücklich aus dem Handel gezogen!
So ſchwer aber ein dergleichen Geſpräch auszuführen iſt, ſo muß dennoch der dramatiſche Dichter,
entweder ſeinen ganzen Plan verändern, oder die
Schwierigkeit überwinden. Welch ein Unterſchied
zwiſchen, eine Wirkung beſchreiben, und ſie hervorbringen!

Die Alten hatten Tragödien, in welchen alles
von der Erfindung des Dichters war. Die Geſchich-

se hätte nicht einmal die Namen der Perſonen dazu
geliehen. Und was liegt auch daran, wenn der
Dichter das wahre Maaß des Wunderbaren nur
nicht überſchreitet?

Weuige Perſonen wiſſen, wie viel in dem Drama aus der Geſchichte entlehnt worden; wenn alſo
das Gedicht nur ſonſt gut iſt, ſo wird es alle und
jede gleich ſtark intereſſiren, und vielleicht den un-
wiſſenden Zuſchauer noch ſtärker, als den unterrichteten. Denn für jenen hat alles einerley Wahrheit,
anſtatt daß für dieſen die Epiſoden nur wahrſchein-
lich, nur mit Wahrheiten ſo künſtlich vermiſchte Lügen ſind, daß er ſie ohne Widerwillen annehmen kann.

Die häusliche Tragödie würde die Schwierigkeiten von beyden Gattungen haben; denn ſie müßte
eben dieſelbe Wirkung hervorbringen, welche die
heroiſche Tragödie hervorbringt, und der Plan
müßte, wie in der Komödie, ganz und gar erfunden ſeyn.

Ich habe mich manchmal gefragt, ob man die
häusliche Tragödie in Verſen ſchreiben könnte; und
ohne eigentlich zu wiſſen warum, habe ich mir allezeit mit Nein geantwortet. Gleichwohl wird die
gewöhnliche Komödie, gleichwohl wird die heroiſche
Tragödie in Verſen geſchrieben. Und was kann
man

man sonst nicht in Versen schreiben! Sollte diese
Gattung wohl einen eigenen Styl verlangen, von
dem ich noch selbst keinen Begriff habe? Sollte wohl
die Wahrheit des Stoffs, sollte wohl das stärkere
Interesse keine abgemessene Sprache leiden wollen?
Oder ist vielleicht der Stand der Personen unserm
Stande allzunahe, als daß er die höhere Harmonie
des Verses verstatten könne?

Ich komme zurück. Wenn man die Geschichte
Carls des zwölften in Verse brächte, so würde sie
darum nichts weniger eine Geschichte bleiben. Wenn
man die Henriade in Prosa brächte, so würde es
doch noch immer ein Gedicht seyn. Allein der Ge-
schichtschreiber hat die Begebenheiten blos so, wie
sie vorgefallen sind, aufgezeichnet: und daher nehmen sich die Charaktere nicht immer so aus, als
sie sich wohl ausnehmen könnten; daher werde ich
nicht so stark interessirt, nicht so stark bewegt, als
ich wohl interessirt und bewegt werden könnte.
Der Dichter hingegen würde alles so beschrieben
haben, wie es am rührendsten ist. Er würde Fälle
dazu erdichtet, er würde Reden dazu ersonnen,
er würde die ganze Begebenheit fruchtbarer gemacht
haben. Er würde überall auf das Wunderbare bedacht gewesen seyn, ohne das Wahrscheinliche dabey aus den Augen zu setzen: und dieses würde ihm
gelungen seyn, wenn er sich genau nach der Natur
gerichtet hätte, die, so oft sie ausserordentliche Vorfälle

fälle zusammen verbindet, diese ausserordentlichen Vorfälle von ganz gemeinen Umständen begleiten läßt.

Und dieses ist eigentlich das Geschäfte des Dichters. Welcher Unterschied ist zwischen ihm und dem Versificateur! Glauben Sie unterdessen ja nicht, daß ich diesen verachte; sein Talent ist selten. Wenn Sie aber aus dem Versificateur einen Apollo machen, so wird mir der Dichter ein Herkules seyn. Nun geben sie immerhin dem Herkules eine Leyer in die Hand, er wird dadurch doch nicht zu einem Apollo werden. Stützen Sie desgleichen immerhin den Apollo auf eine Keule, und werffen ihm die Löwenhaut über die Schulter, Sie werden doch keinen Herkules aus ihm machen.

Hieraus sieht man, daß eine Tragödie in Prosa eben so wohl ein Gedicht ist, als eine Tragödie in Versen; daß es mit der Komödie und mit dem Roman gleiche Bewandtniß hat; daß aber die Absicht der Dichtkunst weit allgemeiner ist, als die Absicht der Geschichte. Man lieset in der Geschichte, was ein Mann von dem Charakter Heinrichs des vierten, gethan und gelitten hat. Wie viel Umstände aber sind möglich, in welchen er auf eine seinem Charakter gemässe und weit wunderbarere Art hätte handeln können, als uns die Geschichte meldet;

meldet; und diese wunderbarere Art eben ist es,
welche die Poesie erdichtet.

Sie, die Einbildungskraft, ist die grosse Fähigkeit, ohne welche man weder Dichter, noch Philosoph, weder ein witziger Kopf, noch ein vernünf-
tiges Wesen, noch ein Mensch ist.

„Was ist denn aber diese Einbildungskraft? wer-
„den Sie mich fragen.

O mein Freund, welche Schlinge legen Sie
mir itzt, da ich Sie von der dramatischen Dichtkunst unterhalten will. Komme ich einmal ins
philosophiren, so ist es um meine Materie
gethan.

Die Einbildungskraft ist das Vermögen, sich
der gehabten Bilder zu erinnern. Ein Mensch, dem
diese Eigenschaft gänzlich fehlte, würde ein Dummkopf seyn, dessen gesammte Seelenkräfte sich auf
das einzige Vermögen einschränkt, die Töne, die er in
seiner Jugend hat verbinden lernen, wieder hervorzubringen, und sie bey vorfallenden Gelegenheiten
anzuwenden.

Das ist der elende Stand des gemeinen Volks,
und manchmal auch des Weltweisen. Wenn diesen
die Geschwindigkeit der Rede fortreißt und ihm nicht
Zeit läßt, von den Worten auf die Bilder zu köm-
men; was thut er alsdenn anders, als daß er sich
gelern-

gelernter Töne erinnert, und sie in einer gewissen Ordnung wieder vorbringt? O wie sehr ist auch der
Mensch, der am meisten denket, noch Maschine!

Welches aber ist der Augenblick, da er sein Gedächtniß zu üben aufhört, und seine Einbildungskraft zu brauchen anfängt? Dieses erfolgt alsdenn,
wenn man ihn von Frage zu Frage, sich Bilder zu
machen, das ist, von den abgezogenen und allgemeinen Tönen, auf weniger abgezogene und allgemeine Töne zu kommen zwingt; bis er endlich auf
eine sinnliche Vorstellung gelangt, welche das letzte
Ziel und der Ruhepunkt seines Verstandes
ist. Und was wird er alsdenn? Mahler oder
Dichter.

Man frage ihn zum Exempel: was ist die Gerechtigkeit? und man wird bald sehen, daß er sich
selbst nicht eher versteht, als bis er seine Kenntniß
auf eben dem Wege zu den Gegenständen wieder zurück führt, auf welchem sie in seine Seele gekommen
ist, und sich etwa zwey Menschen vorstellet, welche
der Hunger zu einem Baume voll Früchte führet;
der eine steigt herauf und sammelt, und der andre
bemächtiget sich dessen, was jener gesammelt hat,
mit Gewalt. Nun erst wird er uns die Bewegungen, die sich in ihnen äussern, zeigen können; auf
der einen Seite die Zeichen der Rache, auf der andern die Symptomata der Furcht; wie sich der eine

ne für beleidiget hält, und der andre sich selbst mit
dem häßlichen Namen des Beleidigers bele-
gen muß.

Legt man einem andern die nehmliche Frage vor,
so wird sich seine letzte Antwort in ein anderes Gemälde auflösen. So viel Köpfe, so viel verschiedene Gemälde vielleicht: alle aber werden zwey Menschen vorstellen, die zu gleicher Zeit ganz widrige
Eindrücke empfinden, folglich auch sich auf eine ganz
widrige Weise betragen, und unarticulirte und wilde Töne herausstossen, die mit der Zeit in der Sprache des gesitteten Menschen, Gerechtigkeit und Ungerechtigkeit bedeuten und ewig bedeuten werden.

Das Gefühl, das in der belebten Natur so unendlich vieler Grade und Abänderungen fähig ist,
und in dem Menschen bald sehen, bald hören, bald
riechen, bald schmecken, bald empfinden heißt, das
Gefühl ist es, durch welches er die Eindrücke empfängt, die sich in seinen Organen erhalten, die er
hernach durch Worte ausdrückt und deren er sich
entweder durch diese Worte, oder durch Bilder, wieder erinnert.

Sich einer nothwendigen Reihe von Bildern erinnern, so wie sie in der Natur aufeinander folgen,
heißt nach gewissen Factis denken. Sich einer Reihe
Bilder erinnern, so wie sie in der Natur nothwen-

dig auf einander folgen müßten, wenn dieses oder
jenes Phänomenon gegeben ist, heißt nach einer
Hypothes denken, das ist, dichten; das heißt, Philosoph oder Poet seyn, nachdem man sich diesen oder
jenen Endzweck vorsetzt.

Und der Poet, welcher erdichtet, und der Philosoph, welcher schließt, sind beyde auf gleiche Weise und in dem nehmlichen Verstande, zusammenhängend oder nicht zusammenhängend. Denn zusammenhängend seyn, oder Erfahrung von der nothwendigen Verknüpfung der Erscheinungen haben,
ist einerley.

Das, dünkt mich, kann genug seyn, die Analogie der Wahrheit und der Erdichtung zu zeigen,
den Poeten und den Philosophen zu charakterisiren,
und das Verdienst des Poeten, besonders des epi-
schen und dramatischen außer Zweifel zu setzen. Er
hat von der Natur die Eigenschaft in einem höhern
Grade empfangen, durch die sich ein Mensch von
Genie von einem gewöhnlichen Menschen, und dieser von einem Dummkopfe unterscheidet; die Ein-
bildung meine ich, ohne die alle Rede weiter nichts
als eine mechanische Fertigkeit ist, gewisse verbunde-
ne Töne bey gewissen Fällen anzubringen.

Allein der Dichter darf sich nicht der ganzen
Hitze seiner Einbildungskraft überlassen; es sind
ihm

ihm gewiſſe Grenzen vorgeſchrieben. Sein Muſter ſind
die ſeltnen Fälle, die ſich in dem Lauffe der Natur
eräugnen. Und folgendes iſt ſeine Regel.

Je ſeltner, und ſonderbarer die Fälle ſind, deſto
mehr Kunſt, deſto mehr Zeit, und Raum, und ge=
wöhnliche Umſtände braucht er, um das Wunder=
bare daraus zu ſchaffen, und den Grund zur Illu=
ſion zu legen.

Wenn das hiſtoriſche Factum nicht wunderbar
genug iſt, ſo wird er es durch auſſerordentliche
Zwiſchenfälle verſtärken; durch gemeine Zufälle hin=
gegen wird er es ſchwächen; wenn es allzuwun=
derbar iſt.

Nicht genug, komiſcher Dichter, daß du in dei=
nem Entwurfe geſagt haſt: dieſer junge Menſch ſoll
ſich aus dieſer Buhlerin nur wenig machen; er ſoll
ſie verlaſſen, er ſoll ſich verheyrathen; er ſoll
an ſeiner Frau Geſchmack finden; dieſe ſoll liebens=
würdig ſeyn, und er ſoll ſich ein erträgliches Leben
mit ihr zu führen verſprechen; er ſoll ferner zwey
Monathe bey ihr liegen, ohne ſie zu berühren, und
gleichwohl ſoll ſie ſich ſchwanger befinden. Die
Schwiegermutter ſoll in ihre Schnur ganz vernarrt
ſeyn. Desgleichen brauche ich eine Buhlerin von
ſchönen Geſinnungen. Auch kann ich eine gewalt=
ſame Schändung nicht wohl entbehren; und dieſe
muß auf der Straſſe von einem jungen betrunkenen

Men=

Menſchen geſchehen ſeyn. Recht gut; nur fort!
Häuffe nur immer einen ſeltſamen Umſtand auf den
andern; ich bin es zufrieden. Deine Fabel wird
ganz gewiß wunderbar ſeyn. Nur vergiß nicht,
daß du alles dieſes Wunderbare mit einer Menge
gemeiner Umſtände verſetzen und ſo zurichten mußt,
daß es mich täuſchen kann.

Folglich würde es mit der Dichtkunſt viel beſſer
ausſehen, wenn das Werk von der hiſtoriſchen Gewißheit ſchon geſchrieben wäre. Es würden ſich die
nehmlichen Gründe auf das Mährchen, auf den
Roman, auf die Oper, auf das Poſſenſpiel, auf
alle Arten von Gedichten, nicht einmal die Fabel
ausgenommen, anwenden laſſen.

Wenn es bey irgend einem Volke ein Glaubens-
artikel wäre, daß die Thiere ehedem geredt hätten:
ſo würde die Fabel unter ihm einen Grad der
Wahrſcheinlichkeit haben, den ſie unter uns nicht
haben kann.

Hat der Dichter ſeinen Plan gemacht, hat er
ſeinem Entwurfe die erforderliche Ausführlichkeit gegeben, iſt ſein Drama in Aufzüge und Auftritte
vertheilet: ſo kann er anfangen zu arbeiten. Aber
er fange bey dem erſten Auftritte an, und höre
mit dem letzten auf. Er betriegt ſich, wenn er glaubt,
daß er ſich ungeſtraft ſeinem Eigenſinne überlaſſen,

von

von einer Stelle auf die andre springen, und sich,
so wie es seinem Genie einfällt, bald dahin, bald
dorthin wenden könne. Er weis nicht, wie viel
Mühe er sich zubereitet, wenn sein Werk anders
ein Ganzes ausmachen soll. Wie viel unrecht an-
gebrachte Gedanken wird er von ihrer Stelle müssen
wegnehmen, und anders wohin versetzen! Umsonst
wird er den Inhalt einer jeden Scene festgesetzt haben;
er wird ihn doch verfehlen.

Die Scenen haben einen Einfluß in einander,
den er so nicht bemerken wird. Hier wird er zu
weitläuftig, dort wird er zu kurz seyn; bald wird
er frostig, bald wird er allzufeurig seyn. Die Unordnung, nach welcher er arbeitet, wird sich durch
sein ganzes Werk verbreiten; und Spuren hinterlas-
sen, die er mit aller seiner Mühe nicht auszulö-
schen vermag.

Ehe man von einer Scene auf die folgende fort-
schreitet, muß man sich alle vorhergehende ganz wieder ins Gedächtniß ruffen.

„Das ist aber eine sehr mühsame Art zu ar-
„beiten.“

Allerdings.

„Und was soll der Dichter thun, wenn ihn zu
„Anfange seines Gedichts das Ende am meisten be-
„geistert?“

Er

Er soll warten.

„Aber in dieser Stelle, wovon er itzt ganz voll ist, würde sich sein ganzes Genie gezeigt haben."

Wenn er wirklich Genie hat; so sey ihm nur nicht bange. Die Gedanken, die er zu verlieren fürchtet, werden wieder kommen. Sie werden mit einer Verstärkung von verschiednen andern wieder kommen, die aus dem, was er bereits gemacht hat, entsprungen sind, und seiner Scene mehr Feuer, mehr Glanz, und mehr Verbindung mit dem Ganzen geben werden. Er wird alles sagen, was er wird sagen können. Aber kann man sich das auch alsdenn von ihm versprechen, wenn er in seiner Arbeit lauter Sprünge macht?

So habe ich wenigstens nie arbeiten mögen; sondern meine Art zu arbeiten hat mir immer die sicherste und bequemste geschienen.

Der Hausvater hat drey und funfzig Aufzüge. Den ersten habe ich zuerst, und den letzten zuletzt geschrieben; und ohne eine Reihe ganz besonderer Umstände, die mir das Leben verdrießlich und die Arbeit eckel machten, würde diese Beschäftigung nur ein Zeitvertreib auf wenig Wochen für mich gewesen seyn. Aber wie kann man sich in verschiedene Charaktere verwandeln, wenn uns Widerwärtigkeiten nöthigen, nur immer an uns selbst zu denken?

Wie

Wie kann man sich vergeffen, wenn ein beständiger Verdruß uns an unser Daseyn erinnert? Wie kann man andere erleuchten und erhizen, wenn die Lampe der Begeisterung verloschen ist, und die Flamme des Genies nicht mehr auf der Stirne glänzet?

Wie viel Mühe hat man sich nicht gegeben, mich in der Geburt zu erstiken? Glauben Sie wohl, mein Freund, daß ich nach der Verfolgung, die der natürliche Sohn erfahren müssen, viel Lust hätte haben können, mich mit dem Hausvater zu beschäftigen? Hier ist er gleichwohl. Sie verlangten es, daß ich ihn zu Stande bringen sollte, und ich habe Ihnen diese Befriedigung nicht versagen können. Erlauben Sie mir zur Vergeltung ein Paar Worte von diesem natürlichen Sohne zu sagen, den man so schändlich verfolgt hat.

Carl Goldoni hat im Italiänischen eine Komödie, oder vielmehr ein Possenspiel in drey Aufzügen geschrieben, das er den aufrichtigen Freund nennet. Es ist ein Mischmasch von den Charakteren des wahren Freundes, und des Geizigen vom Moliere. Die Cassette und der Diebstahl kommen darinn vor; und die Hälfte der Scenen spielen in dem Hause eines geizigen Vaters.

Dieses ganze Theil der Intrigue ließ ich weg; denn ich habe in dem natürlichen Sohne wieder

P 4   der

der Geizhals, noch Vater, noch Diebstahl, noch
Cassette.

Aus dem andern Theile, glaubte ich, liesse sich
etwas Erträgliches machen; ich bemächtigte mich
also seiner, als ob es das Meinige wäre. Goldoni
selbst war nicht gewissenhafter gewesen. Er hatte
sich den Geizigen eigen gemacht, ohne daß jemand
das geringste dawider einzuwenden gefunden; und
noch war niemand auf den Einfall gekommen, Molieren oder Corneillen eines Diebstahls zu beschul-
digen, weil sie die Idee zu diesem oder jenem Stücke
von einem italiänischen Verfasser, oder von dem
spanischen Theater entlehnet haben.

Aber dem sey wie ihm wolle; genug, ich machte
aus diesem Theile eines Possenspiels in drey Aufzüge, das Lustspiel der natürliche Sohn in fünf Aufzügen; und weil ich gar nicht gesonnen war, mein
Stück auf das Theater zu bringen, so fügte ich einige Gedanken über die Dichtkunst, die Musik, die
Declamation und die Pantomime bey, und machte
aus allem zusammen eine Art von Roman, den ich
den natürlichen Sohn oder die Probe der
Tugend, nebst der wahren Geschichte des Stücks,
nennte.

Wie würde es ohne die Voraussetzung, daß sich
die Begebenheit des natürlichen Sohnes wirklich

lich zugetragen habe, mit der Illusion dieses Romans, und mit allen den Anmerkungen, die ich in den Unterredungen, über den Unterschied zwischen einem wahren und erdichteten Facto, zwischen wirklichen und erdichteten Personen, zwischen in der That gehaltenen und nur in den Mund gelegten Reden, eingestreuet habe; kurz, mit der ganzen Dichtkunst stehen, wo die Wahrheit mit der Erdichtung in eine beständige Parallel gesetzt wird?

Aber lassen Sie uns den wahren Freund des italiänischen Dichters mit dem natürlichen Sohne ein wenig strenger vergleichen.

Welches sind die vornehmsten Theile eines Drama? Die Verwicklung, die Charaktere und die Ausführung.

Die uneheliche Geburt des Dorval ist die Grundlage des natürlichen Sohnes. Ohne diesen Umstand, bleibt die Flucht seines Vaters nach Amerika ohne hinlängliche Ursache. Ohne diesen Umstand kann es Dorvaln nicht unbekannt seyn, daß er eine Schwester hat und an ihrer Seite lebt. Er würde also nicht in sie verliebt werden; er würde seines Freundes Nebenbuhler nicht werden. Dorval muß reich seyn, und seyn Vater würde weiter keine Ursache haben, ihn reich zu machen. Warum würde er Bedenken tragen, sich Theressen zu entdecken? Die Scene mit Arnolden müßte gleichfalls wegfallen.

Da

Da würde kein Vater, der aus Amerika zurückkömmt, der unter Wegens gefangen genommen wird, der die ganze Auflösung macht, mehr Statt finden. Weg ist die Verwicklung! Weg ist das Stück!

Nun frage ich: kömmt von allen diesen Dingen, ohne welche der natürliche Sohn nicht bestehen kann, in dem aufrichtigen Freunde auch nur das geringste vor? Nicht das geringste. So steht es mit der Verwicklung.

Lassen Sie uns auf die Charaktere kommen. Kömmt ein stürmischer Liebhaber, wie Clairville, darinn vor? Nein. Ein unverstelltes, naives Mädchen, wie Rosalia? Nein. Eine Frau, von solcher Gemüthsart, von so erhabnen Gesinnungen, als Theresia? Nein. Ein Mann von so düsterm und wildem Charakter, als Dorval? Nein. Also findet sich in dem aufrichtigen Freunde kein einziger von meinen Charaktern? Kein einziger; auch nicht einmal Arnolden ausgenommen.

Endlich die Ausführung. Habe ich von dem fremden Dichter auch nur einen einzigen Gedanken, den man anführen könnte, entlehnet? Keinen einzigen.

Was ist sein Stück? Ein Possenspiel. Und der natürliche Sohn wäre ein Possenspiel? Ich glaube nicht.

Folg-

Folglich kann ich behaupten:

Wer da sagt, die Gattung, in welcher ich den natürlichen Sohn geschrieben, sey eben die Gattung, in welcher Goldoni den aufrichtigen Freund geschrieben, der sagt eine Lügen.

Wer da sagt, daß meine Charaktere mit den Charakteren des Goldoni die geringste Aehnlichkeit haben, der sagt eine Lügen.

Wer da sagt, daß sich in der Ausführung ein einziges wichtiges Wort befinde, das man von dem aufrichtigen Freunde, zu dem natürlichen Sohne geborgt habe, der sagt eine Lügen.

Wer da sagt, daß die Einrichtung des natürlichen Sohnes mit der Einrichtung des aufrichtigen Freundes einerley sey, der sagt eine Lügen.

Dieser Schriftsteller hat an die sechzig Stücke geschrieben. Wenn jemand zu einer ähnlichen Arbeit Lust hat, so ersuche ich ihn, sich eines von den übrigen auszulesen, und zuzusehen, ob er etwas daraus machen kann, das uns gefallen wird.

Ich wünschte von Herzen, daß man mir ein Dutzend dergleichen Diebstähle vorzuwerffen hätte; und ich bin sehr ungewiß, ob der Hausvater

das

dadurch viel gewonnen hat, daß er mir ganz und
gar zugehöret.

Da man mich übrigens eben der Vorwürffe gewürdiget hat, die gewiſſe Leute ehemals dem Terenz machten, ſo verweiſe ich meine Tadler auf die
Prologos dieſes Dichters. Die mögen ſie leſen,
und ich will mich unterdeſſen in meinen Erhohlungs-
ſtunden mit Verfertigung eines neuen Stücks be-
ſchäftigen. Da meine Abſichten gut und rein ſind,
ſo werde ich mich ihrer Bosheit wegen leicht trö-
ſten können, wenn es mir noch einmal gelingen ſollte,
rechtſchaffene Leute zu rühren.

Die Natur hat mir Geſchmack an der Einfalt
gegeben, und ich bemühe mich, dieſen Geſchmack
durch das Leſen der Alten vollkommner zu machen.
Das iſt mein Geheimniß. Wer den Homer mit ein
wenig Genie lieſet, wird bey ihm die Quelle,
woraus ich ſchöpfe, mit mehr Zuverläſſigkeit
finden.

O mein Freund, wie ſchön iſt die Einfalt!
Wie übel haben wir gethan, uns davon zu entfernen!

Wollen Sie hören, was der Schmerz einem Vater eingiebt, der itzt ſeinen Sohn verloren hat? Hören Sie den Priamus.

Ent-

Entfernt euch, meine Freunde; laßt mich allein; euer Trost ist mir zur Last. — Ich will zu den Schiffen der Griechen gehen; ja, ich will gehen. Ich will den fürchterlichen Mann sehen; ich will ihn bitten. Vielleicht erbarmt er sich meiner Jahre, und hat Achtung für mein Alter. — Er hat einen Vater, der alt ist, wie ich. — Ah, dieser Vater hat ihn zur Schande und zum Unglücke unsrer Stadt erzeugt! — Wie viel Böses hat er uns allen zugefügt! Aber wem mehr, als mir! Wie viele Kinder hat er mir nicht geraubt, und in der Blüthe ihrer Jugend! — Sie waren mir alle lieb! — Ich habe sie alle beweint. Aber der Verlust dieses letztern schmerzet mich vor allen, und ich werde meinen Schmerz mit zur Hölle nehmen. — Ah! warum ist er nicht in meinen Armen gestorben! — So würden wir uns doch über ihn satt geweinet haben, ich und die unglückliche Mutter, die ihm das Leben gab.

Wollen Sie wissen, wie sich ein Vater ausdrückt, der dem Mörder seines Sohnes fußfällig flehet? Hören Sie eben den Priamus zu den Füßen des Achilles.

Achill, erinnere dich deines Vaters; er ist von meinem Alter, und wir seufzen beyde unter

unter der Laſt der Jahre. — Ah, vielleicht
fällt auch ihm itzt ein feindlicher Nachbar
ſchwer, und er hat niemanden um ſich, der
die drohende Gefahr von ihm abwende. —
Hat er aber vernommen, daß du noch lebſt,
ſo fließt Hoffnung und Freude in ſein Herz,
und ſeine Tage verlauffen in der ſüſſen Erwartung, ſeinen Sohn bald wieder zu ſehen. — Wie verſchieden iſt ſein Schickſal
von dem meinigen! — Ich hatte Kinder,
und ich bin, als ob ich ſie alle verloren hätte! — Von funfzigen, die ich um mich her
zählte, als die Griechen ankamen, war mir
nur noch einer übrig, der uns vertheidigen
könnte, und dieſer eine iſt von deinen Händen, iſt vor den Mauern dieſer Stadt gefallen. — Gieb mir ſeinen Leichnam wieder;
nimm meine Geſchenke an; ſcheue die Götter;
erinnere dich deines Vaters, und habe mit
mir Erbarmung! — Sieh', wie weit ich gebracht bin! — Sah' je ein Monarch ſich ſo
tief erniedriget! War je ein Menſch ſo ſehr
zu beklagen! Ich liege zu deinen Füſſen, und
küſſe deine Hände, die von dem Blute meines
Sohnes noch befleckt ſind.

So ſprach Priamus: und der Sohn des Peleus
fühlte, bey der Erinnerung ſeines Vaters, in dem
Innerſten ſeines Herzens Erbarmung. Er hob den

Alten

Alten auf, und hielt ihn mit einem sanften Stoße von sich ab.

Was ist in diesen Reden? Kein Witz, aber so viel Wahrheit, daß man fast glauben sollte, man würde eben sowohl als Homer darauf gefallen seyn. Wir aber, die wir die Schwierigkeit und das Verdienst, so einfältig zu seyn, ein wenig kennen, mögen diese Stellen nur lesen, mögen sie mit Bedacht lesen, und hernach alle unsere Schreibereyen nehmen und ins Feuer werffen. Das Genie läßt sich fühlen, aber nicht nachahmen.

In den verwickelten Stücken ist das Interesse mehr die Wirkung des Plans, als der Reden: in den einfachen Stücken hingegen ist es mehr die Wirkung der Reden, als des Plans. Allein worauf muß sich das Interesse beziehen? Auf die Personen? Oder auf die Zuschauer?

Die Zuschauer sind nichts als Zeugen, von welchen man nichts weis.

„Folglich sind es die Personen, die man vor Au„gen haben muß.‟

Ich glaube. Sie lasse man den Knoten schürzen, ohne daß sie es wissen; für sie sey alles undurchdringlich; sie bringe man, ohne daß sie es merken, der Auflösung immer näher und näher. Sind Sie nur in Bewegung, so werde ich den nehmlichen Be-

Bewegungen schon auch nachhängen, sie schon auch empfinden müssen.

Weit gefehlt, daß ich mit den meisten, die von der dramatischen Dichtkunst geschrieben haben, glauben sollte, man müsse die Entwicklung vor dem Zuschauer verbergen. Ich dächte vielmehr, es sollte meine Kräfte eben nicht übersteigen, wenn ich mir ein Werk zu machen vorsetzte, wo die Entwicklung gleich in der ersten Scene verrathen würde, und aus diesem Umstande selbst das allerstärkste Interesse entspränge.

Für den Zuschauer muß alles klar seyn. Er ist der Vertraute einer jeden Person; er weis alles, was vorgeht, alles, was vorgegangen ist; und es giebt hundert Augenblicke, wo man nichts bessers thun kann, als daß man es ihm gerade voraus sagt, was noch vorgehen soll.

O ihr Verfertiger allgemeiner Regeln, wie wenig verstehet ihr die Kunst, und wie wenig besitzt ihr von dem Genie, das die Muster hervorgebracht hat, auf welche ihr sie bauet, und das sie übertreten kann, so oft es ihm beliebt!

Meine Gedanken mögen so paradox scheinen als sie wollen: so viel weis ich gewiß, daß es für Eine Gelegenheit, wo es nützlich ist, den Zuschauer einen wichtigen Vorfall so lange zu verhehlen, bis

er

er sich ereignet, immer zehn und mehrere giebt,
wo das Interesse gerade das Gegentheil er
fordert.

Der Dichter bewerkstelliget durch sein Geheim
niß eine kurze Ueberraschung; und in welche anhal
tende Unruhe hätte er uns stürzen können, wenn
er uns kein Geheimniß daraus gemacht hätte!

Wer in Einem Augenblicke getroffen und nie
dergeschlagen wird, den kann ich auch nur Einen
Augenblick betauern. Aber wie steht es alsdenn
mit mir, wenn ich den Schlag erwarte, wenn ich
sehe, wie sich das Ungewitter über meinem oder
eines andern Haupte zusammenziehet und lange Zeit
darüber verweilet?

Lusignau weis nicht, daß er seine Kinder wie
derfinden soll; der Zuschauer weis es auch nicht.
Zaire und Nerestan wissen nicht, daß sie Geschwister
sind; der Zuschauer weis es auch nicht. So pathe
tisch aber diese Erkennung ist, so weis ich doch ganz
gewiß, ihre Wirkung würde noch weit grösser ge
wesen seyn, wenn der Zuschauer vorher einen Wink
bekommen hätte. Was würde ich, bey der Zusam
menkunft dieser vier Personen, nicht alles zu mir
selbst gesagt haben! Mit welcher Erwartung, mit
welcher Unruhe würde ich nicht jedes ihrer Worte
angehöret haben! In welche Unbehäglichkeit wür
de mich nicht der Dichter versetzt haben! Itzt flies
Zweyter Theil.　Q　　　　　　　　sen

sen meine Thränen nur in dem Augenblicke der Erkennung; so würden sie schon lange vorher geflossen seyn.

Wie verschieden ist das Interesse zwischen dieser Situation, wo ich von dem Geheimnisse nichts weis, und jener, wo ich alles weis, wo ich den Orosman, mit einem Dolche in der Hand, die Zaire erwarten, und diese Unglückliche dem Streiche entgegen kommen sehe? Welche Bewegungen würde der Zuschauer empfunden haben, wenn der Poet die Freiheit gehabt hätte, die völlige Wirkung, die dieser Augenblick haben konnte, zu nutzen? Wenn ihm unsere Bühne, die allen grossen Wirkungen zuwider ist, erlaubt hätte, Zairens Stimme im Finstern hören zu lassen, und sie nur ganz von weitem zu zeigen?

In der Iphigenia zu Tauris weis der Zuschauer den Zustand der Personen. Man setze aber, daß er ihn nicht wüßte, und sehe, ob man das Interesse vermehrt oder vernichtet haben wird.

Wenn ich nicht weis, daß Nero die Unterredung des Britannicus und der Junia mit anhört, so empfinde ich kein Schrecken mehr.

Wenn Lusignan und seine Kinder sich nun erkannt haben, werden sie darum weniger interessant? Ganz und gar nicht. Aber was unterstützt und befesti-

fcftiget hier das Interesse? Gleich das, was der
Sultan nicht weis, die Zuschauer aber gar wohl
wissen.

Meinetwegen mögen die Personen alle einander nicht kennen; wenn sie nur der Zuschauer
alle kennt.

Ja, ich wollte fast behaupten, daß der Stoff, bey
welchem die Verschweigungen nothwendig sind, ein
undankbarer Stoff ist; daß der Plan, in welchem
man seine Zuflucht zu ihnen nimmt, nicht so gut
ist, als der, in welchem man sie hätte entübrigen
können. Sie werden nie zu etwas Starkem Anlaß
geben. Immer werden wir uns mit Vorbereitungen
beschäftigen müssen, die entweder allzudunkel, oder
allzudeutlich sind. Das ganze Gedichte wird ein
Zusammenhang von kleinen Kunstgriffen werden,
durch die man weiter nichts als eine kurze Ueberraschung hervorzubringen vermag. Ist hingegen alles,
was die Personen angehet, bekannt: so sehe ich in
dieser Voraussetzung die Quelle der allerheftigsten
Bewegungen. Der griechische Dichter, der die Erkennung des Orest und der Iphigenia bis in die
letzte Scene verschob, war ein Mann von Genie.
Orest ist gegen den Altar gelehnet. Seine Schwester
hat das heilige Messer schon gegen seine Brust aus-
gestreckt. Itzt soll er umkommen; aber er ruft:
So war es nicht genug, daß die Schwester

ge-

geopfert wurde! Muß es der Bruder auch
werden! Und das ist der Augenblick, den mich
der Dichter ganze fünf Aufzüge hindurch hat erwarten laſſen.

„Das Drama mag ſeyn wie es will, ſo iſt der
„Knoten bekannt. Denn er wird in Gegenwart
„der Zuſchauer geſchürzt. Oft verräth auch ſchon
„der Titel einer Tragödie die Entwickelung. Es
„iſt ein hiſtoriſches Factum; es iſt der Tod des Cä-
„ſars; es iſt die Opferung der Iphigenia. Allein
„mit der Komödie iſt es anders.“

Und warum denn? Darf mir der Dichter von
ſeinem Stoffe nicht ſo viel wiſſen laſſen, als er für
gut befindet? Ich wenigſtens würde mir ſehr viel
darauf zu gute gethan haben, wenn ich in dem
Hausvater (das aber alsdenn nicht mehr der
Hausvater, ſondern ein Stück mit einem andern
Namen geweſen wäre) alle Verfolgungen des Commthurs gegen Sophien hätte zuſammenbringen können.
Um wie viel würde das Intereſſe nicht gewachſen
ſeyn, wenn man gewußt hätte, daß das junge
Mädchen, von der er ſo übel ſpricht, die er ſo hitzig
verfolgt, die er will einſchlieſſen laſſen, ſeine eigene
Nichte iſt? Mit welcher Ungeduld würde man nicht
den Augenblick der Erkennung erwartet haben, der
in meinem Stücke nichts als eine geſchwind über-
hingehende Ueberraſchung hervorbringt? Es würde

der

der triumphirende Augenblick einer Unglücklichen seyn, an deren Schicksale wir so viel Antheil genommen; es wird der beschämende Augenblick eines harten Mannes seyn, der sich uns so verhaßt gemacht hat.

Warum ist die Ankunft des Pamphilus in der Hekyra weiter nichts, als ein gemeiner Zufall? Darum, weil es der Zuschauer nicht weis, daß seine Frau schwanger ist, daß sie es nicht von ihm ist, daß in dem nehmlichen Augenblicke, da er zurückkömmt, seine Frau entbunden wird.

Warum haben gewisse Monologen eine so grosse Wirkung? Darum, weil sie mir die geheimen Anschläge einer Person vertrauen, und diese Vertraulichkeit mich den Augenblick mit Furcht der Hoffnung erfüllet.

Wenn der Zustand der Personen unbekannt ist, so kann sich der Zuschauer für die Handlung nicht stärker interessiren, als die Personen. Das Interesse aber wird sich für den Zuschauer verdoppeln, wenn er Licht genug hat und es fühlet, daß Handlungen und Reden ganz anders seyn würden, wenn sich die Personen kennten. Alsdenn nur werde ich es kaum erwarten können, was aus ihnen werden wird, wenn ich das, was sie wirklich sind, mit dem, was sie thun oder thun wollen, vergleichen kann.

Q 3   Der

Der Zuschauer sey von allem unterrichtet, und die Personen mögen einander so unbekannt seyn, als es thulich ist; man mache mich nur immer mit dem Gegenwärtigen zufrieden, und auf das Folgende begierig; die eine Person erwecke in mir nur immer ein Verlangen nach der andern; ein Zufall bringe mich nur immer dem andern, der aus ihm entspringt, näher; eine Scene sage nur immer die andere; keine enthalte nichts, als was der Handlung wesentlich ist: und das Stück wird mich gewiß interessiren.

Je mehr ich übrigens über die dramatische Dichtkunst nachdenke, desto ungehaltener werde ich gegen die, die davon geschrieben haben. Es ist ein Zusammenfluß besonderer Regeln, die man zu allgemeinen Vorschriften gemacht hat. Man hat wahrgenommen, daß gewisse Zwischenfälle grosse Wirkungen hervorbringen, und sogleich hat man dem Dichter die Nothwendigkeit aufgelegt, sich zur Erreichung eben derselben Wirkungen, eben derselben Mittel zu bedienen. Hätte man dafür die Sache genauer untersucht, so würde man gefunden haben, daß man noch weit grössere Wirkungen durch ganz entgegengesetzte Mittel hervorbringen könne. So aber ist die Kunst mit Regeln überhäuft worden, und die Verfasser, weil sie sich ihnen knechtisch unterworffen, haben sich nicht selten viel Mühe gegeben,

ben, es lange nicht so gut zu machen, als sie es
sonst würden gemacht haben.

Wenn man eingesehen hätte, daß, ob das Drama schon in der Absicht, vorgestellt zu werden, gemacht wird, gleichwohl der Verfasser und der Schauspieler den Zuschauer vergessen müsse; daß alles
Interesse sich auf die Personen beziehen müsse: so
würde man nicht so oft in den Lehrbüchern der
Dichtkunst lesen, „wenn du das und das thust, so
„wird bey deinem Zuschauer diese und diese Bewe-
„gung erfolgen.“ Vielmehr würde man darinn
lesen: wenn du das und das thust, so wird
es auf deine Personen diese und diese Wirkung
haben.

Die von der dramatischen Dichtkunst geschrieben
haben, gleichen einem Menschen, der, indem er auf
Mittel sänne, wie er eine ganze Familie in Unruhe
stürzen könne, diese Mittel nicht nach dieser Unruhe
selbst, sondern nach dem abwägen wollte, was die
Nachbarn davon sagen würden. O kümmert euch
doch nicht um die Nachbaren; peiniget nur eure
Personen recht, und seyd versichert, daß diese keinen Verdruß haben werden, an dem jene nicht Antheil nehmen!

Wären andere Muster vorhanden gewesen, so
würde man andere Regeln vorgeschrieben haben,
und vielleicht hätte man gebothen: die Entwickelung

sey

sey bekannt, und sey es bey Zeiten; und der Zuschauer schwebe in der beständigen Erwartung des Strahls, der alle Personen in Ansehung ihrer Handlungen und ihrer Verhältnisse erleuchten wird.

2. Ist es nothwendig, daß das Interesse gegen das Ende des Drama steiget: so scheinet mir dieses Mittel hierzu eben so dienlich, als das entgegengesetzte. Unwissenheit und Ungewißheit erregen und unterhalten die Neugierde des Zuschauers; hingegen müssen es bekannte und immer erwartete Dinge seyn, die ihn rühren und bewegen sollen. Und in dieser Absicht ist es gut, wenn man die Katastrophe beständig in Gedanken hat.

Wenn der Dichter, anstatt einzig und allein unter seinen Personen zu bleiben, anstatt den Zuschauer so viel errathen zu lassen, als er kann, aus der Handlung herausspringt, und sich zu dem Zuschauer in das Parterr begiebt: so wird sein Platz zeigen, so wird er den Mahlern gleich werden, die, anstatt sich einer strengen Nachahmung der Natur zu befleissigen, die Natur aus dem Gesichte verlieren, und sie nicht so, wie sie ist, und wie Sie sie selbst sehen, zu zeigen, sondern vielmehr ihren technischen Bedürfnissen gemäß einzurichten suchen.

Sind nicht alle Punkte des Raums verschiedentlich erleuchtet? Nimmt sich nicht einer vor dem andern

dern aus? Stechen sie nicht alle eben so wohl in
der dürren und wüsten Ebene, als in der mannig-
faltigsten Landschaft hervor? Folget der Dichter
dem Schlendrian des Mahlers, so wird es ihm mit
seinem Drama nicht anders als diesen mit seinem
Gemälde gehen. Hier werden einige schöne Stellen, und dort einige schöne Augenblicke seyn. Damit aber ist es nicht gethan; das Gemälde soll nach
seinem ganzen Umfange, das Drama soll nach seiner
ganzen Dauer schön seyn.

Und was wird aus dem Schauspieler, wenn
sich der Dichter mit dem Zuschauer abgegeben hat?
Wird es der Schauspieler nicht fühlen, daß das,
was hier oder da stehet, nicht für ihn ersonnen
worden? Der Dichter hat sich an den Zuschauer
gewendet; er wird sich auch an ihn wenden. Der
Dichter hat gewollt, daß man ihm klatschen soll;
er wird auch wollen, daß man ihm klatschen soll:
und wo endlich die Illusion bleiben wird, weis
ich nicht.

Ich habe bemerkt, daß die Schauspieler alles
das schlecht vorstellen, was der Dichter für den Zuschauer geschrieben hat; und hätte dieser seine Rolle
mitgespielt, so würde er zu der Person gesagt haben:
„Mit wem sprichst du? Warum mit mir? Was
„gehen mich deine Händel an? Bleib für dich.“
Und hätte auch der Dichter seine Rolle mitgespielt,

so würde er hinter der Scene hervorgekommen seyn, und dem Parterre geantwortet haben: „Verzeihen „Sie, meine Herren, die Schuld ist meine: ein ander= „mal wollen ich und er es besser machen."

Man denke also, sowohl während dem Schrei= ben, als während dem Spielen, an den Zuschauer eben so wenig, als ob gar keiner da wäre. Man stelle sich an dem äussersten Rande der Bühne eine grosse Mauer vor, durch die das Parterr abgesondert wird. Man spiele, als ob der Vorhang nicht auf= gezogen würde.

„Aber der Geitzige, der seine Cassette ver= „loren hat, ruft gleichwohl den Zuschauern „zu: Ist mein Dieb etwa unter euch, meine „Herren?„

O man lasse doch diesen Verfasser in Ruhe! Die Ausschweiffung eines Mannes von Genie be= weiset gegen die gesunde Vernunft nichts. Man sage mir nur, ist es möglich, daß man sich einen Augenblick an den Zuschauer wenden kann, ohne die Handlung aufzuhalten? Und sind nicht alle die kleinen Stellen, wo man auf ihn gesehen hat, eben so viel Ruhepunkte, die den Verlauf des Drama langsamer machen und hemmen?

Ein verständiger Verfasser darf in seinem Werke gar wohl Züge anbringen, die der Zuschauer auf

sich

sich anwenden kann; er darf gar wohl im Schwange gehende Laster und Lächerlichkeiten anstechen; er
darf gar wohl auf öffentliche Begebenheiten anspie-
len, und eben so wohl zu unterrichten, als zu gefallen suchen: nur muß alles das im Vorbeygehen,
ohne Vorsatz geschehen. Sobald er seinen Zweck
merken läßt, verfehlt er ihn; seine Personen hören
auf zu reden, und er prediget.

Das erste Stück des Plans, sagen die Kunstrichter, ist die Exposition.

In der Tragödie, wo das Factum bekannt ist,
geschiehet die Exposition mit einem Worte. Wenn
meine Tochter den Fuß nach Aulis setzt, so muß sie
sterben. In der Komödie geschiehet sie, dürfte ich
fast sagen, durch den Anschlagzettel. Wo ist z. E.
im Tartüffe eine Exposition? Meinem Bedünken
nach könnte man eben sowohl von dem Dichter verlangen, seine ersten Auftritte so einzurichten, daß
sie einen kurzen Entwurf des ganzen Stückes ent-
hielten.

Alles, was ich hiervon begreiffe, ist dieses, daß
es einen gewissen Augenblick geben muß, da die dramatische Handlung anfängt; und hat der Dichter
diesen Augenblick übel gewählt, so wird er der Katastrophe entweder zu nahe, oder zu weit von ihr
entfernt seyn. Ist er ihr zu nahe, so wird es ihm an
Materie gebrechen, und vielleicht ist er gezwungen,

seinen

seinen Stoff durch eine episodische Intrigue zu erweitern. Ist er zu weit entfernt, so wird der Verfolg schläfrig seyn, so werden seine Aufzüge lang
und mit einer Menge Begebenheiten und Erzäh-
lungen überhäuft seyn, die nicht im geringsten interessiren.

Die Deutlichkeit will, man soll alles sagen. Die
Dichtungsart will, man soll forteilen. Wie aber
kann man alles sagen und doch forteilen?

Der Augenblick, den man zu dem ersten erwählt
hat, sey der Inhalt der ersten Scene. Diesem wird
der zweyte folgen, dem zweyten der dritte, und so
wird der Aufzug fertig. Das wichtigste hierbey ist,
daß die Handlung an Geschwindigkeit beständig wachsen und doch deutlich seyn muß: nur in diesem einzigen Stücke muß man an den Zuschauer denken.
Und hieraus sieht man, daß die Exposition nicht
anders als während dem Verlaufe des Stückes und
nach Maaßgebung desselben geschehen kann, und
daß der Zuschauer nicht eher alles weis und alles
gesehen hat, als bis der Vorhang fällt.

Je mehr Dinge bey dem ersten Augenblicke zu
sagen übrig bleiben, desto mehr Materie hat man
zu Ausführung der folgenden Aufzüge. Je schneller
und reicher der Dichter ist, desto aufmerksamer wird
er seyn müssen. Er kann sich nur bis auf einen
gewissen Punkt an die Stelle des Zuschauers setzen.

Seine

Seine Intrigue ist ihm so bekannt, daß er sich gar
leicht für deutlich halten kann, wenn er sehr dunkel
ist. Hiervon muß ihn sein Beurtheiler unterrichten;
denn einen Beurtheiler muß der Dichter haben,
wenn er auch noch so viel Genie besitzt. Glücklich
ist er, mein Freund, wenn er einen findet, der
aufrichtig ist, einen, der mehr Genie hat, als er
selbst. Von ihm kann er lernen, daß die geringste
Vergeßlichkeit hinreichend ist, alle Illusion zu ver=
nichten; daß der kleinste übergangene oder falsch
vorgestellte Umstand die Lüge verräth; daß das Dra=
ma für das Volk gehöret, und daß man sich
das Volk weder zu einfältig noch zu fein vorstel=
len muß.

Man muß ihm alles erklären, was er erklärt ha=
ben will; aber auch nichts mehr.

Es giebt Kleinigkeiten, die der Zuschauer gar
nicht begierig ist zu hören, die er sich schon selbst
erklären wird. Hat ein Zufall nur eine Ursache,
und diese Ursache fällt nicht sogleich in die Augen:
so ist es ein Räthsel, dessen Auflösung man ver=
schweigt. Hat sich ein Zufall auf eine ganz einfälti=
ge, natürliche Art eräugnen können: so würde, ihn
erklären, so viel seyn, als sich bey einem Umstande
aufhalten, an dem unserer Neugierde nichts ge=
legen ist.

Nichts

Nichts ist schön, was keine Einheit hat; und der erste Augenblick wird das Colorit des ganzen Stücks bestimmen.

Fängt man mit einer starken Situation an, so wird alles übrige von der nehmlichen Stärke seyn müssen, oder es wird uns matt dünken. Wie viel Stücke giebt es, die durch ihren Anfang verunglückt sind. Der Dichter hat sich gefürchtet kalt anzufangen, und hat daher so starke Situationen genommen; daß er die ersten Eindrücke, die er auf mich gemacht hat, nicht zu unterhalten im Stande ist.

Wenn das Werk gut angelegt ist; wenn der Dichter seinen ersten Augenblick gut zu wählen gewußt hat; wenn er sogleich in die Mitte seiner Handlung eingedrungen ist; wenn er seine Charaktere gut gezeichnet hat: wie kann es ihm an Beyfall fehlen? Die Bestimmung der Charaktere aber, hängt von den Situationen ab.

Der Plan eines Drama kann gemacht, und gut gemacht seyn, ohne daß der Dichter noch im geringsten weis, was für einen Charakter er seinen Personen geben will. Man siehet alle Tage, daß Leute von ganz verschiedenem Charakter einerley Zufällen ausgesetzt seyn können. Ein Vater, der seine Tochter opfert, kann ehrgeizig, kann schwach,

kann

kann wild seyn. Einer, der sein Geld verloren hat,
kann arm oder reich seyn. Einer, der um seine
Geliebte besorgt ist, kann ein Bürger oder ein Held,
kann zärtlich oder eifersüchtig, kann ein Prinz oder
ein Bedienter seyn.

Alsdenn sind die Charaktere gut getroffen, wenn
die Situationen dadurch verwirrter und schwieriger
werden. Man stelle sich vor, daß die vier und
zwanzig Stunden, welche die Personen itzt zubringen, die allerunruhigsten und grausamsten Stunden ihres Lebens sind. Und also mache man sie
ihnen auch so sauer, als möglich. Man lasse alle
Situationen stark seyn; man setze sie den Charaktern entgegen; man setze Interesse dem Interesse
entgegen. Keine Person müsse zu ihrem Zweck
gelangen können, ohne den Absichten einer andern
hinderlich zu seyn; eine einzige Begebenheit halte
alle zugleich beschäftiget, aber jeder verlange diese
Begebenheit anders, als der andere.

Der wahre Contrast ist der, den die Charaktere
mit den Situationen machen; ist der, den das Interesse mit dem Interesse macht. Muß Alcest verliebt seyn,
so sey er es in eine Buhlerin; muß Harpagon verliebt seyn, so sey er es in ein armes Mädchen.

„Aber warum sollte man diesen zwey Arten von
„Contrast, nicht auch den Contrast der Charaktere
„beyfügen dürfen? Er ist ein so vortreffliches Hülfs-
„mittel für den Dichter.“

Und

Und zugleich ein so abgenutztes, als nur immer der Gebrauch der Mahler seyn kann, einen starken Vorgrund zu machen, damit die übrigen Gegenstände des Gemäldes besser zurückweichen.

Ich verlange, daß die Charaktere verschieden seyn sollen; an ihrem Contraste aber, muß ich Ihnen gestehen, habe ich keinen Gefallen. Hören Sie meine Gründe, und urtheilen Sie.

Vors erste bemerke ich, daß der Contrast in dem Style eine üble Wirkung thut. Wollen Sie, daß die größten, einfältigsten, und edelsten Gedanken auf Nichts hinaus lauffen sollen, so dürfen Sie sie nur unter sich, oder im Ausdrucke contrastieren.

Soll ein musikalisches Stück ohne Ausdruck, ohne Genie seyn, so dürffen Sie nur Contrast hinneinbringen, und Sie werden weiter nichts als eine abwechselnde Folge von starken und sanften, von hohen und tiefen Tönen haben.

Soll die Composition eines Gemäldes widerwärtig und gezwungen seyn, so verachte man nur die Klugheit des Raphaels, und strapasiere, und contrastiere die Figuren.

Die Baukunst liebet die Grösse und Einfalt. Ich will nicht sagen, daß sie den Contrast verwirft. Sie verstattet ihn gar nicht.

Nun

Nun sagen Sie mir, warum der Contrast in
allen Gattungen der Nachahmung ein so armseliges
Ding ist, nur in der dramatischen Poesie nicht?

Das sicherste Mittel aber, ein Drama zu verderben, und es jedem Manne von Geschmack unerträglich zu machen, wäre dieses; daß man die Contraste vervielfältigte.

Ich weis nicht, was man von dem Hausvater
urtheilen wird; ist er aber weiter nichts als schlimm,
so würde ich ihn gewiß abscheulich gemacht haben,
wenn ich den Commithur mit dem Hausvater, Germeuilen mit Cäcilien, Saint Albinen mit Sophien,
und ihre Kammerfrau mit einem von den Bedienten in Contrast gebracht hätte. Urtheilen Sie, was
aus diesen Antithesen kommen würde. Ich sage
Antithesen, denn der Contrast der Charaktere ist in
dem Plane eines Drama nichts anders, als was
diese Figur in der Rede ist. Es ist eine glückliche
Figur, aber sie muß mit Mässigung gebraucht werden; und wer nur im geringsten einen erhabnen
Ton hat, wird sich ihrer allezeit enthalten.

Ist nicht eines von den wichtigsten und zugleich
schwersten Stücken der dramatischen Kunst, die Ver-
bergung der Kunst? Was aber verräth mehr Kunst,
als der Contrast? Was scheinet ausstudierter? Was
ist abgenutzer? Wo ist die Komödie, in der er nicht
gebraucht wäre? Und wenn eine ungeduldige und

hastige Person auf der Bühne erscheinet, steckt wohl
in einem Winkel des Parterr ein so unerfahrner
Schulknabe, der nicht zu sich selbst sagte: die
gelassene und sanftmüthige Person wird nicht
weit seyn?

Aber hat die dramatische Gattung nicht dadurch
schon unglücklicher Weise romanenhaften Anstrichs
genug, daß sie den gemeinen Lauf der Dinge nur
in solchen Fällen nachahmen darf, wo es der Natur gefallen hat, ausserordentliche Begebenheiten
zu combinieren, und muß zu diesem der Illusion
so hinderlichen Anstriche, noch eine Wahl von Charakteren kommen, so wie sie sich fast niemals beysammen finden? Was kömmt in dem gemeinen Leben öfter vor; Gesellschaften, wo die Charaktere
verschieden, oder Gesellschaften, wo sie contrastiert
sind? Für eine, wo sich der Contrast der Charaktere
so abstechend zeigt, als ihn der komische Dichter
verlangt, werden sich imer hundert tausend finden,
wo sie weiter nichts als verschieden sind.

Der Contrast der Charaktere hingegen mit ihren
Situationen, und der mancherleyen Interesse unter
sich, kömmt alle Augenblicke vor.

Warum ist man darauf gefallen, einen Charakter mit dem andern zu contrastieren? Ohne Zweifel,
damit einer von beyden desto mehr hervorstechen soll.
Allein diese Wirkung läßt sich nur alsdenn erhalten,
wenn

wenn diese Charaktere zugleich erscheinen. Und welche Monotonie in dem Gespräche entspringt daraus? Wie gezwungen wird der ganze Verlauf des Stücks? Wie kann ich die Begebenheiten natürlich verknüpfen, und die Auftritte in eine schickliche Folge bringen, wenn ich beständig mit der Nothwendigkeit beschäftiget bin, diese oder jene Person mit dieser oder jenen zusammen zu bringen? Wie oft wird es sich nicht eräugnen, daß der Contrast eine Scene verlangt, indem die Wahrheit der Fabel eine ganz andere erfordert?

Sind übrigens die zwey contrastierten Personen mit gleicher Stärke gezeichnet, so werden sie den eigentlichen Gegenstand des Drama zweydeutig machen.

Lassen Sie uns setzen, der Misanthrop wäre nicht angeschlagen worden, und man hätte ihn ohne Ankündigung gespielt: was würde daraus geworden seyn, wenn Philint seinen Charakter eben so behauptet hätte als Alcest. Würde der Zuschauer nicht haben fragen können, (wenigstens in der ersten Scene, wo sich die Hauptperson noch durch nichts unterscheidet) welchen von beyden man eigentlich spiele, den Philanthropen oder den Misanthropen? Und wie vermeidet man diese Unbequemlichkeit? Man opfert einen von den beyden Charakteren auf; den einen läßt man alles sagen, was er für sich sagen

kann,

kann, und den andern macht man zu einem unge=
schickten, albern Geck. Aber merkt der Zuschauer
etwa diesen Fehler nicht, besonders wenn der laster=
hafte Charakter, so wie in dem angeführten Exem=
pel, der Hauptcharakter ist?

„Die erste Scene des Misanthropen ist gleichwohl
ein Meisterstück.

Ja: allein es mache sich nur ein Mann voll
Genie darüber, und gebe dem Philint so viel kaltes
Blut, so viel Standhaftigkeit, Beredsamkeit, Recht=
schaffenheit, und Menschenliebe, so viel Nachsicht
gegen die Fehler, und so viel Mitleiden mit den
Schwachheiten seines Nächsten, als ein wahrer Freund
des menschlichen Geschlechts haben muß, und sogleich
wird, ohne an den Reden des Alcest das geringste
zu ändern, der Gegenstand des Stücks ungewiß
werden. Warum aber ist er es nicht? Hat Alcest
etwa Recht? Und hat Philint etwa Unrecht? O nein;
sondern der eine vertheidiget seine Sache gut, und
der andere schlecht.

Wollen Sie sich, mein Freund, von der ganzen
Stärke dieser Anmerkung überzeugen: so schlagen
Sie die Brüder des Terenz auf. Sie werden, da
zwey contrastierte Väter finden, die beyde mit glei=
cher Stärke gezeichnet sind; und können kühnlich
dem feinsten Kunstrichter Trotz bieten, Ihnen die
Haupt=

Hauptperson zu nennen, ob es Micion oder ob es Demea ist? Fällt er sein Urtheil vor dem letzten Auftritte, so dürfte er leicht mit Erstaunen wahrnehmen, daß der, den er ganzer fünf Aufzüge hindurch
für einen verständigen Mann gehalten hat, nichts
als ein Narr ist, und daß der, den er für einen
Narren gehalten hat, wohl gar der verständige Mann
seyn könnte.

Man sollte zu Anfange des fünften Aufzuges dieses Drama fast sagen, der Verfasser sey durch den
beschwerlichen Contrast gezwungen worden, seinen
Zweck fahren zu lassen, und das ganze Interesse
des Stücks umzukehren. Was ist aber daraus geworden? Dieses, daß man gar nicht mehr weiß,
für wen man sich interessiren soll. Von Anfange
her ist man für den Micion gegen den Demea gewesen, und am Ende ist man für keinen von beyden. Beynahe sollte man einen dritten Vater verlangen, der das Mittel zwischen diesen zwey
Personen hielte und zeigte, worinn sie beyde
fehlten.

Wenn man glaubt, daß ein Drama ohne contrastierte Personen, darum leichter ist, so betriegt
man sich. Wenn der Dichter seine Rollen nur durch
ihre Verschiedenheit kann geltend machen: so wird
er sie desto stärker zeichnen, desto kräftiger colo-
ren müssen; so wird er, um nicht eben so frostig

zu

zu seyn, als ein Mahler, der weisse Gegenstände
auf einen weissen Grund leget, seine Augen beständig auf die Verschiedenheit der Stände, des Alters,
der Situationen und des Interesse haben müssen;
so wird er, anstatt in der Nothwendigkeit zu seyn,
den einen Charakter zu schwächen, um dem andern
desto mehr Stärke zu geben, sich bemühen müssen,
sie alle stark und kräftig zu machen.

Je ernsthaffter die Gattung ist, desto weniger
scheinet sie mir den Contrast erlauben zu wollen.
In der Tragödie ist er sehr selten. Wenn man ihn ja
braucht, so braucht man ihn nur unter den Persönen vom zweyten Range. Der Held stehet allein.
Es ist kein Contrast im Britannicus; keiner in
der Andromacha; keiner im Cinna; keiner in der
Iphigenia; keiner in der Zaire; keiner im
Tartüff.

In den Komödien mit Charakteren ist der Contrast nicht nöthig. In den andern ist er weniger
überflüßig.

Corneille hat eine Tragödie gemacht, ich glaube,
es ist Nicomedes, wo die Großmuth die herrschende Eigenschaft aller Personen ist: und welch Verdienst hat man ihm nicht aus dieser Fruchtbarkeit,
und zwar mit allem Rechte, gemacht!

Terenz

Terenz contrastiert wenig. Plautus contrastiert noch weniger. Moliere öfter. Aber weil bei Molieren der Contrast ist das Hülfsmittel eines Mannes von Genie; ist, muß man ihn deswegen auch andern Dichtern vorschreiben? Hätte man nicht vielmehr Ursache, eben deswegen, sie davor zu warnen?

Aber was wird aus dem Gespräche zwischen contrastierten Personen? Ein Zusammenfluß von kleinen Ideen und Antithesen; denn nothwendig müssen die Reden einander eben so entgegengesetzt seyn, als die Charaktere. Und nun frage ich Sie, mein Freund, und frage jeden Mann von Geschmack: ob ihnen das einfältige und natürliche Gespräch zweyer Personen, die ein verschiednes Interesse, verschiedene Leidenschaften, ein verschiednes Alter haben, nicht weit besser gefallen würde?

Ich kann den Contrast in der Epopee nicht leiden, er müßte denn unter Gesinnungen und Bildern seyn. Er mißfällt mir in der Tragödie. In dem ernsthaften Komischen ist er überflüßig. In der lustigen Komödie kann man ihn entbehren. Ich werde ihn also dem Possenspieler überlassen. Dieser mag ihn in seinem Werke so sehr vervielfältigen, so sehr übertreiben, als er nur will, es ist da nichts zu verderben.

Fragt

Fragt man mich aber, was jener Contrast der Gesinnungen oder Bilder ist, den ich in der Epopee, in der Ode und einigen andern Gattungen der höhern Poesie liebe, so antworte ich: daß es eines von den deutlichsten Kennzeichen des Genies ist; daß es die Kunst ist, die Seele mit ganz verschiedenen und widrigen Gesinnungen zu erfüllen, sie von entgegen gesetzten Seiten zugleich zu erschüttern, und ein von Unlust und Vergnügen, von Widrigkeit und Anmuth, von Behäglichkeit und Schrecken vermischtes Gefühl in ihnen hervorzubringen.

Diese Wirkung hat jene Stelle in der Ilias, wo mir der Dichter den Jupiter auf dem Ida zeiget; am Fusse des Berges würgen sich die Trojaner und Griechen, mitten in der Nacht, die er um sie verbreitet hat; doch sind die unachtsamen und heitern Blicke des Gottes gegen die unschuldigen Gefilde der Aethioper gewendet, die von Milch leben. Und so gewährt er mir auf einmal den Anblick der Glückseligkeit und des Elendes, des Friedens, und der Unruhe, der Unschuld und des Lasters, des Schicksals der Menschen und der Grösse der Götter. Ich sehe an dem Fusse des Ida nichts als einen Hauffen Ameisen.

Setzet eben derselbe Dichter für seine Kämpfer Preise auf, so sind es Waffen, ein Stier, der mit den Hörnern drohet, schöne Weiber und Stahl.

Auch

Auch Lucrez hat es sehr wohl gewußt, wie kräftig das Schreckliche dem Wollüstigen entgegengesetzt werde, wenn er die zügellose Entzückung der Liebe, wie sie sich aller Sinne bemeistert, schildert, und die Vorstellung eines Löwen bey mir rege macht, der von einem tödlichen Pfeile getroffen, wüthend auf den Jäger, der ihn verwundet hat, stürzet, ihn niederreißt, nicht anders als auf ihm sterben will, und ihn ganz mit seinem eigenen Blute bedeckt läßt.

In den vorzüglichsten Oden des Horaz und in den schönsten Liedern des Anakreon, stehet das Bild des Todes neben dem Gemälde des Vergnügens.

Und konnte dem Catull die Zauberkraft dieses Contrasts unbekannt seyn, wenn er rief:

Vivamus, mea Lesbia, atque amemus,
Rumoresque senum severiorum
Omnes unius æstimemus assis.
Soles occidere & redire possunt;
Nobis cum semel occidit brevis lux,
Nox est perpetua una dormienda.
Da mihi basia mille —

Und der Verfasser der natürlichen Geschichte, wenn er, nach der Schilderung eines jungen Thieres, das ruhig in den Wäldern wohnet, und durch

ein

ein plötzliches noch nie vernommenes Geräusch in
Schrecken gesetzt wird, folgenden Gegensatz des
Sanften und Erhabenen hinzufügt: Bleibt aber
das Geräusch ohne Wirkung, so erkennet
das Thier wieder die gewöhnliche Stille der
Natur; es beruhiget sich, es hält ein, und
verfügt sich, mit gleichen Schritten wieder zu
seinem ruhigen Lager.

Und der Verfasser des Werks über den Geist,
wenn er sinnliche und wilde Ideen mit einander ver-
mischt, und durch den Mund eines sterbenden Schwär-
mers ausruft: Ich sterbe, und ich fühle eine
unglaubliche Süßigkeit im Sterben! Ich höre die Stimme des Odin, die mich ruft. Schon
öffnen sich die Thore seines Pallasts. Halb-
nackte Jungfrauen treten aus ihnen hervor.
Eine azurene Schärpe umgürtet ihre Lenden,
und erhöhet die Weisse ihres Busens. Sie
nahen sich, und reichen mir ein liebliches
Bier in dem blutigen Hirnschädel meiner
Feinde.

Poussin hat eine Landschaft gemalt, wo man
junge Schäferinnen nach dem Schalle einer Feld-
schalmey tanzen siehet, in einem Winkel aber ein
Grabmahl, mit der Ueberschrift erblickt: Auch ich
lebte in dem glücklichen Arkadien. Diese Bewunderung des Styls, wovon hier die Rede ist, hängt

manch-

manchmal von einem einzigen Worte ab, das meinen Blick von dem Hauptgegenstande ablenkt, und
mich seitwerts, wie in dem Gemälde des Poussin,
den Raum, die Zeit, das Leben, den Tod, oder
eine andere grosse und melancholische Idee zeiget,
die mitten unter die Bilder der Freude geworfen
worden.

Das sind die einzigen Contraste, die mir gefallen. Uebrigens giebt es unter den Charakteren
drey Arten des Contrasts. Einen Contrast der Tugend, und einen Contrast des Lasters. Wenn eine
Person geizig ist, so kann eine andere mit ihr, entweder vermittelst der Sparsamkeit oder vermittelst
der Verschwendung contrastiren; und sowohl der
Contrast der Tugend, als der Contrast des Lasters,
kann entweder wirklich oder nur verstellt seyn. Von
dieser letzten Art wüßte ich kein Exempel: ich muß
aber auch gestehen, daß ich das Theater wenig kenne. Mich dünkt, daß er in der lustigen Komödie
keine unangenehme Wirkung haben müßte; aber
nur einmal. Ein dergleichen Charakter wäre mit
dem ersten Stücke abgenutzt. Ich möchte wohl so
einen Menschen sehen, der von einem ganz entge-
gengesetzten Charakter als ein anderer, nicht wirklich wäre, sondern sich nur zu seyn stellte. Er würde ein Original seyn, dieser Charakter; ob er aber
neu seyn würde, das weis ich nicht.

Wir machen alſo den Schluß, daß es nur eine Urſache giebt, die Charaktere zu contraſtieren; und daß es weit mehr als eine giebt, ſie blos verſchieden zu zeigen.

Man leſe aber auch die Lehrbücher der Dichtkunſt, und man wird kein Wort von dieſen Contraſten finden. Ich glaube alſo, es iſt mit dieſer Regel gegangen, wie mit vielen andern; man hat ſie dem Werke eines Genies zu Folge gemacht, wo der Contraſt eine groſſe Wirkung gehabt hat, und ſogleich hat man geſchloſſen: Hier iſt der Contraſt gut, folglich kann, ohne Contraſt nichts gut ſeyn. Das iſt der meiſten ihre Logik, die ſich unterſtanden haben, einer Kunſt Schranken zu ſetzen, in der ſie ſich niemals geübt hatten. Das iſt aller unerfahrnen Kunſtrichter ihre Logik, die uns nach dieſen Autoritäten beurtheilen.

Ich weis nicht, mein Freund, ob nicht das Studium der Philoſophie mich wieder zu ſich zurückrufen wird, und ob der Hausvater mein letztes Drama ſeyn, oder nicht ſeyn wird. So viel aber weis ich, daß ich den Contraſt der Charaktere gewiß in keinem brauchen würde.

Iſt der Entwurf gemacht und gefüllt; ſind die Charaktere feſtgeſetzt: ſo ſchreitet man zur Abtheilung der Aufzüge.

Die

Die Auszüge sind die Theile des Drama: die Auftritte sind die Theile der Auszüge.

Der Auszug ist ein Stück der totalen Handlung eines Drama, und enthält einen oder mehrere Vorfälle.

Nachdem ich die einfachen Stücke den zusammengesetzten vorgezogen habe, würde es sehr seltsam seyn, wenn ich einen mit mehrern Vorfällen erfüllten Auszug einem Auszuge, der nur einen enthielte, vorziehen wollte.

Man hat verlangt, die vornehmsten Personen sollen alle in dem ersten Auszuge zum Vorschein kommen, oder doch genannt werden; die Ursache weis ich so recht nicht. Es giebt dramatische Handlungen, wo man weder das eine noch das andere thun müßte.

Man hat verlangt, eben dieselbe Person soll in eben demselben Auszuge nicht mehr als einmal auf die Bühne kommen: und warum hat man das verlangt? Wenn er das, was er zu sagen kömmt, nicht damals sagen können, als er das erstemal auf der Bühne war; wenn das, was ihn zurückbringt, während seiner Abwesenheit vorgefallen ist; wenn er den, den er sucht, auf der Bühne zurückgelassen hat; wenn dieser wirklich da ist, oder, wenn er nicht da ist, er ihn nirgend anders zu finden weis;

wenn

wenn ihn der Augenblick erheischt; wenn seine Zurückkunft das Interesse verstärkt; kurz, wenn er in
der Handlung eben so natürlich wieder erscheinet,
als es uns täglich im gemeinen Leben begegnet: so
mag er nur immer wieder kommen, ich bin bereit,
ihn zum zweyten und drittenmale zu sehen und zu
hören. Der Kunstrichter mag Autoritäten anführ-
ren so viel als er will; genug, daß der Zuschauer
meiner Meinung seyn wird.

Man verlangt, daß die Aufzüge ungefehr von
gleicher Länge seyn sollen. Weit vernünftiger wäre
es, wenn man verlangte, daß ihre Dauer allezeit
dem Umfange der darinn enthaltenen Handlung gemäß sey.

Jeder Aufzug wird zu lang seyn, der leer
an Handlung und überhäuft mit Reden ist; und
jeder wird kurz genug seyn, dem es weder an Reden noch an Vorfällen fehlt, die den Zuschauer auf
seine Dauer Acht zu geben, verhindern. Sollte
man nicht sagen, man höre ein Drama, mit der
Uhr in der Hand? Es kömmt aufs Empfinden an,
und du zählest die Seiten und Zeilen.

Der erste Aufzug des Eunuchus hat nicht mehr
als zwey Auftritte und eine kleine Monologe; und
der letzte Aufzug hat deren zehne. Beyde aber sind
gleich kurz, weil dem Zuschauer weder in dem
einen

einen noch in dem andern die Zeit zu lang geworden ist.

Der erste Aufzug eines Drama ist vielleicht das
schwerste Stück desselben.   Er muß anspinnen; er
muß fortrücken; oft muß er von diesem und
jenen Licht geben; und immer muß er verbinden.

Wenn dieses Lichtgeben, diese Exposition, nicht
einem wichtigen Anlasse zu Folge geschieht, oder
nicht etwas Wichtiges nach sich zieht, so wird der
Aufzug frostig seyn. Man sehe, welcher Unterschied
zwischen den ersten Aufzügen der Andria oder des
Eonuchus, und dem ersten Aufzuge der Hekü-
ra ist.

Man nennet Zwischenaufzug, die Dauer, die
einen Aufzug von dem folgenden trennet.   Diese
Dauer ist veränderlich; weil aber die Handlung
nie still stehen darf, so muß die Bewegung, wenn
sie auf der Bühne aufhört, hinter derselben fort-
dauern. Da muß keine Ruhe, kein Anhalten seyn.
Wenn die Personen wieder zum Vorschein kämen,
und die Handlung wäre, die Zeit ihrer Abwesenheit über, nicht weiter gerückt, so müßten sie alle
geschlaffen haben, oder von andern Geschäften seyn
abgehalten worden; zwey Voraussetzungen, die wo
nicht der Wahrheit, doch dem Interesse entgegen sind.

Der

Der Dichter hat das Seinige gethan, wenn er
mich in der Erwartung eines wichtigen Vorfalls
läßt, und die Handlung, welche seinen Zwischenaufzug anfüllen soll, meine Neugierde reizet und
den vorläuffigen Eindruck stärket. Denn es sollen
nicht verschiedene Bewegungen in der Seele erregt
werden, sondern die, welche einmal darinn herrscht,
soll erhalten werden, und ohne Unterlaß wachsen.
Es ist ein Pfeil, den man von der Spitze bis an
das andere Ende eindrücken soll: und diese Wirkung
darf man sich von einem verwickelten Stücke nicht
versprechen, wenn sich nicht wenigstens alle Zufälle
auf eine einzige Person beziehen, wenn sie nicht
alle diese einzige Person bestürmen, zerschmettern,
zermalmen. Alsdenn befindet sich diese Person
in einer wirklich dramatischen Situation. Sie
seufzet und ist leidend; sie nur spricht, und die
übrigen alle handeln.

In den Zwischenaufzügen eräugnen sich beständ-
dig, und während dem Verlaufe des Stücks selbst
eräugnen sich nicht selten Vorfälle, die der Dichter
den Augen des Zuschauers entzieht, und die voraussetzen, daß sich seine Personen in dem Innern des
Hauses darüber besprechen. Ich verlange eben nicht,
daß er sich mit diesen Scenen so beschäftigen, und
sie so aufs reine bringen soll, als ob ich sie hören
sollte. Wenn er sich aber gleichwohl einen Entwurf
davon machte, so würde er desto voller von seinem
Stoffe

Stoffe und seinen Chakteren werden: und woll
te er diesen Entwurf auch dem Schauspieler mit=
theilen, so würde er ihn dadurch desto besser in dem
Geiste seiner Rolle und in der Hitze seiner Handlung
unterhalten. Es ist dieses ein neuer Zuwachs
von Arbeit, dem ich mich manchmal unterzo=
gen habe.

Zum Exempel, wenn der verkehrte Commthur
Germeuilen aufsucht, um ihn in seinen Anschlag,
Sophien einschliessen zu lassen, mit zu verwickeln,
und dadurch unglücklich zu machen: so dünkt mich,
ich sehe ihn mit bedachtsamen Schritten, mit einem
heuchlerisch freundlichen Gesichte, daher kommen,
und höre ihn in einem einschmeichelnden und drol=
ligen Tone folgendes sagen:

Der Commthur. Germeuil, ich suchte
dich.

Germeuil. Mich, Herr Commthur?

Der Commthur. Ja, dich, dich.

Germeuil. Das ist ja ganz was seltenes.

Der Commthur. Wohl wahr; aber ei=
nen Mann, wie Germeuil, muß man über
lang oder kurz endlich doch suchen. Ich ha=
be über deinen Chakter nachgedacht; ich

habe

habe alle die guten Dienste, die du dem Hause
erwiesen haft, überlegt; und weil ich, wenn
ich allein bin, manchmal mit mir selber rede,
so habe ich mich unter andern auch gefragt:
woher kömmt es doch immer und ewig, daß
wir beyden Leute so einen Abscheu vor ein=
ander haben? Wir sind ja beydes brave,
rechtschaffene Leute. Und sieh, da habe ich
entdeckt, daß die Schuld an mir liegt. Ich
habe Unrecht; und eben itzt komm ich zu dir,
dich zu bitten, das Vergangene zu vergessen.
Ja, ja, dich zu bitten. Und wenn du
willst, so wollen wir von nun an Freun=
de seyn.

Germeuil. Wenn ich will, mein Herr?
Können Sie daran zweifeln?

Der Commthur. Germeuil, wenn ich
hasse, so hasse ich von Herzens Grunde.

Germeuil. Das weis ich.

Der Commthur. Wenn ich aber auch
liebe, so liebe ich auch nicht anders; und das
sollst du sehn.

Hier giebt der Commthur Germeuilen zu ver=
stehen, daß ihm das Absehen, das er auf seine
Nichte haben könne, nicht verborgen sey. Er
billiget

billiget es, und bietet ihm seine Dienste an. —
Du suchst meine Nichte; das wirst du nicht
leugnen; ich kenne dich. Doch dir bey ihr,
und bey ihrem Vater das Wort zu reden,
was brauche ich dazu dein Geständniß!
Du wirst mich schon zu finden wissen, wenn
es Zeit ist.

Germeuil kennt den Commthur zu wohl, als
daß er nicht wissen sollte, wie viel er von seinem
Anerbieten zu halten hätte. Er merkt gleich, daß
diese verbindliche Vorrede eine Tücke ankündigen
müsse, und sagt zu dem Commthur.

Germeuil. Und nun, Herr Commthur,
was ist Ihr Begehren?

Der Commthur. Vor allen Dingen, daß
du mich für aufrichtig halten sollst, so wie
ich es bin.

Germeuil. Das kann wohl seyn.

Der Commthur. Und hernach möchte
ich auch gern überzeugt seyn, daß dir unsere Aussöhnung, und meine Freundschaft nicht
gleichgültig ist.

Germeuil. Recht gern.

Nun

Nunmehr rückt der Commthur, nach einem kurzen Stillschweigen, so ganz, als ob ihm nichts darum wäre, mit der Frage heraus: Du hast doch
meinen Vetter gesehen?

Germeuil. Er ging eben aus.

Der Commthur. Du weißt nicht, was
man spricht.

Germeuil. Und was spricht man denn?

Der Commthur. Daß du ihn in seiner
Thorheit bestärktest. Aber das ist falsch.

Germeuil. Gewiß falsch, mein Herr.

Der Commthur. Und du nimmst dich des
kleinen Mädchens auch gar nicht an?

Germeuil. Gar nicht.

Der Commthur. Auf Ehre?

Germeuil. Wie ich sage.

Der Commthur. Und wenn ich dir den
Antrag thäte, daß du mir helffen solltest, der
ganzen Verwirrung auf einmal ein Ende zu
machen, würdest du dich wohl dazu verstehen?

Ger-

Germeuil. Ganz gewiß.

Der Commthur. Und ich könnte mich dir vertrauen?

Germeuil. Wenn Sie es gut befinden.

Der Commthur. Und du wolltest verschwiegen seyn?

Germeuil. Wenn Sie es verlangen.

Der Commthur. Germeuil — was könnte uns also hindern? — Kannst du mich nicht errathen?

Germeuil. Als ob man sie errathen könnte.

Der Commthur entdeckt ihm seinen Anschlag. Germeuil erkennet mit Einem Blicke die ganze Gefahr dieser Vertraulichkeit; er wird darüber unruhig. Er sucht den Commthur vergebens auf andere Wege zu bringen. Er führt ihm zu Gemüthe, wie unmenschlich es seyn würde, eine Unschuldige so zu verfolgen. — Wo bleibt das Mitleid? Wo bleibt die Gerechtigkeit? — Das Mitleid! Auf das kömmts auch an. Die Gerechtigkeit aber, die verlangt es, daß man die Creaturen in Verwahrung bringen soll, die weiter zu nichts in der Welt nütze sind, als die

Kinder

Kinder zu verführen, und die Aeltern zu betrüben. — — Und ihr Neffe? — Ha, anfangs wird es ihm ein wenig ärgern; aber wie lange wird es währen, so ist diese Grille von einer andern verdrängt? In zwey Tagen ist alles vorüber; und wir haben ihm einen wichtigen Dienst geleistet. Und die gerichtlichen Befehle, die man dazu nöthig hat, glauben Sie, daß man die so leicht erhalten kann? — Meinen werde ich bald haben; und in einer oder zwey Stunden können wir anfangen. — Herr Commthur, wozu verleiten Sie mich? — Er beißt an; ich habe ihn. Dich, meinem Bruder gefällig, und mich dir auf immer verbindlich zu machen. — Saint Albin — Nun gut, Saint Albin; Saint Albin ist dein Freund, aber er ist doch nicht Du. Sey du erst Du, erst Germeuil; und hernach die andern, wo möglich. — Mein Herr — Adieu, ich will sehen, ob mein Verhaftbefehl schon gekommen ist. Ich bin gleich wieder bey dir. — Nur noch ein Wort, wenn es Ihnen gefällig ist. — Schon genug gehört. Schon genug gesagt. Mein Vermögen und meine Nichte.

Der Commthur, der voller Freuden ist, und sie kaum verbergen kann, macht sich geschwind davon.

von. Er glaubt Germeuilen verſtrickt, und ohne
Hülfe verloren. Er fürchtet, ihm Zeit zur Reue
zu laſſen. Germeuil ruft ihn zurück, aber er geht
immer ſeinen Gang, und dreht ſich nur noch ein
mal um, ihm von weiten zuzuruffen: Mein Vermögen und meine Nichte.

Ich müßte mich ſehr irren, oder die Nützlichkeit
ſolcher entworffnen Scenen wird den Verfaſſer wegen der geringen Mühe, die er damit gehabt hat,
ſchadlos halten.

Wenn der Dichter ſeinen Stoff gut durchgedacht,
und ſeine Handlung wohl zertheilt hat, ſo wird er
jedem von ſeinen Aufzügen einen beſondern Namen
geben können: und ſo wie man in dem Epiſchen Gedichte ſagt, die Herabſteigung zur Hölle, die Lei-
chenſpiele, die Zählung des Heeres, die Erſcheinung
des Geiſtes, ſo würde man auch in dem dramatiſchen Gedichte ſagen können, der Aufzug des Arg-
wohns, der Aufzug der Wuth, der Aufzug der Erkennung oder des Opfers. Ich wundere mich ſehr,
daß die Alten nicht darauf gefallen ſind; es würde
vollkommen in ihrem Geſchmacke geweſen ſeyn.
Wenn ſie ihren Aufzügen Namen gegeben hätten,
ſo würden ſie den Neuern einen Dienſt gethan haben; denn dieſe würden ihnen hierinn nachgeahmet
haben, und wenn der Charakter des Aufzuges beſtimmt geweſen wäre, ſo hätte ſich der Dichter
anſtrengen müſſen, ihm Genüge zu leiſten.

Hat

Hat der Dichter seinen Personen die schicklich-
sten, das ist solche Charaktere gegeben, die mit ihren Situationen am meisten streiten; so wird er
sich unfehlbar, wenn er nur ein wenig Einbildungskraft besitzt, gewisse Bilder davon machen. Es begegnet uns dieses alle Tage, in Ansehung solcher
Personen, von welchen wir viel reden hören. Ich
kann nicht sagen, ob sich zwischen den Physiogno-
mien und den Handlungen irgend eine Analogie
findet; aber das weis ich, so bald uns Leidenschaften, Reden und Handlungen bekannt werden, so
gleich bilden wir uns ein Gesicht dabey ein, dem
wir sie beylegen; Und wenn es sich zuträgt, daß
wir den Menschen, dem es angeht, wirklich zu sehen bekommen, und er dem Bilde nicht ähnlich ist,
das wir uns von ihm gemacht haben, so möchten
wir lieber gar zu ihm sagen, daß wir ihn nicht
dafür erkennen, ob wir ihn gleich niemals gesehn
haben. Jeder Mahler, jeder dramatische Dichter,
wird sich auf die Physiognomie verstehen.

Und diese Bilder, die man sich den Charakteren zu Folge gemacht hat, werden auch auf die Reden und auf die Bewegung der Scene einen Einfluß haben, besonders wenn sie der Dichter sehr
lebhaft denkt, beständig vor Augen behält, und auf
alle ihre Veränderungen Acht hat.

Ich

Ich wenigstens kann mir nicht vorstellen, wie der Dichter eine Scene anfangen kann, wenn er sich nicht die Action und Bewegung der Person, die er darinn einführt, vorstellet; wenn ihm ihr Gang, ihre Tracht nicht vor Augen schwebt. Dieses Bildniß muß ihm das erste Wort eingeben; und das erste Wort giebt das Uebrige.

Wenn dem Dichter diese eingebildeten Physiognomieen gleich zu Anfange nützlich seyn können: wie viele Vortheile wird er nicht vollends aus den geschwinden und überhingehenden Eindrücken ziehen können, nach welchen sich diese Physiognomieen in dem Verlaufe des ganzen Stückes, ja auch oft in dem Verlaufe einer einzigen Scene, abändern? — Du entfärbst dich — Du zitterst — Du hintergehest mich. — Spricht man im gemeinen Leben mit jemand, so merkt man genau auf ihn, und sucht aus seinen Augen, aus seinen Bewegungen, aus seinen Zügen, aus seiner Stimme, was in dem Innersten seines Herzens vorgehet, zu errathen. Aber selten geschieht das auf dem Theater! Und warum? Ohne Zweifel, weil wir noch weit von der Wahrheit entfernt sind.

Nothwendig muß die Person feurig und pathetisch seyn, die sich die gegenwärtige Situation ihrer Nebenpersonen zu Nutze machen kann.

Man

„Man gebe seinen Personen eine gewisse Physiognomie, aber nie die Physiognomie der Schauspieler.
Der Schauspieler muß sich nach der Rolle, und
nicht die Rolle nach dem Schauspieler bequemen.
Man lasse ja nie von sich sagen, daß man, anstatt
seine Charaktere in den Situationen zu suchen, seine
Situationen nach dem Charakter, und der Fähigkeit
des Schauspielers eingerichtet habe.

„Müssen Sie nicht erstaunen, mein Freund, daß
sich unsere Vorfahren manchmal zu dieser Schwachheit haben verleiten lassen? Nur dann krönte man
den Dichter und den Komödianten. Und war ein
Acteur bey der Bande, an dem das Publicum einen besondern Wohlgefallen hatte, so schaltete der
gefällige Dichter seinem Drama eine Episode ein,
die es zwar gemeiniglich verdarb, aber doch den geliebten Acteur auf die Bühne brachte.

„Zusammengesetzte Auftritte, heisse ich solche Auftritte, in welchen zu gleicher Zeit einige Personen
mit dieser, und andere, entweder mit einer andern
Sache, oder zwar auch mit ebenderselben,
aber doch vor sich ins besondere, beschäftiget
sind.

In einem einfachen Auftritte läuft das Gespräch
ohne Unterbrechung fort. Die zusammengesetzten Auftritte sind entweder ganz Gespräch,
oder

oder Pantomime und Gespräch, oder ganz Pantomime.

Sind sie Pantomime und Gespräch, so füllet die Rede die Intervallen der Pantomime, und es läuft alles ordentlich. Allein es gehöret Kunst dazu, sich diese Intervalle auszusparen.

Hiervon habe ich einen Versuch gemacht in dem ersten Auftritte des zweyten Aufzuges im Hausvater; und in dem vierten Auftritte des nehmlichen Aufzuges hätte ich diesen Versuch abermals machen können. Frau Hebert, die da eine pantomimische und stumme Person ist, hätte von Zeit zu Zeit einige Worte können einfliessen lassen, die der Wirkung gar nicht geschadet haben dürften; allein diese Worte zu finden, war nichts leichtes. Eben so würde es mit der Scene im vierten Aufzuge gewesen seyn, wo Saint Albin seine Geliebte, in Gegenwart des Germeuil und der Cäcilia, wiedersieht. Hier hätte ein geschickterer als ich, zwey zugleich fortlaufende Scenen angebracht; die eine vorne auf der Bühne zwischen Saint Albin und Sophien; die andere zu hinterst, zwischen Cäcilien und Germeuil, die in diesem Augenblicke vielleicht schwerer zu schildern waren als jene: doch verständige Schauspieler werden diese Scene schon zu schaffen wissen.

Wie

Wie viel Gemälde wüßte ich noch aufzustellen,
wenn ich nur dürfte, oder vielmehr, wenn ich bey
der Gabe sie zu erfinden, auch die Geschicklichkeit
sie auszuführen besäße!

Es ist dem Dichter schwer, diese mit einander
laufenden Scenen zugleich auf einmal zu schreiben:
da sie aber ganz verschiedene Gegenstände haben, so
kann er sich anfangs mit der vornehmsten von ihnen
beschäftigen. Ich nenne die vornehmste die, welche die Aufmerksamkeit des Zuschauers am meisten
auf sich ziehen soll, sie mag Gespräch oder Pantomime seyn.

Ich habe die zwey mit einander lauffenden Scenen der Cäcilia und des Hausvaters, welche den
zweyten Aufzug anfangen, so abzusondern gesucht,
daß man sie auf zwey Seiten, einander gegenüber,
drucken könnte, da man denn deutlich sehen würde,
wie sich Gespräch und Pantomime wechselsweise auf
einander beziehen. Diese Theilung würde für die
Leser sehr bequem seyn, und besonders für solche,
die der Vermischung der Reden und der Bewegungen nicht sonderlich gewohnt sind.

Es giebt eine Art episodischer Scenen, wovon
wir wenig Beyspiele bey unsern Dichtern finden,
die mir aber sehr natürlich scheinen. Sie bestehen
aus Personen, dergleichen es in der Welt und in

den

den Familien sehr viele giebt, die sich überall un-
geruffen eindrängen; und, es sey aus guter oder
aus böser Meinung, aus Eigennuß oder aus Neugierde, oder aus sonst einem Grunde, sich in unsere Händel mischen, und sie, wider unsern Willen,
entweder schlichten oder noch mehr verwirren. Solche Scenen, wohl angebracht, würden das Interesse gar nicht hemmen, und die Handlung, anstatt
aufzuhalten, vielmehr beschleunigen. Man könnte
diesen epißödischen Personen einen Charakter geben,
welchen man wollte; es würde sogar nicht schaden,
wenn man sie contrastierte. Denn sie bleiben ja
kurze Zeit, als daß sie ermüden könnten; und würden gleichwohl den Charakter, dem man sie entgegen setzte, heben helffen. Von der Art ist Frau
Pernelle im Tartüffe und Antiphon im Evnuchus.
Antiphon läuft dem Chärea nach, der die Besorgung
eines Schmauses über sich genommen hatte; er trift
ihn als einen Verschnittenen verkleidet, da er eben
aus dem Hause der Buhlerin herauskömmt, und
gar zu gern einen Freund antreffen möchte, gegen
den er die bübische Freude, mit der seine ganze Seele erfüllt ist, auslassen könnte. Nichts kann also
natürlicher, nichts ihm gelegener seyn, als diese Erscheinung des Antiphon. Nach dieser
Scene bekömmt man ihn auch nicht wieder zu
sehen.

Wir

Wir können unsere Zuflucht zu dieser Personen
um so viel eher nehmen, da uns die Chöre man-
geln, die in den alten Schauspielen das Volk vor-
stellten, und unsere Stücke meistentheils in dem Innersten unsrer Häuser spielen, wo ihnen, so zu reden, der Grund fehlt, auf welchen sie projectiert
werden könnten.

Jeder Charakter hat, in dem Schauspiele sowohl, als in der Welt, seinen eigenen Ton. Die
Niederträchtigkeit, die boshafte Hexerey, das gute
ehrliche Herz, haben gemeiniglich einen bürgerlichen und alltäglichen Ton.

Es ist ein grosser Unterschied zwischen dem Spasse
auf dem Theater und dem Spasse im gemeinen Leben. Dieser würde auf der Bühne viel zu schwach,
und ohne Wirkung seyn. Jener würde im gemeinen Leben allzuhart seyn, und beleidigen. Die cy-
nische Freymüthigkeit, die im gemeinen Leben so
verhaßt und unerträglich ist, ist auf der Bühne
vortrefflich.

Ein anderes ist die Wahrheit in der Poesie, ein
anderes in der Philosophie. Um wahr zu seyn, muß
der Philosoph seine Rede mit der Natur der Gegenstände übereinstimmend machen; der Dichter, mit
der Natur seiner Charaktere.

Den

Den Leidenschaften und dem Interesse gemäß schildern, muß seine vorzügliche Geschicklichkeit seyn.

Daher ist er alle Augenblicke genöthiget, die allerheiligsten Dinge mit Füßen zu treten, und die abscheulichsten Handlungen heraus zu streichen.

Für den Dichter ist nichts heilig; nicht einmal die Tugend; auch die wird er lächerlich machen, sobald es die Person und der Augenblick erfordern. Er ist weder gottlos, wenn er ergrimmte Blicke gen Himmel kehret, und in seiner Wuth wider die Götter redet; noch fromm, wenn er sich vor ihre Altäre niederwirft, und ein demüthiges Gebet an sie ergehen läßt.

Er hat einen Bösewicht eingeführt: aber dieser Bösewicht ist uns verhaßt; seine grossen Eigenschaften, wenn er dergleichen hat, haben uns gegen seine Fehler nicht verblendet; wir haben ihn nie gesehen, wir haben ihn nie gehört, ohne ihn zu verabscheuen, ohne seines Schicksals wegen zu erzittern.

Warum will man den Verfasser in seinen Personen suchen? Was hat Racine mit der Athalie, was hat Moliere mit dem Tartüff gemein? Es sind Männer von Genie, die die verstecktesten Falten des menschlichen Herzens durchsucht, und da alles

das

das gefunden haben, Was in ihren Werken wahr
und rührend ist. Ihre Gedichte wollen wir beurtheilen, und um ihre Personen uns unbekümmert
lassen.

Weder ich noch Sie, werden den lebenden, den-
kenden, handelnden und unter seines gleichen sich
umherbewegenden Menschen, mit dem enthusiasti-
schen Menschen verwechseln, der die Feder, oder
den Meissel, oder den Pinsel ergreift, oder die
Bühne besteigt. So lang er ausser sich ist, ist er
alles, was ihn die Kunst, von der er begeistert wird,
will seyn lassen. Aber sind die Augenblicke der Begeisterung vorüber, so kehret er wieder in sich hinein, so wird er wieder, was er war, und nicht selten
ein ganz gemeiner Mensch. Denn hierinn unterscheidet sich der Witz von dem Genie; der Witz ist
fast immer gegenwärtig; aber das Genie oft ab-
wesend.

Man muß eine Scene nicht als ein Gespräch
betrachten. Ein witziger Kopf wird sich leicht aus
einem einzelnen Gespräche wickeln. Eine Scene
hingegen ist allezeit das Werk des Genies. Jede
Scene hat ihre Bewegung und ihre Dauer. Die
wahre Bewegung läßt sich ohne Anstrengung der
Einbildungskraft, und das eigentliche Maaß der
Dauer, ohne Erfahrung und Geschmack nicht finden.

Diese

Diese so schwere Kunst, des dramatischen Ges
prächs, hat vielleicht niemand in einem so hohen
Grade besessen, als Corneille. Seine Personen ses
zen einander rechtschaffen zu; sie parieren und stoss
sen zu gleicher Zeit; es sind wirkliche Ringer. Die
Antwort bleibt nicht an dem letzten Worte der vors
hergehenden Rede hangen, sondern gehet auf die
Sache, auf den Grund der Sache. Man bleibe
stehen, wo man will: derjenige, der zuletzt spricht,
wird immer Recht zu haben scheinen.

Als ich den schönen Wissenschaften noch gänzlich
oblag, und den Corneille las, machte ich oft mits
ten in einem Auftritte das Buch zu, und dachte
selbst auf die Antwort. Ich brauche es wohl nicht
zu sagen, daß meistentheils alle meine Anstrengung
zu weiter nichts diente, als mich über die Logik und
über den Kopf des Dichters in Erstaunen zu setzen.
Ich könnte tausend Beyspiele davon anführen; uns
ter andern aber erinnere ich mich itzt eines, das
aus dem Cinna genommen ist. Aemilia hat den
Cinna so weit gebracht, daß er den Augustus ers
morden will. Cinna hat sich dazu anheischig gemacht;
er geht. Allein mit eben dem Dolche, mit dem er
sie wird gerächet haben, will er sich selbst durchstoss
sen. Aemilia bleibt mit ihrer Vertrauten zurück
In ihrer Verwirrung ruft sie: Eile ihm nach,
Fulvia —— Was soll ich ihm sagen? — Sags
ihm — daß er sein Wort erfülle, und dann —

was er wolle, mich oder den Tod wähle.
Und so beobachtet er den Charakter; so weis er der
Hoheit einer römischen Seele, der Rache, dem Ehr-
gitze, der Liebe, mit Einem Worte Genüge zu thun.
Alle Scenen des Cinna, des Maximus, und des Au-
gustus sind unbegreiflich.

Leute unterdessen, die sich eines feinern Geschmacks
bestreben, behaupten, daß diese Art zu dialogieren
zu schwerfällig sey; daß sie zu viel Declamatorisches
habe, und mehr in Erstaunen setze, als bewege.
Sie wollen lieber Auftritte haben, wo man sich
so scharf nicht unterhält; Auftritte, in welchen mehr
Empfindung als Dialektik herrschet. Man kann sich
leicht einbilden, daß diese Leute in den Racine
vernarrt sind; und ich muß nur gestehen, daß ich
es auch bin.

Ich wüßte nichts schwerers als ein Gespräch,
wo alles, was gesagt und geantwortet wird, durch
so feine Empfindungen, durch so flüchtige Gedanken,
durch so schnelle Bewegungen der Seele, durch so
unmerkliche Beziehungen verbunden ist, daß es ganz
ohne Verbindung, und besonders für diejenigen ohne
Verbindung zu seyn scheinet, die nicht dazu gemacht
sind, in den nehmlichen Umständen das Nehmliche
zu empfinden. — Sie werden sich nie wiedersehen. Sie werden sich ewig lieben — Du
wirst dabey seyn, meine Tochter.

Und

... Und die Rede der wahnwitzigen Elementine:
Meine Mutter war eine gute Mutter. Aber
sie ist fortgegangen; oder ich bin fortgegangen. Ich weis selbst nicht. —

Und der Abschied des Barnevel von seinem
Freunde.

Barnevel. Du glaubst nicht, wie rasend
ich für sie eingenommen war! — Wie sehr
der Affect alle gute Empfindung in mir erstickt
hatte! — Glaub mir — wenn sie mir befoh-
len hätte, dich umzubringen, dich! — —
ich weis nicht, ob ich es nicht gethan hätte.

Der Freund. Liebster Freund, vergröße
deine Schwachheit doch nicht so sehr.

Barnevel. Ja, ich glaube gewiß, — ich
hätte dich umgebracht.

Der Freund. Wir haben uns noch nicht
umarmt! Kömm —

Wir haben uns noch nicht umarmt: welch
eine Antwort auf: ich hätte dich umgebracht.

Wenn ich einen Sohn hätte, der hier die Verbindung nicht fühlte, so wollte ich lieber, daß er
nicht gebohren wäre. Ganz gewiß; ich würde ihn
ärger verabscheuen, als Barnevell, wenn er seinen alten Vetter umbringt.

T 2   Und

Und der ganze Auftritt der wahnwitzigen Phädra.

Und die ganze Episode der Clementine.

Unter den Leidenschaften sind diejenigen, die man sich am leichtesten zu haben stellen kann, auch die leichtesten zu schildern. Dahin gehöret die Großmuth; die überall etwas Erlogenes und Uebertriebenes verträgt. Wenn man seine Seele zu der Höhe der Seele eines Cato schräubet, so läßt sich ein erhabener Gedanke wohl noch finden. Aber der Dichter, bey dem Phädra sagt:

O wärf ich mich doch jetzt im Busch auf
Rasen nieder! —
Ihr Götter! wann verfolgt mein Blick
den Wagen wieder,
Der durch die Rennbahn feucht in edeln
Staub gehüllt?

dieser Dichter selbst hat sich diese Stelle nicht eher versprechen können, als bis er sie gefunden hatte; und ich bilde mir mehr darauf ein, daß ich ihre Schönheit einsehe, als ich mir Zeit Lebens auf irgend etwas von meiner eigenen Arbeit einbilden werde.

Wie man mit vieler Arbeit eine Scene machen kann, wie sie Corneille gemacht hat, ohne selbst
ein

ein Corneille zu seyn, das kann ich begreiffen: aber
nie habe ich es begreiffen können, wie man eine
Racinische Scene machen kann, ohne selbst ein
Racine zu seyn.

Moliere ist öfters unnachähmlich. Er hat Scenen von vier bis fünf Personen, die aus lauter ein-
sylbigten Wörtern bestehen, und wo jede Person
nur ein einziges solches Wort sagt; allein dieses
Wort ist ihrem Charakter gemäß, und schildert
ihn. Es giebt in seinen gelehrten Frauenzim-
mern Stellen, worüber einem die Feder aus der
Hand fällt. Hat man ein wenig Genie, so verschwindet es da. Man bleibt ganze Tage, ohne
das geringste zu machen. Man mißfällt sich selber.
Der Muth kömmt nicht eher nach und nach wieder,
als bis man das Gelesene nach und nach vergißt, bis
sich der Eindruck, den es auf uns gemacht hat, nach
und nach verliert.

Auch sogar da, wo es diesem wunderbaren Mann
nicht gelegen war, sein ganzes Genie zu zeigen,
läßt es sich spüren. Elmire würde sich dem Tartüff
auf die plumpste Art antragen, und Tartüff würde
ein Dummkopf scheinen, der sich in die augenschein-
lichste Falle locken liesse, wenn Moliere dem nicht
vorzubeugen gewußt hätte. Und man sehe nur, wie
Elmire hat die Erklärung des Tartüff ohne Unwil-
len angehört. Sie hat ihrem Sohne Stillschwei-

gen

gen auferlegt. Sie macht die Anmerkung, daß ein
verliebter Mensch leicht zu verführen sei: Und auf
diese Weise betriegt der Dichter den Zuschauer, und
bereitet sich eine Scene, die, ohne diese Vorsicht,
weit mehr Kunst erfordert hätte, als er so dabey an-
gewendet hat. Aber wenn Dorine, in eben demselben Stücke, mehr Witz, mehr Verstand, feinere
Begriffe, und sogar edlere Ausdrücke hat, als ihre Herrschaft insgesammt: wenn sie sagt:

   Sie mögen allzugern durch eines andern
      That,
   Die gleichen Aussenschein, die gleichen
      Anstrich hat,
  Ihr Thun beschönigen, ihr Unternehmen
      schmücken,
  Sie wollen, durch den Schein der Gleich-
      heit, ihre Lücken
  Zu Tugenden erhöhn; auch wollen sie der
      Welt
  Gerechten Tadel, der gleich Pfeilen auf
      sie fällt,
  Zum Theil von ihrem Haupt auf andre
      wälzen
so werde ich nimmermehr eine Magd zu hören
glauben.

Terenz ist besonders in seinen Erzehlungen unvergleichlich. Es ist ein reines und helles Wasser,

das immer einerley fortrinnt, immer mit der nehm=
lichen Geschwindigkeit, immer mit dem nehmlichen
Geräusche, als es sein Abschuß und sein Boden
veranlassen. Kein Witz, keine ausgekramte Gesin=
nungen, keine epigrammatische Sentenz, keine von
den Erklärungen, die sich eher in die moralischen
Werke eines Nicole oder Rochefaucauld schicken.
Wenn er einen allgemeinen Lehrsatz einfliessen läßt,
so geschicht es auf eine sehr einfältige und gemeine
Art; man sollte glauben, er führe weiter nichts,
als ein bekänntes Sprüchwort an; weiter nichts,
als was sich unmittelbar aus seinem Stoffe ergebe.
Heut zu Tage sind wir so lehrreiche Schwätzer ge=
worden, daß uns eine Menge Scenen des Terenz
nicht anders als leer vorkommen können.

Ich habe diesen Dichter mehr als einmal mit
der größten Aufmerksamkeit gelesen, und nie eine
überflüßige Scene, nie das geringste Ueberflüßige in
irgend einer Scene, gefunden. Es wäre denn, daß
man die erste Scene des zweyten Aufzuges im Eu=
nuchus angreiffen wollte. Thraso hat der Buhle=
rin Thais ein junges Mädchen geschenkt. Der
Schmaruzer Gnatho soll sie ihr bringen. Indem
er sie hinführt, hält er gegen die Zuschauer eine
sehr angenehme Lobrede auf seine Profession. Aber
schickte sich das itzt? Wenn noch Gnatho das junge
Mädchen, das er führen soll, auf der Bühne er=
wartete: so möchte er mittlerweile plaudern,

T 4

was

was er wollte; ich würde nichts dawider
haben.

Terenz giebt sich eben nicht viel Mühe die Scenen zu verbinden. Er läßt das Theater wohl drey-
mal hinter einander leer; und das mißfällt mir,
besonders in den letzten Aufzügen, ganz und gar
nicht.

Diese Personen, die einander ablösen, und
gleichsam nur im Vorbeygehen ein Paar Worte fallen lassen, scheinen eine grosse Verwirrung
anzuzeigen.

Kurze, schnelle, einzelne, theils gesprochene,
theils pantomimische Scenen, würden in der Tragödie, wie mich dünkt, von noch größrer Wirkung seyn.
Zu Anfange eines Stücks wäre nur zu befürchten,
daß sie der Handlung gar zu viel Geschwindigkeit
ertheilen, und dadurch Dunkelheiten veranlassen
dürften.

Je verwickelter der Stoff ist, desto leichter ist
das Gespräch. Die vielen Vorfälle geben jeder Scene ihren besondern und bestimmten Inhalt. Ist
hingegen das Stück einfach, und muß ein einziger
Vorfall verschiedene Scenen füllen, so bleibt für
jede insbesondere der Inhalt unbestimmt. Einen
gemeinen Verfasser setzt das in Verlegenheit; aber
einem

einem Mann von Genie schaft es desto mehr Anlaß, sich zu zeigen.

Je feiner die Faden sind, welche die Scene mit dem Stoffe verbinden, desto mehr Mühe hat der Dichter. Man gebe eine von solchen unbestimmten Scenen hundert Personen; jede wird sie auf eine andere Art ausführen; und doch kann nur eine die beste seyn.

Gemeine Leser schätzen die Fähigkeit eines Dichters nach den Stellen, die sie am meisten rühren. Ueber die Rede eines Rebellen an seine Mitverschworene, über eine Erkennung, und dergleichen, schreyen sie Wunder. Sie dürffen aber den Dichter wegen seines Werks nur selbst befragen, und sie werden bald hören, daß sie die Stelle, zu der er sich am meisten Glück wünscht, unbemerkt gelassen haben.

Die Scenen des natürlichen Sohnes sind fast alle von dem Schlage derjenigen, deren unbestimmter Inhalt den Dichter in Verlegenheit setzen kann. Der mit sich selbst unzufriedene Dorval, der das Innerste seiner Seele gegen seinen Freund, gegen Rosalien, gegen Theresien verbirgt; Rosalia und Theresia, die fast in eben derselben Verfassung sind, konnten in der Ausführung fast nicht die geringste Stelle veranlassen, die nicht weit besser, oder weit schlechter hätte behandelt werden können.

In

In dem Hausvater, sind dergleichen Scenen seltner, weil ungleich mehr Bewegung darinn ist.

Es giebt in der Dichtkunst wenig allgemeine Regeln. Von einer unterdessen wüßte ich doch nicht, daß sie eine Ausnahme litte. Von dieser nehmlich, daß die Monologe für die Handlung ein Augenblick der Ruhe, und für die Person ein Augenblick der Unruhe ist. Das ist sogar auch von der Monologe wahr, die ein Stück anfängt. Ist sie eines gelassenen Inhalts, so ist sie wider die Wahrheit; denn der Mensch spricht, nur in den Augenblicken der Verwirrung mit sich selbst. Ist sie lang, so sündiget sie wider die Natur der dramatischen Handlung, die sie allzusehr aufhält.

Ich kann weder die Carricaturen ins Schöne, noch die Carricaturen ins Häßliche vertragen; denn das Gute und das Schlimme kann gleich sehr übertrieben werden; und wenn uns der eine von diesen Fehlern weniger mißfällt als der andere, so kömmt es von unserer Eitelkeit her.

Man will, daß auf der Bühne die Charaktere sich gleich bleiben sollen. Diese falsche Forderung läßt sich nur durch die kurze Dauer des Drama rechtfertigen; denn wie viele Umstände eräugnen sich nicht in dem Leben, die einen Menschen von seinem Charakter abbringen?

Das

Das Schwache ist der Gegensaß des Uebertrie-
benen. Pamphilus in der Andria dünkt mich schwach.
Davus hat ihn verleitet, in eine Heyrath zu willi-
gen, die er verabscheuet. Seine Geliebte kömmt nieder. Er hat hundert Ursachen, verdrüßlich zu seyn.
Gleichwohl nimmt er alles ganz sanftmüthig auf.
So ist sein Freund Charinus nicht; so ist auch Clinia in dem Heavtontimorumenos nicht. Dieser
kömmt von ferne her, und indem er noch seine Reis-
fekleider ablegt, befiehlt er schon dem Davus, seine
Geliebte zu hohlen. Es ist wenig Galanterie in
diesen Sitten; aber weit mehr Kraft ist darinn,
als in unsern, und der Dichter kann einen weit
bessern Gebrauch davon machen. Es ist die bloße
Natur, die sich ihren ungezähmten Begierden überläßt. Unsere kleinen madrigalisierten Complimente,
würden in dem Munde eines Clinia oder Chärea
von besondrer Anmuth seyn. Wie frostig sind die
Rollen unsrer Liebhaber!

Was mir auf der alten Bühne am meisten gefällt, das sind die Liebhaber und die Väter. Die
Davi hingegen kann ich nicht leiden; und ich hoffe,
daß wir uns ihrer nie mehr bedienen werden; es
müßte denn der Stoff des Stücks die alten Sitten
erfordern, oder nach unsern Sitten ein schändlicher
Stoff seyn.

Ein

Ein jedes Volk hat Vorurtheile zu bestreiten, Laster zu verfolgen, Lächerlichkeiten verächtlich zu machen: Ein jedes Volk muß also Schauspiele, aber seine eigenen Schauspiele haben. Welch ein vortreffliches Hülfsmittel könnten sie der Regierung seyn, wenn es darauf ankäme, die Veränderung eines Gesetzes, oder die Abschaffung eines Gebrauchs vorzubereiten!

Die Komödianten wegen ihrer persönlichen Sitten angreifen, heißt allen Ständen zu Leide wollen.

Das Schauspiel wegen seiner Mißbräuche angreiffen, heißt sich wider alle Arten des öffentlichen Unterrichts auflehnen; und alles, was man bisher darüber gesagt hat, ist so ungerecht als falsch, weil man nur immer die Dinge so, wie sie sind, oder gewesen sind, und nicht so, wie sie seyn könnten, in Betrachtung gezogen.

Ein Volk kann nicht in allen Gattungen des Drama gleich vortrefflich seyn. Die Tragödie scheinet mir mehr nach dem Geiste der Republik, und die Komödie, besonders die lustige, nach dem Charakter der Monarchie zu seyn.

Unter Leuten, die einander keine Achtung schuldig sind, wird die Spötterey hart seyn. Sie muß nach der Höhe zielen, wenn sie leicht werden soll;

und

und das wird in einem Staate geschehen, in welchem die Menschen von verschiedenem Range sind,
und den man mit einer hohen Pyramide vergleichen
kann, wo diejenigen, die auf dem Grunde liegen,
auf denen die ganze sie erdrückende Last ruhet, gezwungen sind, auch sogar in ihren Klagen beschei-
den zu seyn.

Eine sehr gewöhnliche Unbequemlichkeit ist diese,
daß man aus einer lächerlichen Hochachtung für gewisse Stände, endlich nur die Sitten dieser Stände
allein schildert; daß auf diese Weise die Nützlichkeit der Schauspiele eingeschränkt wird, und sie
wohl gar der Kanal werden, durch welche sich die
Thorheiten der Grossen unter die Geringern
ausbreiten.

Bey einem sklavischen Volke verlieret alles seine
Würde. Man muß sich eines niedrigen Tones, niedriger Geberden befleißigen, um der Wahrheit allen Nachdruck und alles Anstößige zu benehmen.
Und da sind die Dichter nichts besser als die Hof-
narren der Könige; nur weil man sie verachtet, läßt
man sie reden, was sie wollen. Oder sie gleichen
vielmehr gewissen Schuldigen, die vor Gerichte gezogen, und schwerlich würden seyn losgesprochen
worden, wenn sie sich nicht unsinnig zu stellen
gewußt hätten.

Wir

Wir haben Romanzen. Die Engländer haben
nichts als Satyren, die zwar in der That sehr stark
und munter, aber ohne Sitten und Geschmack sind.
Dem Italiäner kann man weiter nichts, als das
Burleske Dráma einräumen.

Ueberhaupt, je gesitteter und geschliffener ein
Volk, ist, desto unpoetischer sind seine Sitten. Alles, was seiner wird, wird schwächer. Wenn hingegen bildet die Natur Muster für die Kunst. In
denjenigen Zeiten ohne Zweifel, wenn sich die Kinder um dem Bette des sterbenden Vaters, die Haare
ausrauffen; wenn eine Mutter ihren Busen ent-
blösset, und ihren Sohn bey den Brüsten, die er gesogen
hat, beschwöret; wenn sich ein Freund das Haupt-
haar abschneidet, und es auf den Leichnam seines
Freundes streuet, oder ihn in seinen Armen auf
den Holzstoß trägt, und die Asche desselben in eine
Urne sammelt, die er an gewissen Tagen mit seinen
Thränen zu benetzen kömmt; wenn sich die Witt-
wen, mit fliegendem Haare, das Gesicht mit
ihren Nägeln zerkratzen, weil ihnen der Tod
einen geliebten Gatten geraubet; wenn die Häu-
pter des Volks, bey allgemeinen Landplagen ihre
gedemüthigte Stirne in den Staub legen, ihre
Kleider zerreisen, und jammernd sich an die Brust
schlagen; wenn ein Vater seinen neugebohrnen Sohn
in die Arme nimmt, ihn gen Himmel hält, und die

Göt-

Götter über ihn anflehet; wenn das erste, was ein
Kind, das seine Aeltern nach einer langen Abwesenheit wiedersiehet, dieses ist, daß es ihre Kniee um-
fasset und fußfällig um ihren Seegen bittet; wenn
die Gastmale heilige Opfer sind, die sich mit Bä-
chern voll Weins, auf die Erde gegossen, anfangen
und enden; wenn das Volk mit seinen Gebietern
spricht, und die Gebieter es anhören und ihm antworten; wenn ein Mensch mit umwundener Stirne
vor einem Altare liegt, und eine Priesterin mit
aufgehabenen Händen über ihn betet, und die hei-
ligen Gebräuche der Versöhnung und Reinigung
an ihm vollziehet; wenn eine schäumende Pythia,
in deren Busen ein Gott stürmet, auf dem Drey-
fuße sitzet, die Augen verkehret, und von ihrem
prophetischen Geheule dunkle Höhlen ertönen läßt;
wenn grausame Götter nicht anders als durch Men-
schenblut zu versöhnen sind; wenn mit dem Thyr-
sus gerüstete Bachantinnen in den Wäldern herum
schwärmen, und den Unheiligen, der sich auf ihren
Wegen treffen läßt, in Schrecken setzen; wenn andere Weiber sich ohne Scham entblößen, dem ersten dem besten die Arme öffnen, und sich ihm Preis
geben ꝛc.

Ich sage nicht, daß diese Sitten gut, sondern daß sie poetisch sind.

Was

Was braucht der Dichter? Eine rohe, oder eine gebildete Natur? Eine ruhige, oder eine wilde? Wird er die Schönheit eines klaren und heitern Tages, dem Schrecken einer dunkeln Nacht vorziehen, wenn das unterbrochene Brausen der Winde ruckweise unter das hohle, anhaltende Geräusche eines entfernten Donners stürmet, und er den Himmel sich über seinem Haupte entzünden siehet? Wird er den Anblick des ruhigen Meeres, dem Anblicke der tobenden Wellen vorziehen? Die stumme, und kalte Beschauung eines Pallastes, dem Wandeln unter Ruinen? Ein aufgeführtes Gebäude, eine von Menschen Händen bepflanzte Gegend, der Dunkelheit eines alten Haynes, der unbekannten Grotte in einem wüsten Felsen? Wasserbehältnisse, springende Brunnen, dem Anblicke einer Katarakte, die über zerrissene Felsen daher stürzet, daß ihr Geräusche der auf dem fernen Gebirge weidende Hirte mit Grausen höret?

Die Poesie verlangt etwas Ungeheuers, Barbarisches und Wildes.

Alsdann wenn die Wuth des bürgerlichen Krieges, oder des Fanatismus, die Menschen mit Dolchen bewafnet, und Blut in Strömen fliesset, alsdann treibet und grünet der Lorbeer des Apollo. Mit Blut will er begossen seyn. Er verwelkt in den Zeiten des Friedens und der Musse. Das güldene

bene

dene Weltalter hätte vielleicht ein Lied, oder eine
Elegie hervorgebracht. Die epische und dramatische
Poesie verlangen andere Sitten.

Wenn wird man Dichter aufstehen sehen? Wenn
sonst, als nach den Zeiten des Elendes und grosser
Unfälle, da die gezüchtigten Völker sich wieder zu
erhohlen anfangen? Alsdenn wird die Einbildungskraft derer, die Zeugen von so viel schrecklichen
Scenen gewesen sind, denen, die nichts davon gesehen haben, ganz unbekannte Dinge schildern. Haben wir nicht bey verschiednen Umständen eine Art
von Schrecken empfunden, die uns ganz fremd
war? Warum hat sie nichts gewirkt? Haben wir
kein Genie mehr?

Genie findet sich zu allen Zeiten; aber die Menschen, in denen es liegt, bleiben tief unter dem
Schutte vergraben, wenn diesen nicht ausserordentliche Begebenheiten so erschüttern, daß sie ans
Licht kommen können. Alsdenn häuffen sich die
Empfindungen in der Brust, und schwellen sie auf,
und zwingen die, die einen Mund haben, daß sie
ihn öffnen, und sich erleichtern.

Was wird also der Dichter unter einem Volke
thun, dessen Sitten schwach, klein und gekünstelt sind;
wo die strenge Nachahmung des gewöhnlichen Um-
ganges nichts als ein Zusammenhang falscher, sinnlofer

und niedriger Ausdrücke seyn würde; wo weder
Freymüthigkeit noch Gutherzigkeit ist; wo der Vater
seinen Sohn Mein Herr nennt, und die Mutter
ihre Tochter Mademoiselle ruft; wo die öffentlichen
Ceremonien nichts Grosses, das häusliche Leben
nichts Rührendes und Ehrbares, die feyerlichen
Handlungen nichts Wahres haben? Er wird die
Sitten dieses Volks verschönern; er wird die Umstände sorgfältig aufsuchen, die seiner Kunst am
zuträglichsten sind, die andern wird er übergehen;
und hier und da wird er einige erdichtete einzu-
schieben wagen.

2. Welch einen feinen Geschmack aber muß er haben, wenn er es fühlen soll, in wie weit sich sowohl
die öffentlichen als besondern Sitten verschönern
lassen? Wenn er das Maaß im geringsten überschrei-
tet, so wird er falsch und romanenhaft werden.

Wenn die Sitten, die er annimmt, vormals
im Schwange gewesen sind, und diese Zeit eben
nicht sehr lange verstrichen ist; wenn ein Gebrauch
abgekommen, in der Sprache aber ein metaphori-
scher Ausdruck davon übrig geblieben ist; wenn dieser Ausdruck etwas Gutes und Rechtschaffenes bemerkt; wenn er von einer alten Frömmigkeit, von
einer guten einfältigen Gewohnheit, von der zu
wünschen wäre, daß sie noch bestünde, zeiget; wenn
die Väter darinn ehrwürdiger, die Mütter werther,

die

die Könige gefälliger erscheinen: so mache er sich nur
kein Bedenken; anstatt, daß man ihm, wider die
Wahrheit gesündiget zu haben, vorwerffen wird,
wird man vielmehr annehmen, daß sich ohne Zweifel diese alten, guten Sitten in dieser Familie so
lange erhalten haben. Nur vermeide er alles das,
was nach dem gegenwärtigen Gebrauche irgend eines benachbarten Volkes seyn würde.

Aber man denke nur, wie wunderlich die gesitteten Völker sind. Ihre Feinheit geht oft so weit,
daß sie dem Dichter auch so gar den Gebrauch vieler in ihren Sitten gegründeter Umstände, die einfältig, schön und wahr sind, untersagt. Wer dürfte es unter uns wagen, auf der Bühne Stroh aus-
zubreiten, und ein neugebornes Kind auf demselben wegzusetzen? Wenn der Dichter eine Wiege an-
brächte, würde sich nicht im Parterre mehr als ein
Geck finden, der wie ein kleines Kind zu schreyen
anfänge? Logen und Amphitheater würden darüber
lachen, und um das Stück wäre es gethan. O pos-
sirliches und leichtsinniges Volk, wie sehr schränkest
du die Kunst ein! Welchen Zwang legst du deinen
Künstlern auf! Wie vieler Vergnügen beraubet dich
dein verzärtelter Geschmack! Alle Augenblicke würdest
du auf der Bühne Dinge auspfeiffen, die dich im
Gemälde rühren und bezaubern würden. Weh dem
Genie, dem es einkommen dürfte, dir ein Schau-

spiel zu zeigen, das zwar mit der Natur, aber nicht mit deinen Vorurtheilen bestehen könnte!

Terenz hat das neugeborne Kind auf der Bühne wegsetzen lassen. Er hat noch mehr gethan. Er hat die Zuschauer das Geschrey der greissenden Mutter, die es zur Welt brachte, aus dem Hause her vernehmen lassen. Das ist schön; aber wem würde es itzt gefallen?

Der Geschmack eines Volkes muß sehr ungewiß seyn; wenn er in der Natur der Dinge etwas leiden kann, dessen Nachahmung er dem Künstler verbietet; oder wenn er gewisse Wirkungen der Kunst bewundert, die ihm in der Natur mißfallen. Wir würden von einem Frauenzimmer, das einer von den Bildsäulen gliche, die uns in der Tuileries bezaubern, sagen, daß sie einen ganz hübschen Kopf, oder plumpe Füsse, und ganz und gar keine Taille habe. Das Frauenzimmer, das der Bildhauer auf einem Sopha schön findet, ist in seiner Werkstatt häßlich. Wir sind voll von dergleichen Widersprüchen.

Was es aber am meisten zeiget, daß wir von dem guten Geschmacke und von der Wahrheit noch weit entfernt sind, das sind unsere armseligen und falschen Verzierungen des Theaters, nebst der üppigen Kleiderpracht der spielenden Personen.

Man

Man verlangt von dem Dichter, daß er sich der Einheit des Orts unterwerffen soll, und die Bühne überläßt man der Unwissenheit eines ungeschickten Verzierers.

Wollte man nun, daß sich unsere Dichter, sowohl in dem Verfolge ihrer Stücke, als in dem Gespräche, mehr der Wahrheit nähern sollten; daß sich unsre Schauspieler eines natürlichern Spieles, einer wahrern Declamation befleißigen sollten: so dürften die Zuschauer nur mit der Sprache herausgehen, und den Ort der Scene so, wie er wirklich seyn sollte, zu sehen verlangen.

Wenn Natur und Wahrheit auf unsern Bühnen nur einmal in dem allergeringsten Stücke die Oberhand gewännen, so würde sich gar bald Ungereimtheit und Eckel auf alles übrige, was ihnen zuwider wäre, verbreiten.

Das am übelsten verstandene dramatische System würde dasjenige seyn, das halb wahr und halb falsch wäre. Es würde einer ungeschickten Lüge gleichen, wo uns gewisse Umstände die Unmöglichkeit des Uebrigen verrathen. Eher wollte ich die Vermischung ganz verschiedener Gattungen vertragen; denn wenigstens ist darinn nichts falsches. Der Fehler des Shakespear ist nicht der größte, in welchen ein Dichter fallen kann. Er zeigt bloß von wenig Geschmack.

Der

Der Dichter, deſſen Werk man für würdig erkannt hat, öffentlich vorgeſtellt zu werden, ſchicke nach dem Verzierer. Er leſe ihm ſein Drama vor; und dieſer ſuche den Ort der Scene aufs beſte zu faſſen, zeige ihn uns, wie er wirklich iſt, und bedenke, daß die theatraliſche Mahlerey weit ſtrenger, weit wahrer, als irgend eine andere Gattung der Mahlerey ſeyn muß.

Die theatraliſche Mahlerey wird ſich vieler Dinge enthalten, die ſich die gewöhnliche Mahlerey erlaubt. Wenn der Staffeletmahler eine Hütte vorſtellen ſoll, ſo wird er ſie vielleicht gegen eine zerbrochene Säule lehnen, und ein umgeſtürztes corinthiſches Geſimſe zum Sitze an der Thüre machen. In der That iſt es auch nicht unmöglich, daß itzt da eine Hütte ſtehet, wo ehedem ein Pallaſt geſtanden hat. Dieſer Umſtand erregt in mir einen rührenden Nebenbegriff, indem er mich an die Hinfälligkeit der menſchlichen Dinge erinnert. Bey der theatraliſchen Mahlerey aber kömmt es hierauf nicht an. Sie leidet keine Zerſtreuung, keine Vorausſetzung, die einen andern Eindruck in meiner Seele veranlaſſen könnte, als den ſich der Dichter vorgeſetzt hat.

Zwey Dichter können ſich nicht beyde auf einmal gleich vortheilhaft zeigen. Das untergeordnete Talent muß zum Theil dem herrſchenden Talente

te

te aufgeopfert werden. Ginge jeder seinen Weg vor
sich, so würde er vielleicht etwas allgemeines vorstellen. Da ihn aber ein andrer führet, so muß er
sich mit einem einzeln Falle befriedigen. Man sehe
nur, wie verschieden die Seeaussichten, die Ver-
net aus seiner Idee, und die er nach der Natur ge-
mahlet hat, an Kraft und Leben sind. Der Thea-
termahler ist auf die Umstände eingeschränkt, die
zur Illusion dienen. Alle zufällige Zierrathen, die
dieser zuwider seyn könnten, sind ihm untersagt.
Auch sogar derer muß er sich mit Mäßigkeit bedienen, die weiter nichts thun, als ohne Nachtheil
verschönern. Denn wenigstens zerstreuen sie doch.

Und das ist der Grund, warum die schönste Verzierung des Theaters doch weiter nichts als ein Gemälde von der zweyten Ordnung seyn kann.

In der lyrischen Gattung ist das Gedicht für
den Musikus gemacht, so wie die Verzierung für
den Dichter. Das Gedicht wird daher so vollkommen nicht seyn, als wenn der Dichter seine völlige
Freyheit gehabt hätte.

Ist ein Saal vorzustellen; so sey es der Saal
eines Mannes von Geschmack. Nichts Barokes;
wenig Verguldung; die Möbeln schlecht und recht;
es wäre denn, daß der Stoff ausdrücklich das Gegentheil verlange.

Der

Der Stolz verdirbt alles. Der Anblick des Reich-
thums ist kein schöner Anblick. Der Reichthum
hat zu viel Grillen; er kann das Auge blenden, aber
die Seele nicht rühren. Unter einem kostbar ver-
brämten oder gestückten Kleide, erblicke ich weiter
nichts, als einen Reichen; und ich suche einen Menschen. Wen die Edelgesteine, mit welchen eine
schöne Frau geschmückt ist, bezaubern, der ist nicht
werth, eine schöne Frau zu sehen.

Die Komödie will in häuslicher Kleidung gespielt seyn. Man muß auf der Bühne weder ge-
putzter noch nachläßiger erscheinen, als bey sich
zu Hause.

Wenn ihr der Zuschauer wegen so viel Geld an Kleider verschwendet: so habt ihr keinen Geschmack,
ihr Schauspieler. Ihr vergeßt, daß euch der Zuschauer gar nichts angeht.

Je ernsthafter die Gattungen sind, desto gesetzter
muß die Kleidung seyn.

Mitten in einer verwirrten Handlung sollten
die Menschen Zeit haben, sich wie an einem Fe-
ste oder Freudentage zu putzen? Ist das wahrscheinlich?

Wie viel haben nicht unsere Komödianten auf
die Vorstellung der Chinesischen Wayse verwandt!

Wie

Wie viel haben sie sich es kosten lassen, dieses Stück
um einen Theil seiner Wirkung zu bringen? Wahr-
haftig nur Kinder, dergleichen man auf den Gassen,
wo bunte Tapeten ausgehangen sind, mit offenen
Mäulern stehen siehet, nur solchen Kindern kann
die üppige Pracht der theatralischen Kleidung gefallen.
O Athenienser, ihr seyd Kinder?

Ein simples Gewand, von einer gesetzten Farbe,
hätte es seyn müssen; und keine Stückerey, kein Flit-
tergold. Man befrage nur auch hierüber die Mahlerey. Welcher Artist ist so gothisch, der euch in
seinem Gemälde eben so starr und steif, eben so
glänzend vorgestellet hätte, als wir euch auf der Bühne gesehen haben?

O Schauspieler, wenn ihr euch wollt kleiden
lernen, wenn ihr den falschen Geschmack an Pracht
ablegen wollt, wenn ihr euch der Einfalt nähern
wollt, die den grossen Eindrücken, die euern Glücks-
umständen, die euern Sitten so sehr zuträglich seyn
würde: so besucht unsere Gallerien.

Wenn man einmal den Einfall bekommen sollte,
den Hausvater auf dem Theater zu versuchen, so
glaube ich, diese Person könnte nicht simpel genug
gekleidet seyn. Cäcilia brauchte weiter nichts als
die Hauskleidung eines reichen Mädchens. Dem
Commthur würde ich allenfalls ein Kleid mit einer

U 5   glatz

glatten Dreſſe, und einem Stock mit einem Schna-
belknopfe geben. Wenn er zwiſchen dem erſten und
zweyten Aufzuge ein andres Kleid anlegte,-ſo würde es mich von einem ſo eigenſinnigen Manne eben
nicht ſehr befremden. Vor allen Dingen aber müſte
Sophia in Siamoiſe, und Frau Hebert, als eine
gute Bürgersfrau am Sonntage, gekleidet ſeyn:
oder es wäre alles verdorben. Saint Albin iſt der
einzige, dem ſein Alter und ſein Stand im zweyten
Aufzuge Putz und Pracht erlauben könnte. Im
erſten Aufzuge braucht er weiter nichts als
einen Surtout, mit einer ſchlechten Weſte, zu
haben.

Das Publicum weis nicht immer das Wahre
zu verlangen. Wenn es einmal an dem Falſchen
hänget, ſo kann es ganze Jahrhunderte daran hangen bleiben. Es iſt aber gegen das Natürliche empfindlich, und wenn es die Eindrücke deſſelben einmal angenommen hat, wird es ſie nie gänzlich wieder verlieren.

Eine muthige Schauſpielerin hat den Reifrock
abgelegt; und niemand hat es gemißbilliget. Sie
wird weiter gehen; ich ſtehe dafür. Ah, wenn ſie
es einmal wagte, ſich völlig in der edeln und einfältigen Kleidung, die ihre Rollen verlangen, auf
der Bühne zu zeigen; laſſen Sie mich noch mehr
ſagen, wenn ſie es einmal wagte, ſich in aller der

Un-

Unordnung zu zeigen, in die eine Frau bey einem
so schrecklichen Zufalle, als der Tod eines Gemahls,
oder der Verlust eines Sohnes, oder eine andere
Katastrophe der tragischen Bühne ist, nothwendig
gerathen muß: wie würde es neben einer solchen
Frau in zerstreuten Haaren, mit allen den gepuder-
ten, gekräuselten, geschniegelten Püppchen werden?
Ueber lang oder über kurz, würden sie sich nach ihr
richten müssen. Denn die Natur, die Natur; wer
kann ihr widerstehen? Man muß sie entweder ver-
bannen, oder ihr gehorchen.

An Sie, o Clairon, wende ich mich wieder.
Verstatten Sie nicht, daß Sie das Vorurtheil und
die Mode unterdrücke. Ueberlassen Sie sich Ihrem
Geschmack und Ihrem Genie; zeigen Sie uns die
Natur und die Wahrheit: denn das ist die Pflicht
derer, die wir lieben, und deren Talente uns geneigt gemacht haben, alles was sie wagen wollen,
willig aufzunehmen!

Ein Paradoxon, dessen Wahrheit wenige einsehen werden, und das vielen anstößig seyn wird,
(Aber was liegt Ihnen und mir daran? Unser Wahl-
spruch ist: vor allen Dingen die Wahrheit zu sagen)
ein solches Paradoxon, sage ich, ist dieses, daß unsere italiänische Komödianten, in den italiänischen
Stücken, weit freyer spielen, als unsere französische
Komödianten. Sie bekümmern sich weit weniger
um

um den Zuschauer. Es giebt hundert Augenblicke,
wo sie seiner gänzlich vergessen. Es findet sich in
ihrer Action etwas Leichtes und Originales, das
mir gefällt, und der ganzen Welt gefallen würde,
wenn es nicht durch die albern Reden, durch die
abgeschmackte Intrigue, entstellet würde. Mitten
aus ihrer Narrheit leuchten Leute hervor, die sich
zu erlustigen suchen, die sich allem Muthwillen ihrer
Einbildungskraft überlassen; und diese Trunkenheit
liebe ich weit mehr, als das Starre, Steife,
Schwerfällige.

„Allein sie extemporieren; die Rolle, die sie spielen, ist ihnen nicht vorgeschrieben.

Das merke ich wohl.

„Und wenn Sie sie eben so abgemessen, eben
„so gezwungen, und noch kälter als andere sehen
„wollen, so geben Sie ihnen nur ein geschriebenes
„Stück.„

Ich gestehe es; daß sie sich alsdenn nicht mehr
ähnlich sind. Aber woher kömmt das? Ist ihnen
das, was sie auswendig gelernt haben, bey der
vierten Vorstellung nicht eben so geläuffig, als ob
sie es selbst erfunden hätten?

„Nein. Was aus dem Stegreife gesagt wird,
hat einen Charakter, Na Etwas, worauf
man

„man sich gefaßt gemacht hat, nimmermehr ha-
„ben wird.

Es sey. Gleichwohl werden sie vornehmlich nur
alsdenn so steif und schwerfällig, wenn sie nachahmen wollen, und eine andere Bühne, andere Schauspieler vor Augen haben. Was thun sie alsdenn?
Sie setzen sich in Positur; treten mit gezählten und
abgemessenen Schritten einher; suchen beklatscht zu
werden; gehen aus der Handlung heraus; wenden
sich an das Parterr; sprechen mit ihm, und werden gezwungen und falsch.

Auch habe ich die Anmerkung gemacht, daß unsere schalen, untergeordneten Personen weit eher in
ihrer demüthigen Rolle bleiben, als die Hauptper-
sonen. Und das, dünkt mich, kömmt daher, weil
sie durch die Gegenwart eines andern, der sie be-
herrscht, zurückgehalten werden; an diesen andern
wenden sie sich; auf diesen andern lassen sie alle
ihre Action sich beziehen. So würde auch alles
gut gehen, wenn nur die vornehmsten Rollen eben
so viel Achtung gegen die Sache hätten, als die
untergeordneten Rollen gegen ihre Abhängigkeit
bezeugen.

Es giebt viel Pedanterie in unserer Dichtkunst;
es giebt viel Pedanterie in unsern dramatischen Werken; wie sollte es keine in der Vorstellung derselben geben?

Diese

Diese Pedanterie, die sonst überall dem leichten
Charakter der Nation so zuwider ist, wird den
Fortgang der Pantomime, dieses so wichtigen
Theiles der dramatischen Kunst, noch lange Zeit
aufhalten.

Ich habe gesagt, die Pantomime sey ein Stück
des Drama; der Verfasser müsse sich ihrer ernstlich
befleißigen; er werde, wenn sie ihm nicht geläuffig
und immer gegenwärtig ist, keine Scene, so wie
es die Wahrheit erfordert, weder anzufangen, noch
fortzuführen, noch zu endigen wissen. Ich habe
gesagt, der Gestus müsse oft anstatt der Rede hinge-
schrieben werden.

Ich füge noch hinzu, daß es ganze Scenen giebt,
wo es unendlich natürlicher ist, daß sich die Personen bewegen, als daß sie reden; und ich will es
beweisen.

Es gehet in der Welt nichts vor, was nicht auf
der Bühne seinen Platz finden könnte. Nun nehme man zwey Personen, die nicht recht wissen, ob
sie mit einander zufrieden, oder unzufrieden seyn
sollen, und die einen dritten erwarten, der ihnen
Licht geben soll. Was werden die sich bis zu der Ankunft dieses dritten sagen? Nichts. Sie werden
gehen, und kommen, und sich ungeduldig erweisen,
aber kein Wort reden. Sie werden sich wohl hüten,

einan-

einander etwas zu sagen, was sie vielleicht hernach
bereuen müßten. Das wäre der Fall einer ganz,
oder doch fast ganz pantomimischen Scene; und dergleichen Fälle giebt es mehr.

Pamphilus ist mit dem Chremes und Simo auf
der Bühne. Chremes hält alles, was ihm sein
Sohn sagt, für Unwahrheiten eines lockern Jüng-
lings, der seine Thorheiten gern entschuldigen möchte. Der Sohn bittet ihn, einen Zeugen stellen zu
dürfen. Chremes läßt sich endlich von ihm und dem
Simo bewegen, diesen Zeugen zu hören. Pamphilus geht ihn aufzusuchen; Simo und Chremes
bleiben da. Nun frage ich, was machen sie mittlerweile, da Pamphilus bey der Glycerium ist, mit
dem Crito spricht, ihm die Sache erklärt, ihm sagt,
was er von ihm erwarte, und ihn bewegt mitzuge-
hen, um selbst mit seinem Vater dem Chremes zu
sprechen? Entweder muß man glauben, sie sind unbeweglich und stumm; oder man muß annehmen,
daß Simo den Chremes zu unterhalten fortfähret;
daß Chremes, mit niedergeschlagenen Augen, das
Kinn auf die Hand gestützet, ihn bald geduldig,
bald zornig anhört, und daß eine völlig pantomimische Scene unter ihnen vorfällt.

Das ist aber nicht das einzige Exempel, das sich
bey diesem Dichter hiervon findet. Als: was macht
einer von den Alten auf der Bühne, mittlerweile
der

der andere seinem Sohne sagt, daß sein Vater alles
weis, das er ihn enterben und alle sein Vermögen
seiner Tochter geben will?

Wenn sich Terenz die Mühe genommen hätte,
die Pantomime aufzuschreiben, so würden wir aus
aller Ungewißheit seyn. Aber was liegt daran, ob
er sie aufgeschrieben hat oder nicht; sie ergiebt sich
hier von selbst. Immer ist es aber nicht so. Wer
würde sie zum Exempel im Geitzigen errathen haben? Harpagon ist wechselsweise lustig und traurig,
nach dem Euphrosine bald von der Armuth, bald
von der Zärtlichkeit der Mariane mit ihm spricht.
Das Gespräch ist hier zwischen der Rede und den
Gebehrden.

Man muß die Pantomime niederschreiben, so
oft sie ein Gemälde macht; so oft die Rede dadurch
nachdrücklicher, oder deutlicher wird; so oft sie cha-
rakterisiert; so oft sie in einem feinen Spiele besteht, das sich nicht errathen läßt; so oft sie statt
der Antwort dienet; und fast beständig zu Anfange
des Auftritts.

Sie ist so wesentlich, daß zwey Stücke, wovon
die eine mit Absicht auf die Pantomime, und die
andere ohne Absicht auf sie gemacht worden, so verschieden ausfallen müssen, daß die, wobey die Pantomime als ein Stück des Drama in Betrachtung
gekommen, nicht ohne Pantomime, und die, bey
wel-

welcher die Pantomime vernachläßiget worden, nicht
mit Pantomime wird gespielet werden können.
Dem Gedichte, das damit versehen ist, wird man
sie bey der Vorstellung nicht nehmen, und demje-
nigen, dem sie mangelt, nicht geben können. Sie
ist es, die die Länge der Auftritte bestimmt, und
dem ganzen Drama seine Colorite giebt.

Moliere hat sie des Aufschreibens gewürdiget:
was kann man stärkeres für sie sagen?

Aber wenn sie Moliere auch nicht aufgeschrieben
hätte, würde deswegen ein anderer Unrecht thun,
wenn er darauf bedacht wäre? O ihr Kunstrichter,
ihr engen, schalen Köpfe, wie lange wollt ihr noch,
nichts nach sich selbst beurtheilen, sondern nur alles
nach seinem gegenwärtigen Zustande billigen, oder
mißbilligen?

Wie viel Stellen giebt es, wo Plautus, Aristophanes und Terenz, die geschicktesten Ausleger blos
dadurch in Verlegenheit gesetzt haben, weil sie die
Bewegung der Scene anzuzeigen unterlassen. Terenz fängt seine Brüder folgender Gestalt an:
„Storax! So ist Aeschinus diese Nacht nicht nach
„Hause gekommen?“ Was heißt das? Spricht Micio mit dem Storax? Nein! Es ist itzt kein Storax auf der Bühne. Es kömmt in dem ganzen
Stücke keine solche Person vor. Was will er also?

Dieſes: Storax iſt einer von den Bedienten des
Aeſchinus; Micio ruft ihn, und da Storax nicht
antwortet, ſo ſchließt er daraus, daß Aeſchinus
nicht nach Hauſe gekommen. Ein einziges Wort,
das hier die Pantomime bemerkt hätte, würde dieſe
Stelle deutlich gemacht haben.

Beſonders entzückt uns das Gemälde der Bewegungen, in den häuslichen Romanen. Man
ſehe nur, wie gern der Verfaſſer der Pamela, des
Grandiſon und der Clariſſe dabey verweilt? Man
ſehe nur, wie ſtark, wie bedeutend, wie pathetiſch
ſeine Reden dadurch werden. Ich ſehe die Perſon;
ich ſehe ſie, ſie mag reden oder mag ſchweigen;
und ihre Action rührt mich mehr, als ihre
Reden.

Wenn ein Dichter den Oreſt und Pilades auf
der Bühne zeigte, wie ſie einander den Tod ſtreitig
machen, und er hätte die Annäherung der Eume-
niden auf dieſen Augenblick verſpart, in welches
Schrecken würde er mich nicht ſetzen, wenn den
Oreſt, indem er mit ſeinem Freunde ſpricht, die
Gedanken nach und nach verlieſſen; wenn er ſeine
Augen verkehrte; wild um ſich ſchaute; innehielte;
wieder fortführe; aufs neue innehielte; wenn die
Verwirrung in ſeinen Bewegungen und Reden ſich
immer ſtärker und ſtärker äuſſerte; wenn die Furien
ſich ſeiner bemächtigten und ihn quälten; wenn er

unter

unter diesen grausamen Qualen erläge; wenn er
zu Boden fiele; wenn Pilades ihn aufrichtete, ihn
hielte, ihm mit der Hand das Gesicht und den
Mund abtrocknete; wenn der unglückliche Sohn der
Klytemnestra in diesem Stande der Todesangst einen Augenblick bliebe; wenn er dann die Augen
wieder aufschlüge, wie ein Mensch, der aus einem
tiefen Schlafe erwacht, und fühlte, daß er in den
Armen seines Freundes wäre, und sein Haupt gegen ihn sinken liesse, und mit schwacher Stimme
zu ihm sagte: Und du, Pilades, solltest sterben? Welche Wirkung müßte diese Pantomime
nicht haben? Könnte mich eine Rede in der Welt so
rühren, als die Action des Pilades, wenn er den
Orest aufhebt und ihm mit der Hand das Gesicht
und den Mund abtrocknet? Man trenne hier einmal die Pantomime von dem Gespräche, und man
wird beyde vernichtet haben. Der Dichter, der diese
Scene erfände, würde sein Genie besonders dadurch
zeigen, daß er die Raserey des Orest auf diesen Augenblick versparte. Der Grund, den Orest aus seiner Situation hernimmt, ist ohne Widerspruch.

Aber ich bekomme Lust, Ihnen die letzten Stunden des Sokrates zu entwerfen. Es ist eine Reihe
von Gemälden, die zum Besten der Pantomime
mehrbeweisen werden, als alles, was ich noch hinzufügen könnte. Ich werde fast ganz und gar bey

der

der Geschichte bleiben. Welch ein Stoff für einen
Dichter!

Seine Schüler fühlten den Schmerz nicht, den
man sonst an dem Bette eines sterbenden Freundes
empfindet. Der Mann schien ihnen glücklich. Alle
ihre Rührung war eine ausserordentliche Empfindung,
die aus dem Vergnügen über seine Reden, und aus
dem Mißvergnügen über den Gedanken, daß sie ihn
nun bald verlieren würden, zusammengesetzt war.

Sie treten zu ihm hinein, da man ihn eben los-
gebunden hatte. Xantippe sitzt neben ihm, und hat
eines von ihren Kindern in den Armen.

Der Philosoph spricht wenig mit seiner Frau.
Aber wie viel Zärtliches hatte nicht ein weiser
Mann, dem das Leben gleichgültig war, über sein
Kind zu sagen!

Die Philosophen treten herein. Kaum erblickt
sie Xantippe, als sie zu schreyen und sich untröst-
lich zu stellen anfängt, so wie die Gewohnheit der
Weiber in dergleichen Fällen ist. Sokrates, schreyt
sie, heut sprechen dich deine Freunde zum
letztenmale. Zum letztenmale umarmest du
itzt deine Frau; zum letztenmale dein Kind.

Sokrates kehret sich gegen den Crito und sagt:
Freund, laß diese Frau nach Hause bringen.
Und das geschieht.

Man

Man zieht Xantippen fort; Xantippe will mit Gewalt noch einmal auf den Sokrates zu, reicht ihm den Arm, ruft ihn, zerreißt sich das Gesicht mit ihren Händen, und erfüllt das Gefängniß mit ihrem Geschrey.

Unterdessen sagt Sokrates noch ein Wort über das Kind; und man trägt es weg.

Nunmehr nimmt der Philosoph ein heiteres Gesicht an, setzet sich auf sein Bette, ziehet den Fuß an sich, von dem man ihm die Fessel abgenommen hatte, reibet ihn sanft, und sagt:

Wie nahe grenzen Schmerz und Vergnügen an einander! Wenn Aesop daran gedacht hätte, welche schöne Fabel hätte er davon machen können! — Die Athenienser wollen, ich soll abgehen, und ich gehe ab. — Sagt dem Evenus, wenn er weise ist, soll er mir folgen.

Dieses Wort giebt Gelegenheit zu der Scene über die Unsterblichkeit der Seele.

Wer will, versuche diese Scene. Ich eile zu meinem Zwecke. So wie ein Vater mitten unter seinen Kindern stirbt, so war das Ende des Sokrates mitten unter den Weltweisen, seinen Schülern.

Als

Als er aufgehört hatte zu reden, blieb es einen Augenblick still, und Crito sagt zu ihm:

Crito.

Was hast du uns noch zu befehlen?

Sokrates.

Daß ihr euch bestrebet, so viel als möglich, den Göttern gleich zu werden, und alles andere ihrer Vorsorge überlasset.

Crito.

Wie soll man nach deinem Tode mit dir verfahren?

Sokrates.

Crito, wie ihr wollt; wenn ihr mich anders habt.

Hierauf blickt er lächelnd auf die Philosophen und setzt hinzu:

Ich mag machen was ich will, ich werde unsern Freund doch nie überreden, den Sokrates von seiner Hülle zu unterscheiden.

Indem tritt der Trabante der Eilfmänner herein, und nahet sich ihm ohne zu reden. Sokrates fragt ihn:

Sokrates.

Was willst du?

Der

Der Trabante.

Dich auf Befehl der Obrigkeit erin=
nern — —

Sokrates.

Daß es Zeit ist, zu sterben. Mein Freund,
wenn das Gift bereitet ist, so bring es her,
und sey mir willkommen.

Der Trabante.

(indem er sich umkehret und weinet)

Andere fluchen mir, und dieser segnet mich.

Crito.

Die Sonne glänzet noch auf den Bergen.

Sokrates.

Nur der würde zaudern, der mit dem Le=
ben alles zu verlieren glaubte. Ich hoffe
zu gewinnen.

Nunmehr tritt der Sklave mit dem Becher her=
ein. Sokrates nimmt ihn und sagt:

Sokrates.

Guter Mann, was muß ich thun? Du
wirst das wissen.

Der Sklave.

Trinken, und auf und niedergehen, bis du
fühlest, daß dir die Beine schwer werden.

So=

Sokrates.

Dürfte ich nicht einige Tropfen, als ein
Dankopfer für die Götter, vergiessen?

Der Sklave.

Es ist gleich so viel, als nöthig.

Sokrates.

So mag es bleiben. — Aber ein Gebet
kann ich doch an sie richten.

Er hält den Becher in der einen Hand, richtet
die Augen gen Himmel, und sagt:

Die ihr mich ruffet, o Götter, verleihet
mir eine glückliche Reise!

Hierauf schwieg er, und trank.

Bis hieher waren seine Freunde stark genug gewesen, ihren Schmerz zu verbergen; aber, indem
er den Becher an den Mund setzet, können sie sich
länger nicht halten.

Einige verhüllen sich in ihre Mäntel. Crito
ist aufgestanden, irret in dem Gefängnisse hin und
her, und schreyet. Andere stehen unbeweglich, betrachten finster und schweigend den Sokrates, und
Thränen rollen ihre Wangen herab. Apollodorus
hat sich an dem Fusse des Bettes niedergesetzt, den
Rücken gegen den Sokrates gelehrt, und den

Mund

Mund in der Hand, sich des Schluchzens zu er=
wehren.

Mittlerweile gehet Sokrates auf und nieder, so
wie es ihm der Sklave gerathen hat, und in dem
Herumgehen wendet er sich an jeden von ihnen, und
tröstet sie alle.

Zu dem einen sagt er: Wo bleibt die Stand=
haftigkeit? Die Weisheit? Die Tugend? —
Zu dem andern: Deswegen schickte ich die Wei=
ber weg. Zu allen: Was haben wir nun Any=
tus und Melitus Böses thun können? —
Wir werden uns wiedersehen, meine Freun=
de. — Wenn ihr euch so betrübt, so müßt
ihr daran zweifeln.

Unterdeß werden ihm die Beine schwer, und
er legt sich auf das Bette nieder. Darauf empfielt
er seinen Freunden sein Andenken, und sagt mit
schwachwerdender Stimme:

Sokrates.

Bald werde ich nicht mehr seyn. — Nach
euch werden sie mich richten. — Werffet mei=
nen Tod den Atheniensern nicht anders vor,
als durch die Heiligkeit eures Lebens.

Seine Freunde wollen ihm antworten; aber sie
können nicht; sie weinen und schweigen.

Der

Der Sklave, der unten an dem Bette stehet, fasset seine Füsse, und drücket sie. Sokrates sieht ihn an, und sagt:

Ich fühle sie nicht mehr.

Einen Augenblick darauf faßt er ihn an die Schenkel, und drückt sie. Sokrates sieht ihn an, und sagt:

Ich fühle sie nicht mehr.

Nunmehr fangen seine Augen an zu verlöschen, seine Lippen und Nasenlöcher sich einzuziehen, seine Glieder zu erstarren; der Schatten des Todes liegt auf ihm verbreitet. Sein Athem wird schwach; kaum vernimmt man ihn mehr. Er spricht zum Crito, der hinter ihm stehet:

Crito, richte mich ein wenig auf.

Crito richtet ihn auf. Seine Augen erhohlen sich, sein Gesicht wird heiter, er macht eine Bewegung gegen den Himmel, und sagt:

Izt bin ich zwischen der Welt und Elysium.

Einen Augenblick darauf fallen ihm die Augen zu, und er spricht zu seinen Freunden:

Ich sehe euch nicht mehr. — Sprecht doch. — Ist das nicht die Hand des Apollodorus!

Man

Man antwortet ihm mit ja, und er drückt sie.

Nunmehr folgen Zuckungen, von denen er mit einem tiefen Seufzer wieder zu sich kömmt. Er ruft den Crito. Crito beugt sich gegen ihn nieder, und Sokrates sagt zu ihm: — (welches seine letzten Worte sind)

Crito — bringe dem Gott der Gesundheit ein Opfer — ich genese.

Auf dem Cebes, der dem Sokrates gegen über saß, blieben seine letzten Blicke haugen; und Crito drückte ihm den Mund und die Augen zu.

Das wären die Umstände, die man brauchen müßte. Man brauche sie, wie man will, aber man brauche sie. Denn alle andere, die man an ihre Stelle setzen wollte, werden falsch und ohne Wirkung seyn. Wenig Reden; aber viel Bewegung.

Wenn der Zuschauer im Theater gleichsam vor einem Vorhange steht, auf welchem ein Zauberer verschiedene Gemälde, eines nach dem andern, darstellet: warum sollte der Philosoph, der an dem Bette des Sokrates sitzet, und ihn sterben zu sehen fürchtet, nicht eben so pathetisch auf der Bühne seyn, als es die Frau und die Tochter des Eudamidas in dem Gemälde des Poußin sind?

Man

Man wende die Regeln der mahlerischen Composition auf die Pantomime an, und man wird
finden, daß beyde einerley Regeln haben.

Bey einer wirklichen Handlung, wo sich verschiedne Personen zusammen finden, stellen sich alle
von selbst auf die wahreste Weise; aber diese Weise
ist nicht immer weder die vortheilhafteste für den
Mahler, noch die ausnehmendste für den Zuschauer.
Daher ist der Mahler genöthiget, den natürlichen
Stand zu verändern, und in einen künstlichen Stand
zu verwandeln. Wird es auf der Bühne nicht eben
so seyn?

Wenn das ist, was für eine Kunst ist die Declamation! Wenn jeder, Herr von seiner Rolle ist;
was kann da festgesetztes seyn? Man muß die Personen zusammensetzen, sie trennen oder zerstreuen,
sie vereinzeln oder grupieren, und eine Reihe von
Gemälden daraus machen, die alle von einer grossen
und wahren Composition sind.

Wie nützlich könnte der Mahler nicht dem Schauspieler, und der Schauspieler dem Mahler seyn!
Das wäre ein Mittel, zwey wichtige Talente zugleich
vollkommener zu machen. Aber ich verliere mich
in Aussichten, die vielleicht nur Sie und mich vergnügen. Ich bedenke nicht, daß wir das Schauspiel

spiel viel zu wenig lieben, als daß wir uns so ernst=
lich damit abgeben sollten.

Worinn sich der häusliche Roman von dem Dra=
ma vornehmlich mit unterscheidet, ist dieses, daß
der Roman die Gebehrden und Pantomime bis tief
ins Kleine verfolgt; daß sich sein Verfasser vornehm=
lich angelegen seyn läßt, die Bewegungen und Ein=
drücke zu mahlen; anstatt daß sie der dramatische
Dichter nur im Vorbeygehen mit einem Worte
berühret.

„Aber dieß eine Wort unterbricht, hemmet und
„verwirrt das Gespräch.“

Ja, wenn es übel angebracht, oder falsch ge=
wählt ist.

Unterdessen gestehe ich, wenn die Pantomime
auf der Bühne zu einer recht hohen Stuffe der Voll=
kommenheit gebracht wäre, so könnte man es oft
überhoben seyn, sie niederzuschreiben; und das ist
vielleicht die Ursache, warum die Alten sie nicht
beygeschrieben haben. Aber wie kann einer von
unsern Lesern, wenn er schon mit dem Theater nicht
unbekannt ist, sie sich während dem Lesen selbst den=
ken, wenn er sie niemals in dem Spiele unserer
Komödianten gesehen hat? Müßte er nicht selbst ein
größer Schauspieler seyn, als der Komödiant von
Profession?

Da

Da die Pantomime also auf unsern Theatern
noch nicht eingeführt ist, so muß wohl der Dichter,
der seine Stücke nicht vorstellen läßt, das Spiel
beyschreiben, wenn es nicht oft kalt und unverständ-
lich seyn will. Ja, ist es nicht für den Leser ein
Vergnügen mehr, wenn er sieht, wie sich der Dichter selbst das Spiel dabey vorgestellt hat? Und da
wir an eine so abgemessene, so gezwungene und
von der Wahrheit so entfernte Declamation gewöhnt sind, werden wohl viel Personen unter uns
seyn, für die es unnöthig seyn dürfte?

Die Pantomime ist das Gemälde, das in der
Einbildungskraft des Dichters, als er schrieb, exi-
stierte, und das, nach seiner Meinung, die Bühne
bey der Vorstellung alle Augenblicke zeigen soll. Es
ist der einfältigste Weg, dem Publico zu sagen, was
es von seinen Komödianten zu fordern berechtiget
ist. Der Dichter sagt zu ihm: vergleiche dieses
Spiel mit dem Spiele deiner Schauspieler, und
richte.

Wenn ich übrigens die Pantomime dabey schreibe, so ist es, als ob ich mich mit diesen Worten
an den Komödianten wendete: So declamiere Ich;
so stellte sich Meine Einbildungskraft, unter der
Arbeit die Sache vor. Ich bin aber so eitel nicht, daß
ich glauben sollte, es könne niemand besser declamieren
als ich; auch bin ich so unverständig nicht, daß ich
einen Mann von Genie zu einer Maschine machen
wollte.

Man

Man gebe einerley Stoff mehrern Künstlern zu
mahlen; jeder wird ihn nach seiner Art ausführen;
und unter den verschiednen Gemälden, die daraus
entstehen, wird jedes seine besondere Schönheiten
haben.

Ich sage noch mehr. Man lauffe unsre Bilder-
säle durch, und lasse sich die Stücken zeigen, die
der Künstler nach den Gedanken und der Anlage
eines Liebhabers gemacht hat. Unter ihrer grossen
Menge wird man kaum zwey oder drey finden, wo
die Gedanken des einen, der Fähigkeit des andern
so angemessen gewesen wären, daß das Werk nicht
dabey gelitten hätte.

Geniesset also eurer Rechte, ihr Schauspieler;
thut, was euch der Augenblick und euer Talent eingiebt: Seyd ihr von Fleisch, habt ihr Gefühl, so
wird alles gut gehen, ohne daß ich mich darein
menge; seyd ihr aber von Holz oder von Stein, so
wird alles übel gehen, wenn ich auch noch so viel
dabey thäte.

Der Dichter mag die Pantomime dabey geschrieben, oder nicht dabey geschrieben haben; ich will es
doch den Augenblick sehen, ob er nach ihr gearbeitet hat, oder nicht. Der Verfolg seines Stücks
kann, in beyden Fällen nicht einerley seyn; die Scenen können nicht einerley Wendung haben; man
wird es an dem Gespräche merken. Wenn es eine
Kunst ist, Gemälde zu erdenken, wie darf noch ihr

allen

alen Menschen zu rühren? Und haben alle unsere
dramatische Dichter diese Kunst besessen?

Um eine Erfahrung zu haben, dürfte man nur
ein dramatisches Werk ausarbeiten, und die Pantomime dazu von denen schreiben lassen, die diese
Sorgfalt für überflüßig halten. Wie viel abgeschmackte Fehler würden sie begehen?

Es ist leicht, richtig urtheilen; es ist schwer,
auch nur mittelmäßig ausführen. Wäre es denn
also sogar unvernünftig, wenn man verlangte, unsere Richter sollten durch irgend ein wichtiges Werk
vorher zeigen, daß sie wenigstens eben so viel davon
verständen, als wir?

Die Reisebeschreiber gedenken einer Art wilder
Menschen, die auf die Vorbeygehenden giftige Na-
deln blasen. Sie sind das Ebenbild unsrer Kunstrichter.

Oder scheinet Ihnen diese Vergleichung übertrieben? Gestehen Sie wenigstens, daß sie jenem
Einsiedler gleichen, der in einem Thale wohnte,
das auf allen Seiten von Hügeln eingeschlossen war.
Wenn er sich auf einem Beine umdrehte, und mit
Einem Blicke seinen engen Horizont überschaute,
so rief er: Ich weis alles; ich habe alles gesehen.
Einsmals aber bekam er Lust, sich auf den Weg
zu machen, um gewisse Gegenstände in der Nähe
zu sehen, die sich seinem Blicke entzogen. Er stieg

also

also auf die Spitze von einem seiner Hügel; und wie
groß war sein Erstaunen, als er sahe, welch ein uner-
meßlicher Raum sich um ihn und über ihn verbrei-
tete. Er änderte nunmehr seine Rede, und sagte:
ich weis gar nichts; ich habe gar nichts gesehen. –

Ich habe gesagt, unsere Kunstrichter gleichen
diesem Manne. Ich habe mich geirrt. Sie bleiben tief unten in ihrer Hütte, und verlieren die hohe Meinung, die sie von sich gefaßt haben, nie.

Die Rolle eines Autors ist eine sehr eitele Rolle; es ist die Rolle eines Menschen, der sich für fähig hält, das Publicum zu unterrichten. Und die
Rolle eines Kunstrichters? Die ist noch weit eitler.
Es ist die Rolle eines Menschen, der sich für fähig
hält, denjenigen zu unterrichten, der das Publicum unterrichten zu können glaubt.

Der Autor sagt: Hört mich, ihr Herren; denn
ich bin euer Meister. Und der Kunstrichter: Nein,
hört mich, ihr Herren; denn ich bin der Meister
euter Meister.

Das Publicum unterdessen läßt sich nicht irren.
Ist das Werk des Autors schlecht, so spottet es eben
so gut darüber, als über die Anmerkungen des
Kunstrichters, wenn sie falsch sind.

Der Kunstrichter ruft alsdenn: O Zeiten! O
Sitten! Der Geschmack ist verdorben. — Und
damit hat er sich getröstet.

Der Autor seines Theils, beklagt sich über die
Zuschauer, über die Schauspieler, über den Neid.
Er beruft sich auf seine Freunde; er hat ihnen seine
Stücke vorgelesen, ehe er es auf die Bühne bringen
lassen; sie hatten geglaubt, es würde bis an den
Himmel erhoben werden. — In der That aber
hätten sie dir sagen müssen, daß es gar nichts tauge,
daß weder die Anlage, noch die Charaktere, noch die
Schreibart darinn gut sey; wenn sie entweder mehr
Einsicht, oder mehr Freymüthigkeit besessen hätten.
Glaube mir, das Publicum betriegt sich selten; dein
Stück ist gefallen; weil es schlecht ist.

„Aber fand denn der Misanthrop sogleich
„Beyfall?“

Es ist wahr. Und o wie süß ist es, wenn man
sich bey seinem Unglücke mit einem solchen Beyspiele trösten kann! Wenn ich jemals auf die Bühne
trete, und herunter gepfiffen werde, so will ich mir
es gewiß auch zu Gemüthe führen.

Die Critik verfährt mit den Lebendigen ganz anders, als mit den Todten. Ist ein Autor tod: so
sucht sie seine guten Eigenschaften ins Licht zu setzen,
und seine Fehler zu bemänteln. Lebt er noch: so

ge-

geschieht das Gegentheil; sie setzt seine Fehler ins Licht, und vergißt seine guten Eigenschaften. Dieses Verfahren hat gewissermaßen seinen Grund: die Lebenden können sich bessern, aber mit den Todten ist es gethan.

Der strengste Richter eines Werks unterdessen, ist der Verfasser. Wie viel Mühe giebt er sich, bloß für sich selber? Er kennet seine heimliche Gebrechen; und diese berühret der Kunstrichter fast nie. Ich habe mich hierbey oft der Rede jenes Weltweisen erinnert: Sie reden Böses von mir? Ah, wenn sie mich so genau kennten, als ich mich selbst kenne! —

Die alten Schriftsteller und Kunstrichter unterrichteten sich vor allen Dingen selbst; sie begaben sich nicht eher auf die Bahn der schönen Wissenschaften, als bis sie aus den Schulen der Weltweisheit kamen. Und wie lange behielt der Autor nicht sein Werk bey sich, ehe er es ans Licht treten ließ? So wurde es denn auch reif; und Rath und Zeit und Feile machten es vollkommen.

Wir wollen uns gar zu bald zeigen, und haben, wenn wir die Feder ergreiffen, doch weder Einsicht noch Redlichkeit genug.

Ist das moralische System verdorben, so kann der Geschmack nicht anders als falsch seyn.

Wahr‐

Wahrheit und Tugend sind die Freundinnen der schönen Künste. Wer ein Schriftsteller, wer ein Kunstrichter werden will, der fange erst an, ein ehrlicher Mann zu werden. Was kann man sich viel von dem versprechen, der sich selbst nicht stark genug zu rühren weis? Und was kann mich stärker rühren, als Wahrheit und Tugend, diese zwey mächtigsten Dinge in der Natur?

Wenn man mich versichert, daß ein Mensch geitzig ist, so werde ich mir kaum einbilden können, daß er im Stande sey, etwas Grosses hervor zu bringen. Dieses Laster macht den Geist klein, und das Herz enge. Die öffentlichen Unglücksfälle sind dem Geitzigen nichts. Oft erfreuet er sich darüber. Er ist hart. Wie soll er sich zu etwas Erhabenem schwingen können? Er liegt beständig gekrümmt auf seinem Geldkasten. Er kennt weder die Geschwindigkeit der Zeit, noch die Kürze des Lebens. Unbekannt mit dem allgemeinen Wohlwollen, schränkt er sich nur auf sich selbst ein. Die Wohlfahrt seines Nächsten ist in seinen Augen, in Vergleichung mit einem kleinen Stückchen gelben Metalls, nichts. Er hat nie das Vergnügen empfunden, dem Dürftigen mitzutheilen, dem Nothleidenden beyzuspringen, und mit dem Weinenden zu weinen. Er ist ein schlechter Vater, ein schlechter Sohn, ein schlechter

ter Freund, ein schlechter Bürger. Um sein Laster gegen sich selbst zu entschuldigen, hat er sich ein Lehrgebäude machen müssen, nach welchem er seinen Leidenschaften alle Pflichten aufopfern darf. Wenn er das Mitleiden, die Freygebigkeit, die Gastfreyheit, die Liebe des Vaterlandes, oder die Liebe des menschlichen Geschlechts schildern müßte, wo sollte er die Farben dazu hernehmen? Er hält in seinem Herzen alle diese Eigenschaften für nichts, als verkehrte Thorheiten.

Nach dem Geizigen, der sich überall kleiner und nichtswürdiger Mittel bedienet, der sich nicht einmal eines grossen Verbrechens, um Geld zu bekommen, erkühnen würde, ist das kleinste Genie, der Aufgelegteste zu grossen Verbrechen, dem das Wahre, das Gute und das Schöne am wenigsten rühret, ein Abergläubischer.

Nach dem Abergläubischen kömmt der Heuchler. Bey dem Abergläubischen ist der Verstand verfinstert; bey dem Heuchler ist das Herz böse.

Hat man sich über die Natur nicht zu beklagen, hat man von ihr einen aufrichtigen Geist und ein empfindliches Herz bekommen, so fliehe man eine Zeitlang die menschliche Gesellschaft, und studiere sich selbst. Wie kann das Instrument die gehörige Harmonie ertönen lassen, wenn es verstimmt ist?

Man

Man suche sich von allen Dingen richtige Begriffe
zu machen; man vergleiche seine Aufführung mit
seinen Pflichten; man bestrebe sich ein ehrliches
Mann zu werden, und glaube ja nicht, daß diese
für den Menschen so wohl angewandte Zeit, für
den Schriftsteller verloren sey. Es wird von der
moralischen Vollkommenheit, zu der man seinen
Charakter und seine Sitten erhoben hat, ein Schimmer von Gröſſe und Gerechtigkeit ausflieſſen, der
sich auf alles, was man schreibet, verbreitet. Hat
man das Laster zu schildern, so präge man sich nur
ein, wie sehr es mit der allgemeinen Ordnung, der
öffentlichen und der besondern Wohlfahrt, streitet,
und man wird es mit Nachdruck schildern. Iſt
es hingegen die Tugend: wie kann man sie andern
liebenswürdig zeigen, wenn man selbst nicht von
ihr bezaubert iſt? Kehrt man dann wieder unter
die Menschen zurück, so höre man denen fleißig
zu, die gut zu reden wissen, und spreche fleißig mit
sich selber.

Mein Freund, Sie kennen Ariſten. Von ihm
habe ich das, was ich Ihnen itzt erzehlen will. Er
war damals vierzig Jahr alt. Er hatte sich vornehmlich auf die Weltweisheit gelegt. Man nennte ihn auch nur den Philosophen; weil er ohne
Ehrgeitz gebohren war, und ein rechtschaffnes Herz
besaß, das nie kein Neid beunruhiget hatte. Uebrigens

gens war er gesetzt in seinem Betragen, streng in
seinen Sitten, ernst und einfältig in seinen Reden.
Der Mantel eines alten Philosophen war fast das
einzige, was ihm fehlte; denn er war arm, und
mit seiner Armuth zufrieden.

Einsmals, als er sich vorgenommen hatte, einige Stunden bey seinen Freunden zuzubringen,
und sich mit ihnen von den Wissenschaften oder von
der Moral zu unterhalten; denn von Staatsneuig-
keiten zu reden, war seine Sache nicht: so fand
er sie nicht zu Hause, und entschloß sich also, ganz
allein spazieren zu gehen.

Die Oerter, wo sich Menschen versammeln, be-
suchte er sehr wenig. Abgelegene Gegenden gefie-
len ihm mehr. Er gieng, und dachte, und sprach
Folgendes mit sich selbst:

Ich bin vierzig Jahr. Ich habe viel studiert.
Man nennt mich den Philosophen. Wenn gleich
wohl jetzt jemand käme, und zu mir sagte: Arist,
was nennest du wahr, was gut, was schön? Würde ich sogleich wissen, was ich antworten sollte?
Nein. Wie, Arist? Du weißt nicht, was Wahrheit, was Güte, was Schönheit ist; und lässest
dich den Philosophen nennen?

Nach

Nach einigen Betrachtungen über die Eitelkeit
der Lobsprüche, die man ohne Einsicht verschwendet,
und ohne Scham annimt: fing er an, dem Ursprun-
ge dieser Grundideen unserer Aufführung und unserer Urtheile nachzuspüren; und fuhr folgender
Gestalt bey sich zu schliessen fort.

Es giebt vielleicht unter dem ganzen menschlichen Geschlechte nicht zwey Individua, die mit einander übereinkämen. Die allgemeine Organisation,
die Sinne, die äusserliche Gestalt, die Eingeweide,
haben ihre Verschiedenheit. Die Fasern, die Mus-
keln, die festen und flüßigen Theile, haben ihre
Verschiedenheit. Der Witz, die Einbildungskraft,
das Gedächtniß, die Gedanken, die Wahrheiten,
die Vorurtheile, die Nachahmung, die Uebung,
die Kenntnisse, die Stände, die Erziehung, der
Geschmack, das Glück, die Talente, haben ihre
Verschiedenheit. Die Gegenstände, die Himmels-
striche, die Sitten, die Gesetze, die Gewohnheiten,
die Gebräuche, die Regierungsformen, die Reli-
gionen, haben ihre Verschiedenheit. Wie wäre es
also möglich, daß zwey Menschen vollkommen eben
denselben Geschmack, oder ebendieselben Begriffe
von Wahrheiten, Güte und Schönheiten haben
könnten? Die Verschiedenheit der Lebensart und
der zustossenden Begebenheiten, wäre schon allein
hin-

hinlänglich, auch unsere Urtheile verschieden zu
machen.

Das ist noch nicht genug. In jedem Menschen
ins besondere, ist alles in einer beständigen Abwech-
selung; man mag das Physische oder das Moralische an ihm betrachten; der Schmerz folgt dem Vergnügen, das Vergnügen dem Schmerze; die Gesundheit der Krankheit, der Krankheit die Gesundheit. Blos dem Gedächtnisse ist es zuzuschreiben,
daß wir, sowohl in Ansehung anderer, als unserer
selbst, das nehmliche Individuum bleiben. In dem
Alter, da ich itzt bin, habe ich vielleicht nicht das
geringste Stäubchen mehr von dem Körper, den ich
mit auf die Welt brachte. Ich weis nicht, wie weit
das Ziel meiner Dauer noch entfernt ist; wenn aber
der Augenblick kommen wird, daß ich nun diesen
Körper der Erde wiedergeben soll, so ist ihm vielleicht von allen den kleinsten Theilchen, aus welchen er itzt bestehet, kein einziges mehr übrig. Eben
so wenig gleichet sich die Seele in verschiednen Perioden ihres Lebens. Ich stammelte in meiner Kindheit. Itzt glaube ich vernünftig zu denken. Aber
mitten unter diesem vernünftigen Denken, verfliegt
die Zeit; und ich komme wieder zu dem Stammeln
zurück. So ist es mit mir, so ist es mit allen be-
schaffen. Wie wäre es also möglich, daß ein einziger von uns, seine ganze Lebenszeit hindurch, im-

mer

mer, einerley Geschmack behalten, immer einerley
Urtheil von dem, was wahr, was gut, was schön
ist, fällen könnte? Die Veränderungen, welche der
Gram und die Bosheit der Menschen in uns ver-
ursachen, wären schon allein hinlänglich, auch unsere Urtheile zu verändern.

Ist denn also der Mensch dazu verdammt, daß
er, über die wichtigsten Gegenstände seiner Erkennt-
niß, über Wahrheit, Güte und Schönheit, weder
mit seines gleichen, noch mit sich selbst einig seyn soll?
Sind es weiter nichts als Dinge, die von der Zeit, von
dem Orte, von unserer Willkühr, abhangen? Sind es
Worte ohne Sinn? Giebt es nichts, was wirklich
so sey? Ist etwas wahr, gut und schön, weil es
mich so dünkt? Und sollten alle unsere Streitigkeiten über den Geschmack endlich auf diesen Satz hin-
auslauffen: Ich und Du, wir beyde sind zwey verschiedene Wesen, und ich selbst bin in dem Augenblick nicht mehr der, der ich dem vorigen war?

Hier hielt Arist inne. Darauf fuhr er fort:

Das ist gewiß, unsere Streitigkeiten können kein
Ende haben, so lange sich jeder selbst zum Muster
und Richter nehmen will. So viel Menschen, so
viel Maaße wird es geben; und jeder Mensch ins
besonders wird so viel verschiedene Muster haben,

als

als es merklich verschiedene Perioden in seiner Lebenszeit giebt.

Hieraus, dünkt mich, kann ich hinlänglich abnehmen, wie nöthig es sey, einen Maaßstab, ein Muster ausser mir zu suchen. So lange ich hiermit noch nicht zu Stande bin, so lange werden meine Urtheile größten Theils falsch, und durchgängig ungewiß seyn.

Aber wovon soll ich dieses unwandelbare Maaß, das mir fehlet, und das ich suche, nehmen? — Von einem idealischen Menschen, den ich mir bilde, dem ich die Gegenstände vorlege, den ich darüber urtheilen lasse, und dessen getreues Echo ich bloß bin? — Aber dieser Mensch wird mein eignes Werk seyn. — Das schadet nichts, wenn ich ihn nur aus unveränderlichen Elementen schaffe. — Aber wo sind diese unveränderlichen Elemente? — In der Natur? — Gut; aber wie soll ich sie zusammen bringen? — Die Sache ist schwer; aber ist sie darum unmöglich? — Wenn ich auch schon nicht hoffen dürfte, mir ein vollkommnes Muster machen zu können, wäre ich deswegen weniger verbunden, es zu versuchen? — Nein. — Ich versuche es also. — Aber wenn das Muster der Schönheit, auf welches die alten Bildhauer hernach alle ihre Werke bezogen, ihnen so viel Aufmerksamkeit, so viel

Nach

Nachdenken, so viel Mühe kostete: wozu mache ich
mich anheischig? — Doch muß ich; oder ich werde ewig erröthen müssen, so oft man mich den Philosophen nennet.

Hier hielt Arist zum zweytenmale inne, und etwas länger als zum erstenmale; und fuhr darauf
fort.

Da der idealische Mensch, den ich suche, eben
sowohl ein zusammengesetztes Ding seyn muß, als
ich: so sehe ich sogleich, daß die alten Bildhauer,
indem sie die Verhältnisse, die ihnen die schönsten
schienen, festgesetzt, einen Theil meines Musters
bereits gemacht haben. — Ja, diese Bildsäule
also will ich nehmen und beleben. Ich will ihr
die vollkommensten sinnlichen Werkzeuge geben, die
der Mensch nur haben kann. Ich will ihr alle Eigenschaften geben, die ein Sterblicher nur immer
besitzen kann; und mein idealisches Muster wird
fertig seyn. — Ohne Zweifel. — Aber welches
Studium! Welche Arbeit! Wie viel physische und
moralische Kenntnisse werden dazu erfordert! Ich
wüßte keine Wissenschaft, keine Kunst, die ich nicht
aus dem Grunde verstehen müßte. — Dafür werde ich aber auch das idealische Muster von aller
Wahrheit, von aller Güte, von aller Schönheit
haben. — Aber wie werde ich mit diesem allgemeinen idealischen Muster zu Stande kommen, wenn
mir

mir

mir die Götter wenigstens nicht ihren Verstand leihen, wenigstens nicht ihre Ewigkeit versprechen? Ah, ich falle in die Ungewißheit, aus der ich mich reissen wollte, wieder zurück.

Hier hielt der traurige und nachdenkende Arist abermals inne.

Aber, fuhr er, nachdem er einen Augenblick geschwiegen hatte, wieder fort, warum mache ich es nicht auch, wie es die Bildhauer machen? — Sie haben sich ein Muster gemacht, wie es ihr Stand erfordert; und ich habe ja auch meinen Stand. — Der Gelehrte mache sich ein idealisches Muster von einem vollkommenen Gelehrten; und durch den Mund dieses Menschen urtheile er von seinen und andrer Werken. Eben so mache es der Philosoph. — Alles, was diesem Muster gut und schön scheinen wird, das wird es seyn. Alles, was ihm schlecht, falsch und ungestalten scheinen wird, das wird es seyn. — Dieses Muster wird aus seinen Entscheidungen sprechen. — Und dieses idealische Muster wird um so viel grösser, um so viel strenger seyn, je mehr man seine Kenntnisse erweitert. — Es giebt keinen Menschen in der Welt, und es kann keinen geben, der von dem, was wahr, was gut, was schön ist, überall gleich richtig urtheile. Nein; und wenn man unter einem Menschen von Geschmack einen solchen Menschen versteht, der das

allge-

allgemeine idealische Muster der Vollkommenheit
in sich selbst hat: so ist es eine Grille.

Aber wozu soll ich dieses idealische Muster, das
nach meinem Stande eines Philosophen (weil man
mich doch einmal so nennt) eingerichtet ist, wozu
soll ich es brauchen, wenn ich es haben werde?
Eben dazu, wozu die Mahler und Bildhauer
das ihrige brauchen. Ich muß es, nach Erforde-
rung der Umstände, modificieren. Das ist das
zweyte Studium, auf das ich mich zu legen habe.

Das Studieren krümmet den Gelehrten. Durchs
Exercieren lernt der Soldat einen festen Schritt
thun, und den Kopf in die Höhe halten. Das viele Tragen macht die Lenden des Lastträgers stark.
Die schwangere Frau schlägt den Kopf zurück. Der
Buckichte setzet seine Glieder anders, als der Gerade. Diese, und dergleichen Anmerkungen unzählige mehr, machen den Bildhauer, und lehren ihn,
wie er sein idealisches Muster aus dem natürlichen
Stande in jeden andern ihm beliebigen Stand verändern soll, indem er es bald stärker, bald schwächer macht; bald mehr oder weniger, bald so oder
so vorstellet.

Den Maler lehret das Studium der Leidenschaften, der Sitten, der Charaktere, der Gebräuche,
sein idealisches Muster abändern; und den Menschen
über-

überhaupt in einen guten oder bösen, in einen ruhigen oder zornigen Menschen verwandeln.

Und so wird aus einem einzigen Musterbilde, eine unendliche Menge verschiedner Vorstellungen auf der Bühne und auf den Gemälden entspringen. Ist es ein Dichter? Ist es ein Dichter, der itzt arbeitet? Macht er eine Satyre oder eine Hymne? Ist es eine Satyre: so ist sein Auge wild; der Kopf steckt zwischen den Schultern; die Zähne zusammengeknirscht: der Mund verschlossen; der Athem kurz und schwer; ganz wie ein Rasender. Ist es eine Hymne: so trägt er den Kopf hoch; den Mund halb offen; die Augen gen Himmel gekehret; ausser sich, entzückt; der Athem, als ob er wegbliebe; ganz wie ein Enthusiast. Und die Freude dieser beiden Männer, wenn ihnen ihre Arbeit gelungen ist, wird auch sie nicht von ganz verschiedner Art seyn?

So sprach Arist mit sich selbst, und sahe, daß er noch sehr vieles zu lernen habe. Er ging nach Hause; verschloß sich funfzehn Jahre; legte sich auf

die

die Geschichte, auf die Weltweisheit, auf die Moral, auf die Wissenschaften und Künste; und ward in seinem fünf und funfzigsten Jahre ein ehrlicher Mann, ein gelehrter Mann, ein Mann von Geschmack, ein grosser Schriftsteller, ein vortrefflicher Kunstrichter.

Ende des zweyten Theils.